KB189304

이해하고
내려놓기

괴로움의 소멸에 이르는 길, 팔정도

이해하고
내려놓기

일묵 지음

불광출판사

마음에 새 길을 내다

사람은 누구나 행복을 원합니다. 그래서 행복해지기 위해 나름대로 열심히 노력하며 삽니다. 하지만 왜 세상에는 행복한 사람보다 괴로운 사람들이 더 많을까요? 그 이유는 행복을 원하지만 행복해지는 길을 모르고 있기 때문입니다. 행복을 원하면서 괴로움이 일어나는 방향으로 나아간다면 행복해진다는 것은 단지 열망에 불과합니다. 행복을 원한다면 먼저 행복해질 수 있는 정확한 방향을 찾는 것이 중요합니다.

　많은 사람이 물질을 통해 행복해질 수 없다는 것을 느끼고 '마음'에서 답을 찾으려 하고 있습니다. 수행이나 힐링이라는 말이 일반인들에게도 익숙한 단어가 되었습니다. 그에 따라 마음의 평안에 도움을 주는 방법들도 다양해졌습니다. 하지만 일시적인 위안을 넘어 진정한 행복의 길을 찾고자 하는 사람들에게는 여전히 어려움이 많습니다. 내가 실천하고 있는 방법이 맞는지, 바른 방향으로 가고 있는지 알기 어렵기 때문입니다. 괴로움의 원인을 바르게 진단하고 그 소멸에 이르는 방법을 제대로 제시하지 못한다면, 단순한 기교를 통해 의미 있는 행복에 이를 수 있으리라 기대하는 것은 헛된 생각일 것입니다.

이 책에서 소개하고 있는 내용은 수천 년 동안 수많은 사람에 의해 검증되어 온 방법입니다. 그것은 바로 부처님이 제시하신 팔정도八正道입니다.

팔정도는 사성제四聖諦, 즉 괴로움[苦], 괴로움의 원인[集], 괴로움의 소멸[滅], 괴로움의 소멸에 이르는 길[道]에 대한 지혜인 바른 견해[正見]를 통해서 괴로움의 원인을 완전히 내려놓고, 진정한 행복을 실현하는 수행 방법에 대한 가르침입니다. 이런 의미에서 팔정도를 '이해하고 내려놓기'라고 말할 수 있습니다. 이것은 병에 걸린 사람이 병, 병의 원인, 병의 소멸, 병의 소멸에 이르는 길에 대하여 이해함으로써 건강해질 수 있는 것과 같습니다. 그래서 괴로움에서 벗어나 진정한 행복을 실현하려는 수행자에게 있어 팔정도는 선택의 문제가 아닌 필수 조건이라고 할 수 있습니다.

하지만 많은 사람이 괴로움의 원인에 대한 기본적인 이해 없이 수행을 시작합니다. 그래서 사람들이 팔정도를 통해 수행의 바른 방향을 찾고 진정한 행복을 실현하는 데 조금이나마 도움이 되었으면 하는 바람에서 부족하지만 이 책을 출간하게 되었습니다.

이 책은 이전에 BTN불교TV에서 법문했던 내용을 정리하여

"이해하고 내려놓기"라는 제목으로 출간했던 책을 전면 개정한 것입니다. 책의 전반부에 있는 팔정도의 구조에 대한 설명은 기존 책의 흐름을 대부분 그대로 살렸습니다. 하지만 책의 후반부에 있는 팔정도의 구체적인 실천 방법인 중도中道 수행에 대해서는 전면적으로 수정하였습니다. 이것은 기존의 책에 있는 다소 산만한 내용을 바로잡고 좀 더 체계적으로 정리된 수행 방법을 분명하게 전달하기 위해서입니다. 사실 방대하고 심오한 내용의 중도 수행을 한 권의 책에 담으려고 하다 보니 다소 어렵기도 하고, 세세한 설명이 부족한 곳도 많으리라 생각합니다. 하지만 이 책을 통해서 팔정도의 구조와 흐름을 이해하고 그것을 실제 닦는 중도 수행에 대하여 조금이라도 이해할 수 있다면 책을 출간하는 의미는 충분하다고 생각합니다.

이 책은 제1부 아홉 개 장과 제2부 여덟 개 장, 모두 열일곱 장으로 구성되어 있습니다. 제1부는 주로 팔정도의 가르침과 구조에 대한 설명이고, 제2부는 팔정도를 실천하는 구체적인 수행 방법인 중도 수행에 대한 설명으로 이루어져 있습니다. 이 열일곱 가지 주제를 통해 불교의 핵심인 팔정도, 즉 중도와 중도를 실천하는 중도 수행을 분명히 이해하는 일에 도움이 되리라 생각합니다.

이 책은 부처님의 가르침을 바탕으로 하고 있지만 불자들에게만 유익한 내용은 아닙니다. 세상을 행복하게 살기 원하는 사람이라면 누구에게나 도움이 될 수 있습니다. 팔정도는 매우 합리적이고 구체적인 방법을 담고 있으므로 종교를 초월하여 지혜가 있는 사람이라면 누구나 수긍할 수 있는 가르침이라고 생각합니다. 이 책을 통해서 많은 사람이 팔정도를 이해하고 실천하여 모든 괴로움을 벗어나 완전한 행복을 실현하시기를 기원합니다.

또한 본격적인 수행을 함에 있어서는 자신과 인연이 잘 맞고 바르게 수행을 지도해 줄 수 있는 스승이 필요하다는 점을 말씀드리고 싶습니다. 혼자서 책만 보고 수행을 했을 때는 가르침을 자기 방식대로 해석할 수 있으며, 잘못된 수행을 해도 지적해 주거나 검증해 줄 사람이 없기 때문입니다.

이 책이 완성되기까지 많은 분의 도움이 있었습니다. BTN불교TV의 법문 내용을 그대로 녹취하여 인터넷에 올려주신 이름 모를 분에게 감사의 말씀을 전합니다. 이분의 노고가 없었다면 책을 쓸 용기를 내지 않았을 것입니다. 바쁜 일정에도 원고를 교정해 주신 제따와나선원의 스님들과 책의 재출간을 위해서 애써 주신 불광출판사에 감사드립니다. 또한 부족한 저를 스님의 길에 들어서게 해 주신 은사스님과 저를 정신적으로 성장시켜 주신, 제가 만났던 수많은 스승께 감사의 마음을 전합니다. 끝으로 최근에 돌아가신 저의 어머님께 이 책의 공덕이 함께 나누어지기를 바랍니다.

팔정도는 심오한 가르침입니다. 수행자들에게 도움이 되길 바라는 마음으로 감히 용기를 내어 팔정도 안내서를 출간하지만 부족한 점이 많으리라 생각합니다. 책에 오류가 있다면 그것은 전적으로 저의 허물입니다. 독자 여러분의 많은 질책과 조언을 바랍니다.

이 책이 팔정도의 중요성과 심오함을 드러내는 일에 도움을 줄 수 있기를 바랍니다.

제따와나선원에서

일묵 합장

차례

제2부 이해하고 내려놓기

이 책의 내용에 대하여

제1부는 팔정도에 대한 설명과 팔정도가 서로 어떻게 연관되어 있는지, 팔정도의 구조에 관한 내용으로 모두 아홉 개 장으로 구성되어 있습니다.

1장은 '부처님의 수행 과정'에 대한 설명입니다. 부처님의 수행 과정에서 나타나는 몇 가지 중요한 전환점을 살펴봄으로써 올바른 수행의 길을 찾는 지혜를 배울 수 있습니다. 더불어 올바른 수행과 그릇된 수행을 구분하는 지혜도 배울 수 있습니다.

2장은 공덕功德에 관한 내용입니다. 공덕이란 깨달음이 일어나는 데 토대가 되는 행위를 말합니다. 공덕은 보시布施, 지계持戒, 배움, 법담法談, 수행 등이 있는데, 이 장에서는 보시, 지계, 배움, 법담에 초점을 맞추어 설명합니다.

3장에서 7장까지는 '괴로움의 성스러운 진리'인 고성제苦聖諦에 대한 설명입니다. 고성제는 우리가 '나라는 존재'의 실상이 다섯 무더기[五蘊], 즉 물질 무더기[色蘊], 느낌 무더기[受蘊], 인식 무더기[想蘊], 형성 무더기[行蘊], 의식 무더기[識蘊]이고, 이 다섯 무더기는 조건에 의해 형성되었으므로 무상無常하고 괴로움[苦]이며 무아無我임을, 특히 괴로움임을 드러내는 가르침입니다.

3장은 먼저 다섯 무더기의 개요를 설명합니다. 물질은 근본 물질과 파생된 물질로 나누어 설명하고, 정신은 마음과 심리 작용의 결합으로 설명합니다. 이때 물질은 물질 무더기이고, 마음은 의식 무더기, 심리 작용은 느낌 무더기, 인식 무더기, 형성 무더기와 대응함을 설명합니다. 3장에서는 이 중 물질 무더기와 의식 무더기에 대하여 주로 설명합니다. 더불어 감각 기능과 대상과의 접촉을 조건으로 의식이 일어남을 설명합니다.

4장은 마음의 두 가지 얼굴에 대하여 설명합니다. 어리석게 마음을 기울임으로써 전도몽상顚倒夢想이 일어나고, 전도몽상을 조건으로 해로운 마음이 일어나는 것이 한 가지 얼굴입니다. 역으로 지혜롭게 마음을 기울임으로써 삼법인三法印의 지혜가 생겨서 전도몽상이 사라지고 유익한 마음이 일어나는 것이 또 다른 얼굴입니다. 이렇게 어떻게 마음을 기울이느냐에 따라 달라지는 마음의 두 가지 모습에 대하여 설명합니다.

5장은 느낌과 인식에 대한 설명입니다. 윤회의 원인인 탐욕이 일어나는 주된 원인이 느낌과 인식임을 설명합니다. 그리고 괴로움의 세 가지 형태인 고고苦苦, 괴고壞苦, 행고行苦를 통해 괴로움의 성스러운 진리를 설명합니다. 또 괴로움을 소멸하려면 삼법인에 대한 지혜를 계발하여 인식의 전도를 버려야 함을 설명합니다.

6장은 바른 삼매[sammā-samādhi, 正定]와 지혜를 방해하는 대표적인 심리 작용인 다섯 장애에 대하여 설명합니다. 더불어 장애의 자양분에 대해서도 설명함으로써 장애에 대한 올바른 이해와 장애를 내려놓을 수 있는 토대를 제공합니다.

7장은 괴로움의 소멸로 인도하는 대표적인 심리 작용인 일곱 깨달음의 구성 요소에 대하여 설명합니다. 더불어 깨달음의 구성 요소가 일어나는 조건에 대해서도 설명함으로써 깨달음의 구성 요소에 대한 올바른 이해와 그것을 계발할 수 있는 토대를 제공합니다. 그리고 깨달음의 구성 요소의 균형에 대하여도 설명합니다.

8장은 십이연기十二緣起와 윤회輪廻에 대하여 설명합니다. 십이연기의 일어남의 구조를 통해서 '괴로움의 일어남의 성스러운 진리'인 집성제集聖諦를 설명합니다. 다시 말해서 괴로움이 왜 일어나는지, 존재는 왜 태어나는지, 즉 다섯 무더기가 왜 생기는지에 대하여 설명합니다. 또한 연기의 사라짐의 구조를 통해서 '괴로움의 소멸의 성스러운 진리'인 멸성제滅聖諦에 대하여도 설명합니다. 다시 말해 괴로움이 어떻게 소멸하고, 존재가 어떻게 태어나지 않는지, 어떻게 다섯 무더기가 형성되지 않고 윤회가 끝나는지에 대하여 설명합니다.

9장은 '괴로움의 소멸로 인도하는 도 닦음'인 도성제道聖諦, 즉 팔정도에 대한 설명입니다. 팔정도의 전체 구조를 이해함으로써 팔정도의 여덟 가지 구성 요소가 서로를 도와주는 관계임을 알 수 있습니다. 한편 팔정도는 '중도'라고 하는데 중도 수행은 계를 기반으로 삼매와 지혜를 계발함으로써 해로운 마음을 내려놓는 구체적인 방법입니다. 그래서 중도 수행은 한마디로 '이해하고 내려놓기'임을 설명합니다.

제2부는 여덟 개 장으로 이루어져 있는데, 팔정도를 실천하는 구체적인 수행 방법인 중도 수행, 즉 호흡 수행, 걷기 수행, 일상 수행에 관한 내용입니다.

1장은 중도 수행의 개괄적인 설명입니다. 중도 수행은 한마디로 '이해하고 내려놓기'라고 할 수 있음을 설명하고 있습니다. 2장에서 3장까지는 중도 수행의 구체적인 방법인 호흡 수행, 걷기 수행, 일상 수행에 대하여 자세히 설명하고 있습니다. 이 세 가지 방법을 조화롭게 닦으면 사성제에 대한 바른 기억[正念]이 확립될 수 있습니다.

4장은 수행 중에 나타나는 다섯 장애를 내려놓는 방법에 대한 설명입니다. 여기서 설명한 방법들을 잘 활용하면 장애를 효과적으로 내려놓을 수 있습니다.

중도 수행은 '생각 없이 현재 알아차리기'와 '법 따라 조사하기'로 나눌 수 있습니다. 그리하여 5장에서는 일정한 시간 동안 '생각 없이 알아차리기'를 실천한 후에 자신의 수행을 돌아보며 조사하고, 탐구하고, 검증하는 '법 따라 조사하기'에 대하여 설명합니다.

6장은 중도 수행을 통해 지혜가 성숙하면 다섯 장애가 내려놓아지면서 숨의 표상, 즉 니밋따nimitta가 생기고 선정禪定에 드는 과정을 설명합니다.

7장은 중도 수행을 통해 지혜가 성숙해 가는 과정을 설명합니다. 다시 말해서 물질과 정신을 파악하는 지혜, 조건의 지혜, 삼법인의 지혜, 염오厭惡의 지혜, 이욕離欲의 지혜, 해탈解脫의 지혜로 성숙하는 과정을 설명합니다.

8장은 지혜가 충분히 성숙하여 깨달음의 지혜가 일어난 네 분의 성인, 즉 수다원須陀洹, 사다함斯陀含, 아나함阿那含, 아라한阿羅漢에 대한 설명입니다.

이상으로 제2부에서는 중도 수행의 방법과 중도 수행을 통해 바른 삼매, 특히 선정을 얻고 선정을 기반으로 깨달음의 지혜가 생겨서 괴로움을 소멸하는 과정을 설명합니다.

제1부

팔정도

1장.
부처님의 수행과 깨달음

이 책에서는 초기불교 수행의 핵심인 팔정도八正道에 대해 말씀드리려 합니다. 초기경전, 특히 빨리어Pali 경전에 기록된 내용을 근거로 불교 수행에 대해 부처님이 남기신 법문들의 요점을 간추려 설명하겠습니다.

불교 수행은 부처님께서 깨달음을 이루신 후에 당신이 수행하신 방법을 체계적으로 정리하여 설하신 것입니다. 그러므로 불교 수행을 제대로 이해하기 위해서는 부처님의 수행 여정을 살펴보는 것이 중요합니다. 우선 부처님 젊은 시절의 중요한 사건들을 비롯해 출가하신 후 어떻게 수행하셔서 깨달음을 이루셨고, 무엇을 깨달으셨는지 간단히 살펴보겠습니다.

부처님 일대기를 다룬 경을 보면 부처님이 깨달음을 얻기 전 수행 과정에서 몇 차례 중요한 전환점이 있었습니다. 그때마다 어떠한 생각의 전환을 통해 부처님께서 최상의 깨달음을 이루셨는가에 주목해 볼 필요가 있습니다. 그렇게 하면 앞으로 무엇에 초점을 맞추어 수행해야 할지 좋은 실마리를 얻을 수 있으리라 생각합니다.

농경제 행사에서의 선정 체험

부처님께서는 기원전 6세기경 인도 룸비니 동산에서 코살라국 정반왕의 아들로 태어났습니다. 부처님의 이름은 고타마 싯다르타로, 고타마는 성, 싯다르타는 '모든 것은 이루어진다'라는 뜻의 이름입니다.

싯다르타 왕자는 아주 풍족한 유년 시절을 보냅니다. 『마하붓다왐사Mahābuddhavaṃsa, 大佛傳經』의 기록에 따르면 싯다르타 왕자는 계절마다 사는 궁전이 따로 있었다고 합니다. 인도는 여름, 겨울 그리고 비가 오는 우기의 세 계절이 있는데, 계절마다 지내는 궁전이 다 달랐다는 것입니다. 더구나 그곳에서 싯다르타 왕자를 받드는 궁녀만 4만 명이었다고 합니다. 백제 의자왕에게는 3천 궁녀가 있었다지만 싯다르타 왕자는 그보다 열 배 이상이나 많은 궁녀를 거느리고 살았습니다. 이처럼 부처님께서는 사람이 누릴 수 있는 감각적 욕망을 최고 수준까지 누리고 사셨습니다.

그러던 중 부처님께서는 어린 시절, 당시 나라의 큰 행사였던 농경제 행사에서 아주 중요한 체험을 하게 됩니다. 농경제는 왕이 논에 나와서 황금으로 만든 쟁기로 손수 고랑을 한 번 파고, 신하들은 은으로 만든 쟁기로 한 번 파고 하면서 한 해 농사가 잘되기를 기원하는 중요한 행사였습니다. 싯다르타 왕자는 이 행사 중 대중들로부터 빠져나와 한적한 곳의 나무 그늘에서 혼자 조용히 앉아 있었는데, 이때 색계色界 초선初禪이라고 하는 청정하고, 또렷하며, 고요하고, 집중된 마음 상태를 경험하게 됩니다. 비록 싯다르타 왕자는 아직 수행을 배우기 전이었지만 과거 생에 보살행을 하면서 익혔던 '들숨날숨기억[ānāpāna-sati]', 즉 호흡 수행을 통해 빠른 순간 색계 초선을 체험했던 것입니다. 이때 체험한, 선정에 대한 행복한 기억은 싯다르타 왕자가 나중에 깨달음을 얻어 부처님이 되는 데에 결정적인 역할을 합니다. 하지만 농경제 행사 이후 싯다르타는 평범한 왕자의 생활로 돌아갑니다.

생로병사의 인식과 출가

싯다르타 왕자가 28세가 되었을 때 자신이 지내던 왕궁 밖으로 나갔는데, 이때 출가를 결심하게 되는 중요한 사건들을 경험합니다. 궁궐 밖으로 나가서 처음으로 만난 사람은 다름 아닌 노인이었습니다. 쭈글쭈글한 얼굴에 머리는 희고 허리가 굽은 그 노인은 제대로 걷지도 못하였습니다. 그냥 지나칠 수도 있었지만, 싯다르타 왕자는 그 노인을 보자마자 함께 간 마부에게 질문을 합니다.

"나도 저렇게 늙느냐?"

마부는 대답합니다.

"그렇습니다. 이 세상에 태어난 사람은 누구나 늙을 수밖에 없습니다."

그때 싯다르타는 큰 충격을 받습니다. 하지만 궁전으로 돌아와 다시 감각적 욕망을 누리다 보니 그 경험은 희미해졌습니다. 그러다가 몇 달쯤 지나 다시 궁궐 밖으로 나갔는데, 이때 병든 사람을 만납니다. 싯다르타 왕자는 또 흠칫 놀랍니다. 왕궁에서는 젊은 궁녀들을 비롯해 건강한 사람들만 보았기 때문입니다. 왕자는 다시 마부에게 묻습니다.

"나도 저렇게 병들 수 있느냐?"

마부는 대답합니다.

"그렇습니다. 이 세상에 태어난 사람은 누구나 병을 피할 수 없습니다."

그때 싯다르타 왕자는 또 한 번 큰 충격을 받습니다.

그리고 몇 달 뒤, 다시 궁궐 밖을 나갔는데 이때는 죽은 사람을 보게 됩니다. 왕자는 또 묻습니다.

"나도 저렇게 죽을 수밖에 없느냐?"

마부는 대답합니다.

"그렇습니다. 이 세상에 태어난 사람은 누구나 죽습니다."

싯다르타 왕자가 받은 충격은 이루 말할 수가 없었습니다.

몇 달 뒤에 다시 궁궐 밖으로 나갔을 때 왕자는 출가한 사문沙門을 만납니다. 당시에는 집을 떠나 수행하는 사람들이 많았습니다. 출가 수행자의 모습을 본 싯다르타 왕자에게는 이런 생각이 들었습니다.

'아, 내가 갈 길이 저것이다.'

그리하여 왕자는 출가해야겠다고 결심하기에 이릅니다.

궁궐 밖에서 경험한 이 네 가지 사건은 싯다르타 왕자가 존재의 문제를 깊이 통찰하고 출가를 결심하는 데 중요한 계기가 됩니다. 많은 사람은 늙고 병들고 죽는 과정을 경험하면서 그에 대한 두려움에 압도돼 생로병사生老病死의 본질을 보길 외면합니다. 하지만 싯다르타 왕자는 생로병사가 왜 일어나는지 그 원인을 찾고, 그것에서 벗어나는 방법을 찾으려 한 것입니다. 싯다르타 왕자는 세상에 태어난 모든 존재가 겪어야만 하는 네 가지 근원적 문제인 생로병사를 해결하기 위해서 출가를 결심하게 됩니다.

감각적 욕망과 출가

궁궐 밖의 세상을 경험하며 생로병사에서 벗어나는 길을 반드시 찾아야겠다고 결심한 왕자는 궁궐에서 감각적 욕망을 즐기는 일에 더는 흥미를 느끼지 못했습니다. 그런 왕자를 즐겁게 해 주기 위해 궁녀들은 노래하고 춤을 추었지만 이미 감각적 욕망에서 마음이 떠나 버린 왕자는 아무런 즐거움도 느끼지 못한 채 흥미를 잃고 잠이 들었습니다. 그러자 궁녀들도 춤과 노래를 멈추고 같이 잠이 들었습니다. 잠에서 깬 왕자는 곱게 단장해 그토록 아름답던 궁녀들이 침을 흘리며 널브러져 잠자고 있는 모습을 보고 역겨움을 느꼈습니다. 아름답고 행복하다고 여겼던 감각적 욕망의 실상을 본 것입니다.

싯다르타 왕자는 감각적 욕망을 뼈다귀와 같다고 보았습니다. 아시다시피 개는 뼈다귀를 무척 좋아합니다. 그러나 뼈다귀의 고기는 유혹적인 냄새를 풍기지만, 막상 뜯어 보면 살점이 거의 없어 먹을 게 별로 없습니다. 감각적 욕망도 이와 같아서 욕망에 휩싸인 이는 헐떡거리며 무엇인가를 찾아다니지만, 막상 얻고 나면 마음은 만족하지 못하고 항상 허기가 집니다. 왜냐하면 감각적 욕망이란 만족을 몰라서 하나를 얻으면 둘을 얻고 싶고, 둘을 얻으면 셋을 얻고 싶어지는 것이기 때문입니다.

또한 왕자는 감각적 욕망을 칼날에 묻은 꿀과 같다고 보았습니다. 칼날에 발린 꿀을 핥으면 그 맛은 달콤하지만, 혀가 베이고 말듯이 감각적 욕망은 우리에게 행복을 주는 듯 보이지만 실제로는 고통의 원인이 된다는 것입니다.

감각적 욕망을 추구하는 일은 잠깐 즐거울 수 있지만 실제로는 그로 인해 오랜 세월 괴로움을 겪을 수 있습니다. 싯다르타 왕자는 감각적 욕망의 실상을 이렇게 보고 깨달음을 얻어 부처님이 되신 후에 '삼계三界는 화택火宅이다.'라는 유명한 말씀을 남기셨습니다. 이것은 우리가 사는 모든 세상, 즉 욕계欲界와 색계色界, 무색계無色界가 탐욕으로 불타고 있는 집과 같다는 말입니다. 싯다르타 왕자는 앞서 언급한 생로병사의 문제와 감각적 욕망의 위험성에 대해 깊은 통찰을 한 뒤 이 문제들을 근원적으로 해결하기 위해 출가를 결심하게 되고, 29세의 나이에 드디어 왕궁을 떠나 출가를 하게 됩니다.

외도 스승과의 만남

왕자는 출가 후 첫걸음으로 외도外道의 스승을 찾아갑니다. 당시 유명했던 알라라 깔라마와 웃다까 라마뿟다라는 삼매[samādhi, 三昧] 수행의 대가들이었습니다. 삼매에는 초선初禪, 이선二禪, 삼선三禪, 사선四禪의 네 가지 색계 선정과 공무변처空無邊處, 식무변처識無邊處, 무소유처無所有處, 비상비비상처非想非非想處의 네 가지 무색계 선정이 있습니다. 알라라 깔라마는 그중 무소유처의 삼매를 얻은 분이었고, 웃다까 라마뿟다는 비상비비상처의 삼매를 가르치는 분이었습니다. 경전에 보면 알라라 깔라마가 무소유처의 삼매에 들었을 때 바로 옆으로 덜컹거리는 수레 오백 대가 지나가도 그것을 몰랐다고 합니다. 그 정도로 알라라 깔라마가 얻은 무소유처의 삼매는 매우 집중된 마음 상태입니다.

싯다르타 왕자는 두 스승으로부터 매우 빠른 기간에 무소유처와 비상비비상처의 삼매를 익힙니다. 그런 다음 스승들에게 이것이 궁극적인 경지인가 물으니 그렇다는 답이 돌아옵니다. 이때 싯다르타 왕자는 자신이 익힌 무소유처와 비상비비상처에 대하여 깊이 숙고해 보았습니다. 먼저 무소유처와 비상비비상처를 얻은 수행자는 윤회할 때 수명이 매우 길고 행복만이 가득한 무색계 존재로 태어날 수 있음을 알았습니다. 무소유처의 삼매를 얻었다면 다음 생에 무색계의 무소유처 존재로 태어날 수 있고, 비상비비상처의 삼매를 얻었다면 다음 생에 무색계의 비상비비상처 존재로 태어날 수 있습니다. 무색계란 물질이 없는 세상을 말하는데, 무색계에 태어나면 몸은 없고 마음만 존재합니다. 몸이 없으므로 몸의 제약이나 고통이 존재하지 않고 정신적으로도 행복만이 가득한 세상입니다.

더구나 무소유처 세상의 수명은 최대 육만 대겁大劫이고, 비상비비상처의 수명은 최대 팔만사천 대겁입니다. 일 대겁은 하나의 우주가 생겨서 머물다가 사라지는 데 걸리는 시간입니다. 비유로 설명하면 일 대겁은 가로, 세로, 높이가 십이 킬로미터 정도 크기인 바위가 있는데 아주 부드러운 천으로 백 년에 한 번씩 살짝 스쳐서 바위가 다 닳아 없어지는 시간이라고 합니다. 그러면 육만 대겁이나 팔만사천 대겁은 어느 정도 시간일까요? 상상조차 하기 힘든 긴 시간일 것입니다. 하지만 그 어마어마한 세월을 행복하게 지내더라도 그곳에서 수명이 다했을 때 욕망이 남아 있다면 다시 윤회하여 인간이나 축생으로 태어날 수 있음을 싯다르타 왕자는 꿰뚫어 보셨습니다. 무소유처나 비상비비상처의 삼매를 궁극이라고 여기는 이들에게는 그 삼매가 큰 행복일지 모르지만, 싯다르타 왕자가 보기에는 윤회의 과정에서 벗어나지 못한 것에 지나지 않았습니다.

더구나 아무리 깊은 삼매에 들어 마음이 매우 고요하고 행복한 상태에 도달했더라도 그것이 궁극의 단계는 아니라고 보았습니다. 왜냐하면 삼매에 들어 있는 동안에는 감각적 욕망에서 벗어나 마음이 고요하지만, 삼매에서 출정出定한 후에 일상으로 돌아오면 다시 감각적 욕망이 일어날 수 있기 때문입니다. 감각적 욕망으로부터 완전히 벗어나려면 자신이 집착하고 있던 대상이 집착할 만한 것이 아님을 통찰하고 그 대상에 대한 집착을 포기하는 염오厭惡의 지혜가 생겨야 합니다. 하지만 두 분의 가르침에는 깊은 집중은 있었지만 염오의 지혜가 없었으며, 그렇다면 욕망에서 벗어나 최상의 지혜를 얻을 수 없으리라고 통찰한 것입니다. 싯다르타 왕자는 '이것은 완전한 해탈이 아니다.'라는 결론을 내렸고, 스승들 곁을 떠나 생로병사의 근본 문제를 해결하기 위한 길을 스스로 찾겠다고 결심합니다.

극한 고행의 체험

스승의 곁을 떠난 싯다르타 왕자는 더욱 철저한 고행을 통해 괴로움에서 벗어나는 길을 찾기로 합니다. 고행은 극한의 고통을 인내함으로써 자신의 악업惡業을 소멸하면 내생에 천상과 같이 아주 행복한 곳에 태어날 수 있다고 생각하는 수행입니다.

　싯다르타 왕자는 처음으로 숨을 멈추는 고행을 시작합니다. 숨을 최대한 오래 멈추고 참음으로써 수행하는 것입니다. 일반적으로 숨은 일 분도 참기가 힘든데 장시간 참으면 온몸을 칼로 베는 것과 같고, 온몸이 불타는 것과 같은 이루 말할 수 없는 고통을 겪게 됩니다. 싯다르타 왕자는 그러한 고행을 통하여 극한의 고통을 경험했지만, 깨달음은 일어나지 않았습니다.

그래서 그다음에는 음식을 줄이는 고행을 시작합니다. 음식을 점차 줄여서 어떤 날은 하루에 한 번 강낭콩 한 줌으로, 어떤 날은 완두콩 한 줌으로, 어떤 날은 보통 콩죽 한 줌으로 끼니를 해결했습니다. 이처럼 소량의 음식만 먹고 지낸 결과 싯다르타 왕자의 몸은 극도로 야위고 쇠약해졌습니다. 그래서 등뼈와 뱃가죽이 달라붙어 뱃가죽을 만지면 등뼈가 만져지고, 등뼈를 만지면 뱃가죽이 만져질 정도로 앙상해졌습니다.

당시 인도에서는 많은 수행자가 고행을 실천했습니다. 현생에 내 몸을 괴롭혀 고통을 감내하면 다음 생에 아주 좋은 곳에 태어날 수 있다고 믿었던 것입니다. 싯다르타 왕자도 그 전통을 따른 셈입니다. 하지만 육 년이라는 세월 동안 다른 수행자들과는 비교도 되지 않을 만큼 극한의 고행을 견뎌냈음에도 원하는 해탈에 이르지 못하였고 최상의 깨달음은 일어나지 않았습니다.

고행을 버리고 중도를 찾다

이러한 경험을 통해 싯다르타 왕자는, 고행은 몸과 마음만 괴롭히는 일일 뿐 깨달음과는 관계가 없다는 통찰을 얻게 되었습니다. 이때 어릴 적 농경제 행사에서 경험한 색계 초선을 떠올립니다. 초선의 마음이 지극히 또렷하고 고요했으며, 몸도, 마음도 편안했음을 기억해낸 것입니다.

당시 많은 수행자는 고행이 진정한 수행이라고 믿었습니다. 행복을 누리는 것은 저열한 일이고 수행자로서 피해야 할 일이라고 생각했습니다. 행복은 집착을 유발하기 때문에 문제가 된다고 생각한 것입니다. 이런 분위기에서 싯다르타 왕자는 전혀 다른 발상을 합니다.

앞서 말했듯이 감각적 욕망으로 인한 행복은 괴로움의 씨앗이기 때문에 추구할 만한 가치가 없습니다. 하지만 선정을 통한 행복은 감각적 욕망과는 전혀 관계가 없을 뿐만 아니라 오히려 감각적 욕망을 버림으로써 생긴 것입니다. 그래서 왕자는 감각적 욕망을 버림으로써 일어나는 선정의 행복은 두려워하거나 피할 필요가 없으며, 오히려 깨달음에 이르는 길이 될 수 있다고 생각합니다. 그리하여 선정을 통해 생기는 고요하고, 행복하고, 집중된 마음 상태를 활용해서 수행하는 중도中道를 실천하기로 마음먹습니다. 이것은 깨달음을 위한 매우 중요하고 결정적인 발상의 전환이었습니다.

그 후 싯다르타 왕자는 수자따라는 여인이 공양 올린 우유죽을 드시고, 오랜 고행으로 인해 심하게 쇠약해진 몸을 추스르고 기력을 회복합니다. 몸을 추스른 왕자가 깨달음을 얻기에 가장 적합한 장소라고 찾은 곳이 바로 부다가야에 있는 보리수 아래입니다. 『자따까Jātaka, 本生經』에 따르면 보리수 아래에서 부처님께서는 다음과 같은 서원을 세웁니다.

"단지 피부만 남아도 좋다. 내 온몸에 피와 살이 다 말라 버려도 좋다. 단지 힘줄과 뼈만 남더라도 이 자리에서 깨달음을 얻지 못하면 절대 일어서지 않으리라."

이렇게 굳은 결의를 하고 보리수 아래 가부좌를 하고 앉았습니다.

부처님의 성도

싯다르타 왕자는 들숨날숨기억, 즉 호흡 수행을 통해서 먼저 색계 초선을 얻습니다. 그런 다음에 색계 이선으로 나아가고, 그런 다음에 색계 삼선으로, 마지막으로 색계 사선을 얻습니다. 색계 사선은 색계 선정의 최고 경지로서 마음이 극도로 평온하고, 집중되어 있으며, 또렷또렷한 상태입니다. 색계 사선을 얻으려면 감각적 욕망, 성냄 등 마음의 장애가 철저히 버려져야 합니다. 그래서 색계 사선에 들었다가 출정하더라도 마음의 관성 때문에 한동안 마음에 장애가 일어나지 않습니다. 이때의 마음은 청정하고 깨끗하고 고요하며, 밝고 부드럽고, 깊이 집중되어 있습니다. 이같이 색계 사선에서 출정한 후의 마음 상태는 원하는 것을 무엇이나 이룰 수 있는 최적의 상태가 됩니다. 신통을 원하면 신통을 얻을 수 있고, 지혜를 원하면 최상의 지혜를 얻을 수 있습니다.

색계 사선을 얻은 싯다르타 왕자는 출정한 후에 먼저 전생을 기억하는 숙명통宿命通을 얻겠다고 마음을 기울입니다. 그러자 초야初夜, 즉 오후 6시에서 밤 10시 사이에 숙명통을 얻어 그로 인해 셀 수 없는 오랜 전생부터 현재까지의 삶을 모두 다 기억해냅니다. 오랜 전생을 기억함으로써 그동안 윤회하며 '나'라고 생각한 것은 단지 물질과 정신의 결합에 불과했음을 깨닫게 됩니다. 다시 말하면 수많은 윤회의 과정에서 사람들이 태어나고 죽는 것은 물질과 정신, 즉 몸과 마음이 나타났다 사라지기를 반복한 것에 불과하다는 사실을 통찰합니다.

그다음 중야中夜, 즉 밤 10시부터 새벽 2시 사이에 다시 색계 사선에 들었다가 출정하여 사람들이 죽어서 업[kamma, 業]에 따라 태어나는 곳을 알고 보는 천안통天眼通을 얻겠다고 마음을 기울입니다. 그러자 천안통을 얻어 존재들이 자신이 지은 업에 따라 어느 세상에 태어나는지를 보게 됩니다. 다시 말하면 해로운 업을 지으면 지옥이나 축생 등의 악처惡處에 태어나고, 유익한 업을 지으면 인간계나 천상계 등의 선처善處에 태어나는 것을 관찰합니다. 그러면서 윤회의 과정에서 업과 업의 결과를 이해하게 되어 인과因果와 연기緣起에 대한 지혜가 생깁니다.

그리고 후야後夜, 즉 새벽 2시에서 새벽 6시 사이에 색계 사선에서 출정하여 번뇌를 버리는 누진통漏盡通을 얻겠다고 마음을 기울입니다. 이를 통해 괴로움과 괴로움의 원인, 괴로움의 소멸과 괴로움의 소멸에 이르는 길에 대한 진리인 사성제四聖諦를 깨닫게 됩니다.

누진통은 번뇌를 소멸하는 신통을 말합니다. 빨리어로 '아사와āsava'는 깨달음을 얻을 때까지 존재들의 마음에서 흘러나와 존재를 괴롭히는 번뇌라는 뜻인데, 이를 중국에서 번역할 때 '누漏'로 옮겼습니다. 모든 존재의 마음에서 흘러나와 마음을 괴롭히는 심리 작용이라는 뜻입니다. 예를 들어 탐욕은 욕계 존재는 말할 것도 없고, 색계나 무색계 존재의 마음에서도 흘러나올 수 있는 것입니다. 그런데 '누진漏盡'이란 번뇌가 소멸했다는 뜻이므로 누진통은 번뇌가 소멸한 신통입니다.

초야나 중야에 얻은 숙명통이나 천안통은 번뇌가 소멸하지 못한 범부凡夫도 얻을 수 있지만, 누진통은 번뇌를 소멸해야만 얻을 수 있는 궁극의 신통이고 깨달음입니다. 싯다르타 왕자는 후야에 누진통을 얻음으로써 번뇌를 완전히 소멸하고 사성제를 깨달아 드디어 완전한 정각正覺을 이룬 부처님이 되십니다. 마침내 세상에 부처님이 출현하신 것입니다.

불교는 사성제, 팔정도이다

깨달음을 얻으신 뒤 부처님께서는 처음에 법을 설하지 않으려 하셨습니다. 당신이 깨달으신 미묘한 법을 사람들이 이해할 수 있을까 하고 망설이신 것입니다. 하지만 결국 많은 사람의 이익을 위해

진리를 설하기로 마음먹고 누가 법을 가장 잘 이해할지를 생각하십니다. 이때 깨달음을 얻기 이전의 스승이었던 알라라 깔라마와 웃다까 라마뿟다를 떠올리지만 안타깝게도 두 분은 이미 돌아가신 후여서 법을 전할 수가 없었습니다. 그다음으로 생각한 이들이 당신이 고행할 때 옆에서 함께 수행하던 다섯 명의 비구들입니다. 부처님께서는 바라나시의 녹야원으로 가 그곳에서 다섯 비구에게 최초로 설법하시게 되는데 이것을 기록한 경전이 바로 『쌍윳따 니까야』「초전법륜경初轉法輪經」이고, 그 내용이 바로 중도와 사성제입니다. 그러면 먼저 중도에 대하여 간단히 살펴봅시다.

중도는 양극단을 극복하는 수행의 길을 말합니다. 먼저 감각적 욕망을 추구하는 것은 한 극단입니다. 보통 사람들은 맛있는 음식을 즐기고, 성적인 쾌락을 추구하며, 돈을 찾아 헤매고, 명예를 좇고, 잠을 즐기는 등의 감각적 욕망을 추구하며 살아갑니다. 하지만 부처님께서는 감각적 욕망을 추구하는 일은 저열하고 이익이 없다고 하셨습니다. 인간의 탐욕은 하늘에서 황금 비가 내려도 만족하지 못하여 다음에는 다이아몬드 비가 내리기를 바란다고 말씀하셨습니다. 그래서 감각적 욕망은 버려야 할 것입니다.

고행을 하는 것도 한 극단입니다. 현재 몸의 고통을 감내하면 내생에 행복이 온다고 생각하고 고행을 하지만, 올지 안 올지 모르는 미래의 행복을 위해 현재의 행복을 희생하고 스스로 괴롭히는 것은 매우 어리석은 일입니다. 부처님께서는 고행하는 것은 몸과 마음만 괴롭게 할 뿐 아무런 이익을 주지 못한다고 말씀하셨습니

1장. 부처님의 수행과 깨달음

다. 그래서 고행도 버려야 할 것입니다.

이처럼 감각적 욕망이라는 한 쪽 극단을 버리고, 고행이라는 다른 쪽 극단도 버림으로써 생긴 행복을 통해 처음도 좋고, 중간도 좋고, 끝도 좋은 수행을 하는 것이 바로 중도입니다. 중도는 한마디로 팔정도, 즉 바른 견해[正見], 바른 사유[正思惟], 바른 말[正語], 바른 행위[正業], 바른 생계[正命], 바른 정진[正精進], 바른 기억[正念], 바른 삼매[正定]를 말합니다. 부처님께서는 이 중도를 통하지 않고서는 깨달음을 얻어 성자가 될 수 없다고 말씀하셨습니다. 중도를 설하신 후에 부처님께서는 사성제, 즉 괴로움의 성스러운 진리인 고성제苦聖諦, 괴로움의 일어남의 성스러운 진리인 집성제集聖諦, 괴로움의 소멸의 성스러운 진리인 멸성제滅聖諦, 괴로움의 소멸로 인도하는 도 닦음에 대한 진리인 도성제道聖諦를 설하셨습니다. 그리고 당신께서는 알아야만 할 진리인 고성제는 알았고, 버려야 할만 진리인 집성제는 버렸으며, 실현해야만 할 진리인 멸성제는 실현했고, 닦아야만 할 진리인 도성제는 닦아져서 스스로 부처님이 되었다고 천명하십니다.

이처럼 부처님께서 녹야원에서 최초로 설하신 법문, 즉 중도와 사성제의 가르침을 듣고 다섯 비구 가운데 꼰단냐라는 이름의 비구가 처음으로 성자의 첫 번째 단계인 수다원須陀洹이 됩니다. 이후 나머지 네 명의 비구들도 부처님의 법문을 듣고 차례로 수다원이 됩니다.

그 후 부처님께서는 다섯 비구에게 '모든 물질과 정신 현상들에는 나의 것, 나, 나의 자아가 없으므로 무아이다.'라는 무아無我의 법문을 설하시는데, 이 법문을 들은 다섯 비구는 모두 번뇌를 소멸하고 깨달음을 얻어 아라한阿羅漢이 됩니다. 이 법문을 남긴 경전이 바로 『쌍윳따 니까야』 「무아의 특징 경」입니다. 이때 부처님께서는 '이제 세상에는 여섯 명의 아라한이 있다.'라고 선언하십니다. 이때가 바로 승가僧伽가 탄생한 순간이고, 불佛·법法·승僧의 삼보三寶가 갖추어지는 순간입니다.

이같이 부처님이 깨달음을 얻은 후에 다섯 비구에게 최초로 하신 법문이 팔정도입니다. 더구나 『디가 니까야』 「대반열반경大般涅槃經」을 보면, 부처님이 열반에 드시기 전에 마지막 제자인 수밧다가 "어떤 가르침에 깨달음이 있습니까?"라는 질문을 합니다. 이에 부처님께서는 "어떤 가르침이라도 팔정도가 있으면 깨달음이 있고, 팔정도가 없으면 깨달음이 없다."라고 설하셨습니다. 결국 부처님께서 최초의 제자에게 하신 법문과 최후의 제자에게 하신 법문이 모두 팔정도에 관한 법문이었습니다. 이것은 팔정도가 불교에서 가장 중요한 가르침이라는 것을 의미합니다. 또한 팔정도의 첫 번째 요소인 바른 견해가 곧 사성제에 대한 지혜이고, 사성제의 네 번째 진리인 '괴로움의 소멸로 인도하는 도 닦음의 진리', 즉 도성제가 곧 팔정도이므로 팔정도와 사성제는 서로를 포함하는 가르침입니다. 그래서 불교의 핵심은 한마디로 팔정도이고, 사성제입니다.

2장.
공덕과 지혜

팔정도를 닦아 괴로움을 소멸하기 위해서는 많은 공덕이 갖추어져야 합니다. 이 장에서는 팔정도, 즉 중도를 닦기 위해 기본적으로 갖추어야 할 공덕에 대하여 말씀드리려 합니다.

　　모든 번뇌를 소멸하는 바른 지혜 또는 깨달음의 지혜가 일어나려면 보시布施, 지계持戒, 배움과 토론, 수행 등이 바탕이 되어야 하는데 이들을 공덕이라고 합니다. 그러면 공덕에 대해 좀 더 자세히 알아보겠습니다.

공덕과 지혜

부처님의 열 가지 명호 가운데 '명행족明行足'이 있습니다. 이때 '명[vijja, 明]'이 의미하는 것이 지혜인데 특히 깨달음의 지혜를 의미합니다. 그리고 '행[caraṇa, 行]'은 실천과 공덕을 의미하며, 깨달음의 토대가 되는 보시, 배움과 토론, 지계, 수행을 말합니다. 깨달음이 일어나기 전의 삼매와 지혜도 공덕에 속합니다. 그래서 명행족은 지혜와 공덕을 두루 갖춘 분이라는 의미입니다.

불교 수행의 목적은 깨달음의 지혜를 얻어 괴로움을 소멸하는 것이지만, 깨달음의 지혜가 생기려면 많은 공덕이 필요합니다. 그래서 공덕을 쌓는 일은 매우 중요합니다.

경전이나 조사 어록에 보면 법문 한마디에 깨달음을 얻는 사람도 있지만, 깨달음을 얻기까지 오랜 시간이 걸리는 사람도 있고, 아무런 성과도 얻지 못하는 사람도 있습니다. 무엇 때문에 이런 차이점이 생기는 것일까요? 그것은 그때까지 쌓은 공덕의 차이 때문이라고 말할 수 있습니다. 전생에 쌓은 공덕이 많고 이생에 열심히 수행하는 사람은 깨달음의 지혜가 빨리 일어날 것이고, 쌓은 공덕이 부족하고 이생에 열심히 수행하지 않는 사람은 깨달음의 지혜가 더딜 것입니다. 공덕이 부족한 상태에서 갑자기 깨달음의 지혜가 일어나는 법은 없습니다. 깨달음의 지혜를 얻어 완전한 행복을 실현하려면 반드시 갖추어야 할 것이 바로 이 공덕입니다. 『앙굿따라 니까야』「빠하라다경」 등에 보면 부처님께서는 이런 말씀을 하셨습니다.

> "비구들이여, 나는 최상의 지혜는 한 번에 얻어진다고 말하지 않는다. 최상의 지혜는 점차적인 노력, 점차적인 수행 그리고 점차적인 향상에 의해서만 얻어진다고 말한다."

이 가르침에서 알 수 있듯이 깨달음의 지혜가 일어나기 위해서는 오랜 시간 공덕을 쌓아야 합니다. 그렇게 깨달음의 지혜가 일어날 조건을 성숙시켜 가는 것이 바로 불교 수행의 과정이라고 할 수 있습니다. 그러면 공덕에 대하여 좀 더 자세히 살펴보겠습니다.

다섯 가지 공덕

경전에서는 공덕을 쌓는 방법을 다섯 가지로 설명합니다.

첫째는 지계입니다. 계율을 잘 지키는 것입니다. 둘째는 배움입니다. 부처님 가르침을 배우고 익히는 것을 의미합니다. 셋째는 법담法談입니다. 배우고 익힌 것을 스승이나 훌륭한 도반들과 함께 법담을 나누면서 서로가 검증하고 토론하는 것을 말합니다. 넷째, 삼매를 닦는 것입니다. 다섯째, 지혜를 닦는 것입니다. 이들을 열심히 실천하면 공덕이 쌓이게 됩니다.

어떤 수행자가 계율도 잘 지키고, 부처님 가르침도 많이 배우고, 훌륭한 스승이나 도반들과 서로 토론도 많이 나눕니다. 그리고 사마타samatha 수행을 통해 바른 삼매도 체득하고, 위빠사나 vipassanā 수행을 통해 지혜도 깊게 계발합니다. 이같이 공덕을 부지런히 닦으면 공덕이 성숙하고 충분히 무르익을 것입니다. 이때 적당한 가르침이 주어진다면 즉시 깨달음의 지혜가 일어날 수 있습니다.

어떤 사람은 '당장 깨달음을 얻지 못하면 아무 의미가 없다.'라고 생각할지도 모르지만, 이것은 극단적이고 그릇된 견해입니다. 설사 지금 생에서 깨달음의 지혜가 일어나지 않는다고 하더라도 그동안 수행한 모든 과정은 공덕을 쌓는 일이 됩니다. 이런 공덕이 하나하나 쌓여서 결국에는 깨달음의 지혜가 일어나는 것입니다. 지금 공덕을 쌓는 일을 소홀히 한다면 다음 생에서도 깨달음을 얻는 것은 불가능합니다. 그래서 우리가 바른 가르침을 만났을 때, 당장 깨달음을 얻지 못하더라도 수행하는 과정 자체가 중요합니다. 이와 같은 수행 과정 자체가 차근차근 공덕을 쌓아 가는 일이기 때문입니다.

결과가 일어나려면 반드시 조건이 필요하다는 것이 부처님 가르침의 핵심인 연기의 내용입니다. 깨달음의 지혜가 일어나기 위해서는 깨달음을 위한 조건이 성숙해야 합니다. 그렇지 않으면 깨달음의 지혜가 일어나기란 불가능합니다. 결과에 집착하지 말고 깨달음의 조건이 되는 공덕을 차근차근 쌓다 보면 점차 지혜가 성숙해져 어느 순간 깨달음의 지혜가 일어날 수 있는 것입니다.

공덕이 되는 지혜와 깨달음의 지혜는 어떤 차이가 있을까요? 깨달음의 지혜는 탐욕[貪], 성냄[瞋], 어리석음[癡]을 완전히 제거하여 괴로움의 소멸을 실현하는 지혜이고, 공덕이 되는 지혜는 깨달음의 지혜가 일어나기 전의 지혜를 말합니다. 위빠사나를 통해 계발된 물질과 정신에 대한 지혜, 연기에 대한 지혜, 무상無常·고苦·무아無我의 지혜, 염오의 지혜, 평온의 지혜 등이 공덕이 되는 지혜입니다. 이러한 공덕이 되는 지혜가 완전히 무르익으면 깨달음의 지혜가 일어납니다. 그러므로 공덕을 행하는 일은 결코 가벼이 생각하거나 소홀히 해서는 안 될 부분입니다.

앞서 공덕을 지계, 배움, 법담, 삼매, 지혜의 다섯 가지로 설명했습니다. 이 중 삼매와 지혜는 앞으로 자세히 다루게 될 것이므로 여기에서는 지계와 배움과 법담에 대하여 주로 설명하겠습니다.

더불어 이 다섯 가지에 포함되지는 않지만, 보시하는 것도 수행의 중요한 토대가 됩니다. 보시를 실천하면 복덕福德이 생기는데 복덕이 많아야 수행 중에 어려움과 장애를 겪지 않습니다. 예를 들어 복덕이 부족한 사람은 옷, 음식, 거처 등의 필수품을 구하기가 어려워 수행에 장애가 많습니다. 그러므로 보시를 실천하는 것과 공덕을 쌓는 행위를 함께 실천해야 수행이 순조롭게 진행됩니다. 그러면 보시에 대하여 먼저 살펴보겠습니다.

보시

보시는 빨리어로 '다나dāna'입니다. 이는 자기가 정당하게 얻은 것을 남에게 아낌없이 주고 베푸는 행위를 뜻합니다.

보시가 이루어지려면 세 가지 조건이 필요합니다. 첫째, 보시하는 자에게 보시하겠다는 의도가 있어야 합니다. 내가 가진 것을 남에게 주고 싶어 하는 의도가 우선입니다. 둘째, 보시를 받을 대상이 있어야 합니다. 내가 주고 싶다 한들 받을 사람이 없다고 허공에다 줄 수는 없는 일입니다. 셋째, 보시를 할 수 있는 재물, 재능, 물건 등이 있어야 합니다. 이와 같은 세 가지 조건이 갖추어졌을 때 보시가 이루어질 수 있습니다.

보시의 종류는 여러 가지가 있습니다. 대표적인 것은 재물을 보시하는 일입니다. 정당하게 얻은 재물을 승가에 보시하거나 가난한 사람을 위해 베푸는 일을 의미합니다. 사찰에 와서 청소를 도와준다거나 어려운 사람을 위해 봉사를 하는 등, 자기 몸으로, 또는 노력으로 보시하는 형태도 있습니다.

또 기뻐하는 보시가 있습니다. 남이 잘되었을 때 함께 기뻐하는 것입니다. 보통 사람들은 남이 잘된 일에 배 아파하는 경우가 있습니다. 하지만 남이 잘된 일을 함께 기뻐할 때 그것은 좋은 보시가 됩니다. 남방불교에서는 누가 선행을 하면 "사두, 사두, 사두." 하고 말해 줍니다. '사두sādhu'는 한자어 '선재善哉'와 같은 말로 '훌륭하다'라는 의미입니다. 그래서 남이 유익한 일을 했을 때 "사두, 사두, 사두." 이렇게 세 번을 말해 주며 함께 기뻐하는 보시를 실천하는 것입니다. 짧은 세 마디 말로써 큰 보시를 실천할 수 있는 좋은 방법입니다. 이처럼 함께 기뻐하는 보시는 우리 마음의 질투심을 없애 주기 때문에 그 의미가 더욱 큽니다.

한편 회향하는 보시가 있습니다. 지은 공덕을 자신만이 가지는 것이 아니라 다른 사람, 다른 존재에게 나누어 주는 것입니다. 예를 들어 여러분이 승가에 공양을 올리고 나서 그 음식을 다른 존재, 특히 '아귀餓鬼'에게 회향할 수 있습니다. 아귀는 항상 배고픔과 목마름에 고통을 받지만, 목구멍이 너무 작아 먹을 수 없다고 합니다. 그런 아귀들이 유일하게 먹을 수 있는 것이 승가에 올린 공양물입니다. 그들은 부처님 전이나 승가에 공양을 올린 후에 자신들에게 회향한 음식만 먹을 수 있다고 합니다. 그래서 스님들에게 음식을 공양 올린 후 아귀들을 위해 다음과 같이 회향해 주면 좋습니다.

"내가 행한 이 공덕이 나의 돌아가신 친척에게 나누어지기를!"

이렇게 세 번을 회향해 주면 과거에 돌아가신 친척 중 아귀로 태어난 누군가가 공양 올린 음식을 먹을 수 있다고 합니다. 이러한 것이 회향 보시입니다. 돌아가신 친척뿐만 아니라 내가 지은 공덕을 모든 존재와 함께 골고루 나누기를 바라는 마음도 회향 보시에 속합니다.

또 몸의 장기 등을 보시하거나 생명을 보시하는 경우입니다. 부모를 위해서 자기 간을 떼어 주거나 서로 모르지만 꼭 필요한 사람을 위해서 신장을 보시하는 것 등이 자기 몸의 일부를 보시하는 일입니다. 물에 빠진 사람을 구하기 위해 물속에 뛰어들었다가 목숨을 잃는 일도 있습니다. 이런 행위가 생명을 보시하는 것입니다. 이같이 몸의 장기 등이나 생명을 보시하는 것은 어려운 보시행이므로 그 공덕도 매우 큽니다.

모든 보시 중에서 최고로 뛰어난 보시는 법 보시입니다. 경전이나 부처님 가르침을 담은 좋은 책 등을 남에게 보시하는 것입니다. 스님들이 부처님의 법을 전해 주는 것도 법 보시에 해당합니다. 성자가 되어 다른 사람이 깨달음을 얻을 수 있도록 법문을 해 주는 것은 가장 뛰어난 법 보시입니다. 법을 보시하는 일은 세세생생 이어지는 윤회의 괴로움에서 벗어날 수 있게 도와주는 것이므로 다른 보시와는 비교할 수 없는 큰 공덕이 됩니다.

보시는 이같이 다양한 형태로 이루어질 수 있습니다.

보시의 마음가짐

무엇을 보시하느냐 못지않게 중요한 것은 보시를 실천하는 마음가짐입니다. 어떤 마음으로 보시하느냐에 따라 같은 보시를 실천하더라도 공덕은 상당히 차이가 납니다.

'무주상보시無住相布施'라는 말을 많이 들어 보셨을 것입니다. '이 보시를 하면 사업도 잘되고 자식도 잘되겠지.' 하는 순수하지 못한 욕심을 버리고, 말 그대로 보시했다는 상相에 머무르지 않은 채 순수한 마음으로 보시하는 것을 말합니다. 이런 보시는 공덕이 매우 큽니다.

제가 미얀마에 머물 때 들은 이야기입니다. 어떤 외국인 스님이 몇 년 동안 미얀마에 머물면서 가장 기억에 남았던 보시 이야기를 들려주었습니다. 당시 미얀마는 노동자의 하루 일당이 원화로 천 원 정도밖에 안 되는 가난한 나라였습니다. 그런데 어느 어린 미얀마 소녀가 승가에 보시하고 싶었지만 보시를 할 만한 물건이 없자, 직접 나뭇가지를 자르고 다듬어 만든 이쑤시개를 스님들에게 보시했답니다. 외국인 스님은 그 이쑤시개를 받은 것이 자기가 받은 보시 중에 가장 기억에 남는다고 하였습니다.

같은 보시를 하더라도 순수한 마음으로 한다면 받는 사람에게 감동을 줄 뿐만 아니라 보시의 공덕도 엄청난 차이가 납니다. 이때 순수한 마음이란 보시를 하기 전과 보시를 하는 순간, 보시를 하고 난 후에 전혀 오염된 마음이 없는 것을 의미합니다. 소녀의 경우 나무를 깎으면서도 스님께 보시한다는 기쁨이 가득했을 것이고, 보시하는 순간은 물론 보시하고 나서도 스스로 뿌듯하고 행복했을 것입니다. 이와 같은 마음으로 보시하는 일은 아주 높고 고귀합니다.

그런데 몇몇 사람들은 보시를 하기 전 보시할까 말까 망설이고 아까워하다 마지못해 겨우 실천합니다. 보시하고 나서는 '괜히 했구나. 내가 가지고 있었으면 다른 곳에 쓸모가 많았을 텐데.' 하며 후회를 하기도 합니다. 이런 경우는 가장 열등한 보시라고 이야기합니다. 보시하는 행위 자체는 유익한 의도, 즉 유익한 업에 해당합니다. 그런데 보시하기 전이나 보시하는 순간이나 보시하고 난 후에 이르기까지 인색한 마음이나 후회하는 마음 등이 개입하면 유익한 업 주위를 해로운 업이 둘러싸는 형국이 됩니다. 이때 해로운 업이 유익한 업의 좋은 결과가 익는 것을 방해하는 역할을 하므로 유익한 업의 공덕이 줄어들게 됩니다. 하지만 보시하기 전과 후 그리고 보시하는 순간에 매우 기뻐하며 순수한 마음으로 보

2장. 공덕과 지혜

시를 한다면, 보시를 실천한 유익한 업 주위를 또 다른 유익한 업들이 둘러싸 보시의 좋은 결과가 무르익는 것을 도와줍니다. 그러니 보시의 좋은 결과가 더욱 크게 나타나는 것은 당연한 일입니다.

이처럼 같은 보시를 하더라도 그 마음이 순수하고 고귀한가, 아니면 인색하고 열등한가에 따라 공덕의 차이가 매우 큽니다. 그러므로 당연히 순수하고 기쁜 마음으로 보시를 실천해야 할 것입니다.

보시의 이익

보시를 실천함으로써 생기는 이익은 어떤 것이 있을까요? 첫째, 탐욕과 성냄을 버리는 데 도움이 됩니다. 보시의 뜻에 주목해 봅시다. 자기가 정당하게 얻은 것을 남에게 주는 것이 보시라고 했습니다. 그러면 어떤 효과가 있겠습니까? 우리가 내 것이라 주장하며 붙들고 있는 마음, 즉 집착하는 마음을 내려놓을 수가 있습니다. 욕심이 많고 자기 것만 챙기려는 사람들은 아흔아홉 개를 가졌어도 남이 가진 하나마저 더 가져 백 개를 채우려고 계속 욕심을 부립니다. 하지만 백 개를 가졌을 때 열 개 정도는 남에게 나누고 베풀 줄 알면, 공덕도 짓게 되고 존경도 받을 수 있습니다. 특히 미워하는 사람에게 도리어 자신에게 소중한 무언가를 보시한다면 그 사람에 대한 미움을 가라앉힐 수 있습니다. 사실 보시를 실천하는 이익 중에 가장 큰 것은 이와 같이 탐욕과 성냄을 버리는 데 도움이 된다는 점입니다.

둘째, 보시를 실천하는 일은 다음 생에 선처에서 태어나게 합니다. 평소에 보시를 잘 실천한다면 지옥이나 아귀, 축생에 태어날 만큼의 커다란 집착과 성냄을 일으키지 않으므로 보시를 많이 행하면 악처에 태어나지 않습니다.

부처님께서는 경전에서 '순수한 마음으로 보시를 하면 천상에 태어난다.'라고 자주 설하셨습니다. 부처님께서는 재가자들에게 가르침을 전하실 때는 주로 보시, 계율, 삼보에 대한 귀의[三歸依]에 대해 법문하셨습니다. 보시, 계율, 삼귀의를 통해 공덕을 지어 선처에 태어나게 하는 법문을 먼저 하신 것입니다. 『법구경法句經』에 보면, 원숭이가 부처님께 꿀을 바친 공덕으로 천상에 태어나는 이야기가 나옵니다. 작은 보시라도 순수한 마음으로 했을 때 나중에 선처에 태어나는 훌륭한 결과가 일어날 수 있다는 것입니다. 이처럼 보시, 지계, 삼귀의 등을 통해 공덕이 쌓이고 지혜가 성숙하면 재가자들에게도 삼매와 지혜를 닦게 하고, 마지막에는 사성제에 관한 법문을 하여 깨달음에 이르게 하셨습니다.

셋째, 보시를 실천하면 복福과 덕德이 생깁니다. 보시를 많이 한 사람은 재물이 넉넉해지고, 좋은 음식과 집 등을 얻게 되며, 생계가 편안해지고, 몸이 건강해지는 등의 복이 생깁니다. 또한 내가 직접 보시하지 않아도 남에게 보시를 많이 권유하면 덕이 생깁니다. 자신을 신뢰하고 따르는 무리가 많이 생기는 것입니다. 이같이 보시를 실천하면 많은 복덕이 생깁니다.

세상을 살아갈 때 꼭 필요한 것이 복덕과 지혜입니다. 둘 다

갖추면 말할 것도 없이 좋겠지만 복덕과 지혜 중에 적어도 어느 하나는 있어야 행복하게 살 수 있습니다. 복덕이 부족하면 지혜로써 극복할 수 있고, 지혜가 부족하면 복덕을 통해 지혜로운 사람을 가까이 할 수 있기 때문입니다. 하지만 복덕도 없고 지혜도 없다면 세상을 살아가기가 무척 힘들어집니다. 그래서 지혜를 닦는 것과 더불어 복덕을 짓는 일도 게을리해서는 안 됩니다.

개인 보시와 승가 보시

보시에는 개인에게 하는 보시와 승가에 하는 보시가 있습니다. 이 중 개인에게 하는 보시부터 살펴보겠습니다. 보시할 때 보시하는 사람의 마음도 중요하지만, 보시를 받는 사람도 중요합니다. 보시를 받는 사람이 번뇌가 없을수록 큰 공덕이 됩니다. 지나가는 불쌍한 개에게 순수한 마음으로 밥 한 그릇을 공양하는 것과 깨달음을 성취한 성자에게 공양하는 것은 그 공덕이 같을 수 없습니다. 보시를 받는 상대의 정신 수준에 따라 보시의 공덕도 엄청난 차이가 나는 것입니다.

『맛지마 니까야』「보시의 분석 경」에 보면 보시하는 대상에 따라 공덕이 차이 나는 것을 설한 가르침이 나옵니다. 순수한 마음으로 동물에게 보시하면 백 배의 결과가 있다고 하고, 계를 지키지 않는 평범한 사람에게 보시하면 천 배의 결과가 있으며, 계를 지키는 평범한 사람에게 보시하면 십만 배의 결과가 있다고 합니다. 나아가 선정을 익힌 존재에게 보시하면 천억 배의 결과가, 그리고 깨달음을 얻은 성자, 즉 수다원, 사다함斯陀含, 아나함阿那含, 아라한과 같은 분에게 순수한 마음으로 한 보시는 헤아릴 수조차 없는 무량한 공덕이 쌓인다고 합니다. 성자 중에서도 아라한에게 하는 보시는 더욱 뛰어납니다. 아라한 중에서도 특히 부처님에게 보시하는 것이 개인에게 하는 보시 중에서는 가장 큰 공덕이 됩니다.

쉽게 말하면 보시를 받는 대상이 번뇌로부터 많이 벗어난 존재일수록, 마음이 청정한 존재일수록 보시의 공덕이 크다고 생각할 수 있습니다. 요즘 은행 이자가 몇 퍼센트나 됩니까? 순수한 마음으로 보시하는 공덕과는 비교가 되지 않을 것입니다. 보시를 실천하는 것보다 더 좋은 투자는 없습니다.

그런데 부처님을 포함하여 개인에게 하는 모든 보시 공덕을 뛰어넘는 보시가 있습니다. 바로 승가에 하는 보시입니다. 출가한 스님들이 모여서 사는 승가 대중에게 보시를 하는 공덕은 개인에게 하는 그 어떤 보시보다도 공덕이 훨씬 크다고 부처님께서는 설하셨습니다. 비록 지금의 승가가 옛날만큼 청정하고 뛰어나지 못하다 하여 비난을 받고 있지만, 승가가 남아 있지 않았다면 우리가 어떻게 불법佛法을 만났겠습니까? 승가가 없다면 불법은 더 빨리 쇠퇴하고 끝내 사라질 것입니다. 승가가 존재해야 불법이 오래 머물 수 있습니다. 그런 의미에서도 승가에 보시하는 것은 큰 공덕이 됩니다.

부처님께서는 항상 인과를 말씀하셨습니다. 유익한 행위를 하면 그로부터 오는 좋은 결과가 분명히 있습니다. 보시의 공덕을 믿고 지혜롭게 보시를 실천하면, 똑같은 보시를 하더라도 더 큰 공덕을 얻을 수 있습니다.

지계

보시를 실천하면서 공덕을 쌓는 일의 출발점은 계율을 잘 지키는 것입니다. 보시와 마찬가지로 계율도 악처에 태어날 수 있는 원인을 없애줍니다. 우리가 악처에 태어날 만큼의 악행을 저지르지 않도록 울타리를 쳐 준다고 볼 수 있습니다. 계율만 잘 지켜도 지혜로운 이들에게 비난받을 행위를 하지 않으므로 현생에서는 후회가 없으며 마음이 안정되고, 다음 생에는 악처에 태어나지 않습니다.

그러면 재가자들이 세속에서 지켜야 할 오계五戒에 대하여 알아봅니다. 오계는 살생, 도둑질, 삿된 음행, 거짓말, 술 마시는 일을 행하지 않는 것입니다. 다시 말해 살아 있는 생명체를 의도적으로 죽이거나, 남이 힘들여 정당하게 얻은 재물을 훔치고 빼앗거나, 배우자를 두고 바람을 피우거나, 자신의 이익이나 남의 고통을 위해서 거짓말을 하거나, 술이나 약물 등과 같이 정신을 취하게 하는 것을 먹지 않는 것을 말합니다. 오계를 어기면 현생에는 남들에게 비난받을 뿐 아니라 다음 생에는 지옥, 아귀, 축생 등의 악처에 태어나므로 계율로 금하는 것입니다.

팔정도에서 계율에 해당하는 요소는 바른 말, 바른 행위, 바른 생계입니다. 바른 말은 거짓말, 욕설이나 거친 말, 이간질하는 말, 쓸데없는 말을 하지 않는 것입니다. 다시 말해 거짓말보다는 진실을 말하고, 거친 말보다는 부드러운 말을 하며, 이간질하는 말보다는 화합시키는 말을 하고, 쓸데없는 말보다는 진리에 대한 법담을 나누라는 것입니다. 바른 행위는 오계 중에 살생, 도둑질, 삿된 음행과 같이 몸으로 짓는 나쁜 행위를 하지 않는 것입니다. 바른 생계는 자신의 생계를 위해서 남에게 해를 끼치지 않는 것을 뜻합니다. 인신매매나 마약 또는 독약을 파는 일, 무기를 파는 일 등을 하지 말라는 것입니다. 이런 직업은 타인을 괴로움에 빠지게 할 뿐만 아니라 그들의 삶을 파괴하는 일이기 때문에 자신에게도 매우 나쁜 결과가 뒤따르게 마련입니다.

불교 수행의 출발점으로서 계율을 지키지 않으면 후회가 뒤따르고 마음이 불안해져서 삼매와 지혜를 계발하기가 어렵습니다. 다시 말해서 계율이 바탕이 되지 않으면 바른 수행이 불가능해집니다. 마치 기초 공사 없이 집을 짓는 것과 같습니다. 계율은 수행자의 삶을 안정시키고 튼튼하게 해 주는 초석과 같다고 말할 수 있습니다.

부처님이 열반하시기 전 제자들이 "부처님이 열반하시고 나면 우리는 누구를 의지해서 수행해야 합니까?"라고 물었습니다. 그때 부처님께서는 두 가지로 대답하셨습니다.

"계율을 스승으로 삼고, 법을 스승으로 삼아라."

이 법문에서도 불교 수행에서 계율이 얼마나 중요한지를 알 수 있습니다. 계율은 수행의 토대이기도 하지만 수행이 완성된 모습이기도 합니다. 수다원이 되면 오계가 완성되므로 절대 의도적으로 오계를 어기지 않습니다. 어두운 밤에 모르고 벌레를 밟을 수는 있어도 의도적으로 벌레를 죽이는 일은 없다는 뜻입니다. 역으로 오계를 의도적으로 어긴다면 수다원이라고 할 수 없습니다.

계율을 잘 지키면 어떤 이익이 있을까요? 무엇보다 해야 할 행위는 하고, 하지 말아야 할 행위는 하지 않으므로 후회가 없습니다. 후회가 없으므로 마음이 안정되어 삼매와 지혜를 계발하는 데 좋은 바탕이 됩니다. 술을 마셔 재산을 낭비하지 않으므로 재물도 모입니다. 거짓말하지 않고 자비를 베풀면서 사니 훌륭한 명성도 얻습니다. 자신에게 떳떳하므로 어떤 모임에 가더라도 당당하고 두려움이 없습니다. 죽음을 맞이할 때도 불안해하거나 어리석지 않으니 다음 생에 인간이나 천상 같은 선처에 태어납니다. 이것들이 계율을 잘 실천함으로써 생기는 이익들입니다.

배움과 법담

보시와 지계를 바탕으로 바른 견해를 바로 세우면 수행의 기본이 갖추어집니다. 이때 바른 견해를 바로 세우기 위해서는 배움과 법담이 중요합니다. 배움은 부처님이나 스승의 가르침을 익히는 것을 말합니다. 법담은 부처님의 가르침을 배운 후에 도반이나 스승을 찾아가서 문답과 토론을 하는 것을 말합니다. 배움을 통해 익힌 가르침을 법담을 나누면서 검증한다면 법에 대한 이해가 훨씬 깊어질 것입니다.

반면에 배움과 법담이 없이 혼자서 법을 이해한다면 검증되지 않은 견해를 진실로 받아들이고 집착할 수 있으므로 그릇된 견해에 빠질 위험이 상당히 큽니다. 그래서 배움과 법담을 등한시해서는 안 됩니다. 앞으로 팔정도에 대하여 자세히 공부하게 될 텐데 이들이 모두 배움에 해당합니다. 배운 것을 토대로 스승이나 도반과 함께 법담을 나누고 토론을 한다면 법에 대한 바르고 깊은 이해로 나아갈 수 있습니다. 배움과 법담을 통해 바른 견해가 갖추어질 뿐만 아니라 법에 대한 이해도 훨씬 더 깊어질 수 있습니다.

수행의 바탕

선정과 지혜를 닦는 일은 깨달음에 이르는 본격적인 불교 수행입니다. 불교에서 수행은 빨리어로 '바와나bhāvanā'라고 하며, 지혜를 기반으로 삼매를 닦는 사마타와 삼매를 기반으로 지혜를 닦는 위빠사나를 의미합니다(이와 같은 수행의 공덕에 대해서는 다른 장에서 자세하게 설명하기로 하겠습니다).

여기서는 공덕의 토대가 되는 보시와 다섯 가지 공덕 중 지계,

배움과 법담에 대해 주로 알아보았습니다. 깨달음의 지혜가 생기기 위해서는 보시와 공덕이 바탕이 되어야 한다는 점을 잊지 말기 바랍니다. 지금까지 설명한 것은 바른 수행을 하기 위해 꼭 필요한 준비 과정이라고 보시면 됩니다.

끝으로 회향하는 보시를 하려고 합니다. 앞서 보시를 설명할 때 회향하는 보시가 있다고 설명했습니다. 법문을 한 후에도 법문의 공덕을 모든 존재에게 회향하는 보시를 실천할 수 있습니다. 또한 법을 배운 후에도 그 공덕을 모든 존재에게 회향할 수 있습니다. 그러므로 이 장을 회향하는 보시를 하면서 마치도록 하겠습니다. 합장하고 함께 하시기 바랍니다.

"지금 행한 이 공덕으로 건강하고 행복하기를!
지금 행한 이 공덕으로 번뇌를 소멸하게 되기를!
지금 행한 이 공덕으로 열반을 깨닫게 되기를!
지금 행한 이 공덕이 모든 존재에게 나누어지기를!
사두, 사두, 사두!"

3장.
몸과 마음

앞서 불교의 핵심은 사성제, 팔정도라고 했습니다. 특히 팔정도의 출발점인 바른 견해는 사성제에 대한 지혜를 말합니다. 그래서 팔정도를 이해하려면 먼저 사성제를 바르게 이해해야 합니다. 그러면 먼저 사성제의 첫 번째 진리인 고성제에 대하여 살펴보겠습니다.

부처님께서는 사람들이 '나'라고 여기는 존재의 실상을 잘 관찰해 보면 단지 몸과 마음 또는 물질과 정신이라고 설하셨습니다. 더 나아가 물질과 정신을 좀 더 세부적으로 나누면 물질[色], 느낌[受], 인식[想], 형성[行], 의식[識]의 다섯 무더기로 볼 수 있습니다. 그래서 부처님께서는 존재의 실상을 물질과 정신 또는 다섯 무더기[五蘊]라고 설하신 것입니다. 그러므로 우리가 '나'라고 생각하는 것은 결국 다섯 무더기일 뿐입니다. 다시 말하면 '나', '자아', '영혼', '진아眞我'라고 부르는 것들은 단지 개념일 뿐, '나라는 존재'는 다섯 무더기 또는 물질과 정신의 결합이라는 말입니다.

존재의 실상이 다섯 무더기임을 이해하고, 더 나아가 다섯 무더기가 왜 일어나는지를 살펴보면 다섯 무더기는 조건을 의지해서 생겨난다는 연기의 진리를 꿰뚫어 볼 수 있습니다. 그러면 다섯 무더기는 조건을 의지해서 형성된 법이므로 조건이 없으면 소멸하기 마련인 법임을 알 수 있습니다. 그래서 다섯 무더기는 조건 따라 변하고 사라지기에 무상하고, 무상한 것은 불완전하고 불확실하며 불만족스러우므로 괴로움이며, 무상하고 괴로움인 것은 내 마음대로 통제할 수 없으므로 나의 것, 나, 나의 자아라고 할 수 없는 무아의 특성이 있음을 꿰뚫어 알 수 있습니다. 특히 다섯 무더기는 괴로움의 특성이 있음을 꿰뚫어 알 수 있습니다. 이것이 괴로움의 성스러운 진리인 고성제입니다.

한마디로 고성제는 존재의 실상이 다섯 무더기이고, 다섯 무더기 자체가 괴로움이라는 진리입니다. 이와 같은 고성제를 분명히 꿰뚫어 알기 위해서는 다섯 무더기를 명확히 이해해야 합니다.

다섯 무더기

다섯 무더기는 색온色蘊, 수온受蘊, 상온想蘊, 행온行蘊, 식온識蘊을 말합니다. 색온은 물질 무더기, 수온은 느낌 무더기, 상온은 인식 무더기입니다. 행온은 형성 무더기로 느낌과 인식을 제외한 모든 심리 작용의 무더기를 말합니다. 마지막 식온은 의식 무더기를 말합니다(다섯 무더기에 대한 자세한 내용은 색온과 식온을 3장과 4장에서, 수온과 상온을 5장에서, 행온을 6장과 7장에서 살펴보게 될 것입니다).

오온

색온은 물질[rūpa, 色], 수온·상온·행온·식온은 정신[nāma, 名]이므로 다섯 무더기는 명색名色, 즉 정신과 물질이라고도 할 수 있습니다. 그리고 정신은 다시 마음[citta, 心]과 심리 작용들[cetasika, 心所]로 나눌 수 있습니다. 식온이 마음에 해당하고, 수온·상온·행온이 심리 작용들에 해당합니다. 심리 작용들로 번역된 cetasika는 문자적으로 '마음에 속한'이라는 의미이므로 마음 부수[心所]라고도 번역합니다. 마음 부수는 마음에 속하면서 마음을 도와주는 심리 작용들이라는 의미입니다. 이 책에서는 마음 부수보다는 심리 작용이라는 용어를 사용하겠습니다.

이렇게 마음과 심리 작용들이 결합하여 대상을 분별할 때, 마음은 단지 대상을 알기만 하고 심리 작용들은 마음이 대상을 자세히 알고 분별할 수 있도록 도와주는 역할을 합니다. 그래서 심리 작용들의 도움이 없이는 마음이 대상을 자세하게 분별할 수 없습니다. 비유하면 마음은 도화지에, 심리 작용들은 다양한 물감에 비유할 수 있습니다. 빈 도화지 위에 다양한 물감으로 여러 대상을 자세히 묘사할 수 있습니다. 마찬가지로 심리 작용들이 마음과 결합하여 마음을 도와주어야 마음이 대상을 자세히 분별할 수 있습니다.

심리 작용들은 마음에 속하면서 마음을 도와주므로 마음과 함께 일어난 심리 작용들은 같은 토대와 대상을 가집니다. 예를 들어 눈을 통해 형상을 볼 때, 마음이 형상을 보는 동안 함께 일어난 심리 작용들도 형상을 볼 수밖에 없습니다. 마음은 형상을 보는데 함께 일어난 심리 작용은 소리를 듣고 있을 수는 없다는 것입니다.

또한 마음과 심리 작용들은 함께 일어났다가 함께 사라집니다. 이는 마음(식온)과 심리 작용들(수온·상온·행온)이 불가분의 관계이며, 단지 역할이 다르다는 것을 의미합니다. 보통 마음을 왕으로, 심리 작용들을 신하로 비유하기도 합니다. 왕이 어딘가에 행차한다면 왕을 보좌하는 신하들도 함께 오는 것처럼, 보통 마음이라고 이야기할 때는 마음과 함께 일어난 심리 작용들이 합쳐진 개념으로 받아들여야 합니다. 왜냐하면 마음이 주도하고 심리 작용들이 도와주는 작용을 하기 때문입니다. 예를 들어 성내는 마음이라고 하는 것은 마음(식온)과 불만족의 느낌(수온), 대상에 대한 명칭이나 표상(상온), 성냄(행온) 등이 결합한 마음 상태를 말하는 것입니다.

불교에서는 이 마음이 아주 중요합니다. 우리가 세상을 알 수 있는 것은 마음이 작용하기 때문입니다. 결국 마음, 즉 식온을 이해하는 것이 아주 중요함을 의미합니다.

마음이 일어나려면 대상이 있어야 하므로 마음과 대상의 관계도 살펴봐야 합니다. 또한 마음은 눈·귀·코·혀·몸 등의 물질에 의지해서 일어나므로 마음과 물질의 관계에 대해서도 이해해야 합니다. 그래서 지금부터는 다섯 무더기 중에서 색온[물질]과 식온[마음] 그리고 대상에 대하여 중점적으로 살펴보겠습니다.

마음을 잘 지키고 보호하라

『법구경 주석서』에는 부처님 당시 어느 스님의 이야기가 나옵니다.

이 스님은 출가 전 재가불자였을 때 집으로 탁발을 온 어느 장로스님에게 "제가 괴로움에서 해탈하려면 어떻게 해야 하겠습니까?" 하고 물었습니다. 장로스님은 "당신의 재산을 세 등분하여 하나로는 사업을 하고, 하나로는 자식과 아내를 부양하며, 나머지 하나는 승가에 보시하여 공덕을 지으십시오. 보시를 많이 행하면 큰 공덕이 됩니다."라고 법문을 하였습니다. 그는 그대로 행하였습니다. 그런 후에 장로스님에게 "이보다 더 높은 법은 없습니까?" 하고 물으니 이번에는 "불·법·승 삼보에 귀의하고 계율을 잘 지키십시오." 하는 법문을 들었습니다. 그 가르침을 열심히 실천하고 나서 또 물었지요. "이보다 더 높은 법은 없습니까?" 그러자 "십선十善, 즉 살생, 도둑질, 삿된 음행을 삼가고 거짓말, 거친 말, 이간질하는 말, 쓸데없는 말을 삼가며, 탐욕, 적의敵意, 사견邪見을 버리십시오. 불선不善을 행하지 말고 선善을 많이 행하십시오.” 하였습니다. 그 가르침을 잘 지키고 나서 “이보다 더 높은 법은 없습니까?” 하고 물었을 때 그는 “그러면 출가하십시오.” 하는 대답을 들었습니다. 이제 그는 출가하여 스님이 됩니다.

출가하고 보니 은사스님은 불교 교리에 정통하신 분이었고, 계사戒師스님은 계율에 아주 정통한 분이었습니다. 그러다 보니 은사스님은 찾아와서 “이 가르침은 합당하고 이 가르침은 합당하지 않다.”라며 반복해서 설명했고, 계사스님도 찾아와서 “이것은 계율에 맞고 이것은 계율에 틀리다.”라며 가르치고 훈계했습니다. 이 스님은 출가하기 전에 세속에서 한 걸음 한 걸음 단계를 밟으며 공부할 때는 즐거웠는데, 두 분 스승의 복잡한 가르침에 오히려 머리가 터질 것 같았습니다.

“아! 출가 생활은 정말 힘든 것이구나. 모든 괴로움에서 해탈하기 위해 비구가 되었는데, 여기서는 팔을 뻗고 숨을 쉬고 기지개를 켤 여유조차 없구나.”

스님은 이렇게 괴로워하다가 차라리 세속으로 돌아가 수행하는 편이 낫겠다고 생각하기에 이릅니다.

이를 알게 된 두 스승은 그 스님을 부처님께 데려갔습니다. 부처님께서 그 스님에게 물었습니다.

“정말 출가 생활이 힘든가?”

스님이 답했습니다.

"출가하기 전에는 오히려 재미있게 공부했는데, 출가하고 나니 배울 것도 너무 많고 머리가 복잡해져서 출가 생활에 적응하기 힘듭니다."

그러자 부처님께서 말씀하셨습니다.

"네가 하나만 보호할 수 있다면 다른 것은 다 잊어도 좋다."

그 스님은 부처님께 그것이 무엇인지 물었습니다. 그때 부처님께서 대답하셨습니다.

"다른 것은 다 잊어도 좋으니 네 마음 하나만 잘 보호하라."

이 법문을 듣고 그 스님은 세속으로 돌아가려는 마음을 버렸고, 자기 마음을 잘 보호하여 결국 깨달음을 얻게 되었습니다.

이 이야기에서 알 수 있듯이 부처님 가르침의 핵심은 마음을 잘 보호하고 지키는 것입니다. 그럼에도 불구하고 우리는 마음에 대하여 너무 모르고 살아갑니다. 우리 삶을 한번 돌아보면 우리는 마음 가는 대로 좋은 것들을 즐기고 살아갈 뿐 일상 속에서 내 마음이 어떻게 움직이는지 잘 모르고 지냅니다. 내가 어떤 마음을 일으키고 사는지 관심을 기울이지 않습니다. 하지만 연예인들이 뭘 하고 사는지, 무슨 옷을 입고 나왔는지, 누구와 사귀는지, 이런 것에는 관심이 많습니다. 사실 그런 정보들은 우리 삶에 별 도움이 되지 않습니다. 하지만 우리 마음이 무엇을 알고 있는지, 어떤 마음이 주로 일어나는지, 마음의 특징은 무엇인지, 이렇게 마음을 잘 이해하는 일은 우리 삶에 큰 도움이 됩니다. 마음을 잘 이해하고 번뇌로부터 보호해야 괴로움에서 벗어날 수 있습니다. 그래서 마음을 이해하는 것은 불교 수행에서 아주 중요합니다.

의식 무더기: 마음

보통 마음을 잘 알 수 없는 신비로운 것이나 변하지 않는 실체인 것처럼 생각하곤 합니다. 하지만 부처님께서는 단지 "대상을 아는 것이 마음이다."라고 말씀하셨습니다. 대상에 대하여 보고, 듣고, 생각하는 것이 바로 마음이라는 것입니다.

어떤 대상을 아는 것은 마음이 작용해야 가능한 일입니다. 산이 우리에게 "나는 산이다." 하고 말하지는 않습니다. 우리 마음이 산을 보고 '산이다.' 하고 아는 것입니다. 이처럼 대상을 아는 것을 마음이라고 합니다. 다르게 표현하면 '마음이 대상을 안다' 또는 '대상을 아는 역할을 하는 것이 마음이다'라고 이야기하기도 합니다. 어떻게 표현하더라도 '대상을 아는 것이 마음'이라고 보면 됩니다. 앞서 마음과 식識은 같은 뜻이라고 했습니다. '식'은 빨리어로 '윈냐나viññāṇa'를 번역한 것이고 '마음[心]'은 '찟따citta'를 번역한 것인데, 둘 다 '안다', '분별한다'라는 뜻입니다. 그래서 식온은 대상을 아는 마음들이라고 해도 무방합니다.

『앙굿따라 니까야』「하나의 모임」품에서 부처님께서는 마음에 대해 이렇게 말씀하셨습니다.

"나는 이 세상에서 마음보다 빨리 변하는 것을 본 적이 없다.

마음이 얼마나 빨리 변하는지는 비유조차 들기 힘들다."

이 말씀이 의미하는 바는 마음은 불변하는 실체가 아니라 순간순간 조건에 따라서 계속 변한다는 것입니다. 형상을 볼 때는 보는 마음인 눈 의식[眼識]이 작용하고, 소리를 들을 때는 듣는 마음인 귀 의식[耳識]이 작용하고, 생각할 때는 마음 의식[意識]이 작용하는 것처럼, 상황과 조건에 따라서 이러저러한 마음들이 일어났다가 사라지는 것이지 마음이 변하지 않는 실체는 아니라는 것입니다.

부처님께서는 여러 경전에서 마음을 실체라고 생각하는 것은 그릇된 견해라고 말씀하셨습니다. 그래서 불교에서는 마음이 '찰나 생生 찰나 멸滅'한다고 말합니다. 즉 매우 짧은 순간에 일어났다가 매우 짧은 순간에 사라진다는 말입니다.

요약해 보면 대상을 인식하는 것이 마음이고 마음은 조건에 따라 매우 빠르게 변하는 특성이 있습니다. 그런데 마음이 작용하기 위해서는 대상이 있어야 하고, 대상을 안다는 것은 마음이 작용했음을 의미합니다. 이처럼 마음과 대상은 불가분의 관계에 있습니다. 그래서 마음을 이해하기 위해서는 대상을 잘 이해해야 합니다.

대상

대상對象은 빨리어로 '아람마나ārammaṇa' 또는 '알람바나ālambana'라고 하는데, '즐기는 것' 또는 '매달려 의지하는 것'이라는 의미를 담고 있습니다. 예를 들어 아름다운 경치가 있으면 경치를 보면서 즐기는 마음이 일어납니다. 이때는 경치가 대상이고, 경치를 보고 즐기는 것이 마음입니다. 이같이 마음이 즐기는 것이나 마음이 매달려 의지하는 것이 바로 대상이라고 말할 수 있습니다.

대상은 마음과 만나는 문[門] 또는 장소에 따라 여섯 가지로 나눌 수 있습니다. 눈[眼]을 통해 만나는 형색[色], 귀[耳]를 통해 만나는 소리[聲], 코[鼻]를 통해 만나는 냄새[香], 혀[舌]를 통해 만나는 맛[味], 몸[身]을 통해 만나는 감촉[觸], 마음의 문[意]을 통해 만나는 법法이 그것입니다.

이렇게 대상은 색·성·향·미·촉·법의 여섯 가지이므로 대상을 아는 마음도 여섯 가지 대상에 따라 눈 의식[眼識]·귀 의식[耳識]·코 의식[鼻識]·혀 의식[舌識]·몸 의식[身識]·마음 의식[意識]의 여섯 가지로 분류할 수 있습니다. 형상이 눈과 접촉하면 눈 의식, 귀와 소리가 접촉하면 귀 의식, 코와 냄새가 접촉하면 코 의식, 혀와 맛이 접촉하면 혀 의식, 몸과 감각이 접촉하면 몸 의식, 마음과 법이 접촉하면 마음 의식이 일어나는 것입니다. 이같이 의식 또는 마음이 대상과의 접촉을 의지해서 일어난다는 사실을 이해하면 마음도 조건 발생이므로 무상하고, 괴로움이며, 무아임을 통찰할 수 있습니다.

만약 이런 마음의 자세한 분류가 어렵게 생각된다면, 단순하게 사람에게 고통을 주는 마음과 행복을 주는 마음, 이렇게 두 가지만 기억해도 됩니다. 다시 말해 괴로움이 일어나게 하는 마음은

'해로운[不善] 마음'이라 하고, 괴로움을 소멸하는 데 도움이 되는 마음은 '유익한[善] 마음'이라 합니다. 우리가 마음을 분석하는 이유도 결국은 이 두 가지를 분명히 이해하기 위함이라 할 수 있습니다. 왜냐하면 수행의 목적인 괴로움을 소멸하기 위해서는 괴로움을 주는 마음을 버리고 행복을 주는 마음을 계발해야 하는데, 이를 위해서는 이 두 가지 마음이 무엇인지 분명히 알고 구분할 수 있어야 하기 때문입니다.

물질 무더기

마음이 대상을 아는 작용을 한다면 물질은 마음이 일어나는 것을 도와주는 물질적 토대의 역할을 합니다. 예를 들어 눈, 귀, 코, 혀, 몸은 눈 의식, 귀 의식, 코 의식, 혀 의식, 몸 의식의 토대가 됩니다. 눈이 없으면 볼 수 없고 귀가 없으면 들을 수 없기 때문입니다. 그래서 마음을 이해하기 위해서는 물질을 이해하는 것이 필수적입니다.

이제 물질에 대하여 간단히 알아보겠습니다. 마음과 물질이 다른 점은 마음은 형체가 없지만, 물질은 형체가 있다는 점입니다. 그리고 물질은 변형되는 특징이 있습니다. 우리의 '몸'이라는 물질을 보면 화가 났을 때 얼굴이 찌푸려지기도 하고, 늙으면 주름이 자글자글 생기고 머리가 하얘지는 등 조건에 따라서 여러 모습으로 변합니다. 돌이나 산 등의 외부 물질도 시간이 흐르면 부서지고 풍화되는 등 변화의 과정을 거칩니다. 이같이 물질은 형체를 가지고 있고 변형되는 특징이 있습니다.

물질은 크게 두 가지 형태로 나눌 수 있습니다. 사대四大, 즉 땅의 요소[地], 물의 요소[水], 불의 요소[火], 바람의 요소[風]라는 '근본 물질'과 그로부터 '파생된 물질'로 나눕니다. 먼저 근본 물질에 대하여 알아봅시다. 고대 인도에서는 세상의 모든 물질은 땅의 요소, 물의 요소, 불의 요소, 바람의 요소, 이 네 가지 물질로 되어 있다는 주장이 있었습니다. 이 네 가지 요소를 세상을 이루는 가장 근원적인 물질이라는 의미에서 근본 물질인 사대라고 합니다. 현대 과학으로 보면 땅의 요소는 고체, 물의 요소는 액체, 바람의 요소는 기체 또는 움직임, 불의 요소는 열 정도로 생각해 볼 수 있을 것입니다. 불교에서는 이런 네 가지 근본 물질의 결합으로 세상의 모든 물질이 이루어져 있다고 봅니다.

불교 경전에서는 사대를 다음과 같이 설하였습니다.

머리털, 몸털, 뼈, 이빨 등과 같이 딱딱하고 견고하며 업을 조건으로 생긴 것들은 무엇이건 내적인 땅의 요소이고, 철, 구리, 바위 등은 외적인 땅의 요소입니다. 또 눈물, 기름기, 침, 콧물, 땀 등과 같이 물과 액체 상태이고 업을 조건으로 생긴 것들은 무엇이건 내적인 물의 요소이고, 바닷물, 냇물, 호숫물 등은 외적인 물의 요소입니다.

체온, 타는 열, 소화 열 등 불과 같이 뜨겁고 업을 조건으로 생긴 것들은 무엇이건 내적인 불의 요소이고, 장작불, 호롱불 등이 외적인 불의 요소입니다. 그리고 들숨과 날숨, 트림, 방귀 등과 같이 바람과 바람 기운과 업을 조건으로 생긴 것들은 무엇이건 내적인 바람의 요소이고, 폭풍, 산들바람 등이 외적인 바람의 요소입니다.

여기서 주의할 점은 근본 물질도 조건에 따라 일어나고 사라진다는 것입니다. 근본 물질을 변하지 않는 실체로 이해해서는 안 됩니다.

부처님께서는 모든 물질을 사대 요소의 결합으로 바라보라고 말씀하셨습니다. 예를 들어 여인의 손을 잡았을 때 부드러움은 땅의 요소, 뜨거움은 불의 요소, 땀의 축축함은 물의 요소, 움직임은 바람의 요소이고, 이들은 무상하므로 괴로움이라고 볼 수 있다면 여인의 몸에 대하여 집착이 생겨나기가 어려울 것입니다. 이처럼 여인의 몸에 대하여 아름답고 사랑스럽게만 바라본다면 여인에 대한 애착을 떨쳐낼 수 없겠지만, 그것이 사대 요소의 결합이고 무상하므로 괴로움이라고 바라볼 수 있다면 여인의 몸에 대한 애착을 버리기가 쉬워질 것입니다.

다음으로 파생된 물질이란 네 가지 근본 물질에 의해서 형성된 물질을 말합니다. 찰흙을 가지고 여러 형태의 모양을 만들 수 있듯이, 사대 요소의 결합을 통해서 다양한 물질이 만들어집니다. 예를 들어 눈, 귀, 코, 혀, 몸이나 형상, 소리, 냄새, 맛, 감촉 등이 파생된 물질입니다. 이런 물질들은 마음이 일어날 때 감각 기능이나 토대의 역할을 담당하기도 하고 대상의 역할을 하기도 합니다.

요약해 보면 네 가지 근본 물질이나 파생된 물질들은 마음이 일어나는 토대, 감각 기능, 대상 등의 역할을 합니다.

부처님 가르침처럼 물질을 네 가지 근본 물질의 결합이라고 이해하면 세상을 보는 관점이 달라집니다. 예전에는 컵, 시계, 카메라, 남자, 여자 등으로 보던 대상들을 땅, 물, 불, 바람이라는 사대 요소의 결합으로 파생된 물질이라 볼 수 있게 되어 이들에 대한 애착이 버려집니다. 지혜를 계발하는 위빠사나 수행에서 이러한 인식의 전환은 굉장히 중요한 의미를 지닙니다. 일반적인 고정관념이나 편견을 가진 상태에서 벗어나 사물이 존재하는 실상을 있는 그대로 볼 수 있어야 사물에 대한 집착을 버릴 수 있기 때문입니다. 이처럼 사물의 본질적인 모습을 보는 것을 초기불교에서는 '법을 본다'라고 말합니다.

지금까지 물질[색온]과 마음[식온]에 대하여 간단히 알아봤습니다. 물질과 마음은 서로 다르지만 매우 밀접하게 의지하고 있는 관계입니다. 요즘에는 신경과학이나 뇌과학에서 마음은 오직 뇌의 작용일 뿐이라고 이야기하는 경우가 있습니다. 뇌라는 것도 일종의 물질이므로 마음이 곧 물질의 작용이라고 여기는 것입니다. 하지만 불교에서는 뇌와 마음을 다르게 봅니다. 뇌가 마음이 의지하는 물질적 조건인 것은 분명하지만, 뇌는 물질이고 마음은 뇌를 의지해서 일어난 정신이라고 봅니다. 물론 물질과 정신은 다르지만 서로 무관하지 않습니다. 왜냐하면 마음은 몸을 의지해서 일어나고, 마음이 없으면 몸은 생명이 없는 물질에 불과하기 때문입니다. 불교 수행의 주석서인『청정도론淸淨道論』을 보면 '몸'은 보지 못하는 시각 장애인, '마음'은 다리가 성치 않아 걷지 못하는 사람에 비유합니다. 볼 수 없는 사람이 걷지 못하는 사람을 업고 다니는 것과 같이 몸과 마음은 서로가 항상 의지해서 일어나는 불가분의 관계라는 말입니다.

세상을 바꾸려고 하지 말고 마음을 바꾸라

수행하는 사람들이 많이 듣는 말이 있습니다.

"바깥에서 구하지 말라."

행복이라는 것이 마음 바깥에서 오는 것이 아니라는 뜻입니다. 아무리 돈이 많고 명예를 얻었어도 내 마음이 괴로우면 불행하고, 아무리 가진 것이 없어도 내 마음이 즐거우면 행복합니다. 그래서 밖에서 행복을 구하지 않고 마음을 바꾸어 행복을 찾는 것, 이것이 불교 수행의 핵심입니다.

바깥세상을 내가 원하는 대로 모두 바꾸기란 불가능합니다. 세상은 워낙 복잡한 조건들로 얽혀 있으므로 세상을 내 마음대로 바꾸는 데는 한계가 있습니다. 하지만 내 마음을 바꾸는 것은 가능합니다. 바깥세상에 대해 좋아하는 마음이나 싫어하는 마음을 포기한다면 항상 평온한 마음으로 세상에 대처할 수 있습니다. 다시 말해 대상을 바꿔서 행복을 구하는 것은 불가능한 일이지만, 마음을 바꾸어 행복해지는 것은 어렵지만 가능한 일입니다.

'지혜로운 마음 기울임[yoniso manasikāra]'과 '어리석은 마음 기울임[ayoniso manasikāra]'이라는 말이 있습니다. 예를 들어 아름다운 여인의 몸을 감각적 욕망의 대상으로 인식했다면 어리석은 마음 기울임이 작용한 것이어서 그녀에 대해 탐욕이 작용할 것입니다. 반면 그 여인의 몸을 네 가지 근본 물질의 결합으로 보거나 여인의 몸이 늙고 병들고 죽을 수밖에 없으므로 무상하다고 인식한다면 지혜로운 마음 기울임이 작용한 것이어서 그녀에 대한 탐욕이 버려질 것입니다.

이같이 마음을 어떻게 쓰느냐에 따라 우리 삶은 완전히 달라질 수 있습니다. 그저 보통 사람의 삶을 그럭저럭 살아갈 수도 있고, 바른 수행을 통하여 훨씬 질 높은 삶을 살 수 있으며, 더 나아가 완전한 행복을 실현할 수도 있는 것입니다. 그래서 불교에서는 마음 닦는 것을 가장 중요하게 생각합니다. 수십 년을 절에 다녀도 마음이 바뀌지 않는다면 불교 수행을 제대로 했다고 할 수 없습니다.

『법구경』에는 다음과 같은 게송이 있습니다.

"국자는 아무리 국 속을 드나들어도 국 맛을 모른다."

이처럼 매일 절에 다니면서도 진리의 맛을 몰라 여전히 탐욕과 성냄에 젖어 산다면 이 게송에 나오는 국자와 다를 바 없습니다.

4장.
마음의 두 얼굴

앞에서 '마음과 대상'이라는 주제에 대해 말씀 드렸습니다. 불교적으로 표현하면 '우리 삶은 마음이 대상을 만나서 그 대상을 인식하고 분별하는 작용이 이어지는 것이다.'라고 할 수 있습니다. 결국 우리 삶은 마음과 마음에 의해 알게 된 것들이 모인 총체라고 할 수 있습니다. 이처럼 '우리 삶은 마음이 대상을 알아가는 과정'이라는 생각을 받아들인다면, 이제 대상 자체, 즉 마음 바깥의 현상들보다는 마음이 더 중요해집니다. 특히 그 대상을 어떤 마음으로 만나는지가 훨씬 더 중요합니다.

잘 알려진 이야기이지만, 논을 갈던 두 사람이 논을 반쯤 갈고 나서 잠시 휴식을 취했습니다. 이때 한 사람은 '아직도 논을 반밖에 갈지 못했구나.'라고 생각하며 투덜거리고 힘들어했습니다. 그런데 다른 한 사람은 '벌써 논을 반이나 갈았구나.'라고 생각하며 즐거워했습니다. 이처럼 똑같은 상황과 조건에서도 그것을 마음이 어떻게 받아들이느냐에 따라 우리 삶이 행복해질 수도 있고 괴로워질 수도 있습니다. 결국 행복과 불행의 근본 원인은 대상에 있는 것이 아니라 그 대상을 받아들이는 마음에 있는 것입니다.

지혜로운 마음 기울임과 어리석은 마음 기울임

우리가 살아가면서 느끼는 행복이나 불행은 대상의 문제라기보다 마음이 대상을 어떻게 받아들이느냐에 달려 있다고 했습니다. 보통은 마음이 대상을 만날 때 어리석게 마음을 기울여, 괴로움이 일어나게 하는 해로운[不善] 마음이 일어나 괴로움을 겪게 됩니다. 그리하여 부처님께서는 마음이 대상을 만날 때 지혜롭게 마음을 기울여 괴로움의 소멸에 유익한[善] 마음이 일어나도록 할 것을 강조하십니다. 결국 마음이 대상을 만날 때 어떻게 마음을 기울이느냐에 따라 행복해질 수도 있고, 괴로움을 겪을 수도 있습니다. 초기불교에서는 이처럼 행복과 고통이 지혜롭게 마음을 기울이느냐 어리석게 마음을 기울이느냐에 따라 결정된다고 봅니다.

지혜로운 마음 기울임은 빨리어로 '요니소 마나시까라yoniso manasikāra'라고 합니다. 한자어로는 '여리작의如理作意'로 번역되었는데 '이치에 맞게 마음을 기울인다'는 뜻입니다. 한마디로 지혜롭게 마음을 기울이는 것입니다. 반대가 지혜롭지 못한 마음 기울임, 즉 어리석은 마음 기울임이겠죠. 어리석은 마음 기울임은 빨리어로 '아요니소 마나시까라ayoniso manasikāra'라고 합니다. '이치에 맞지 않게 마음을 기울인다'는 뜻입니다.

유익한 마음이 일어날지, 해로운 마음이 일어날지의 분기점은 지혜롭게 마음을 기울이느냐, 어리석게 마음을 기울이느냐에 달려 있습니다. 같은 조건과 상황에서 마음을 어떻게 기울이느냐에 따라 우리에게 전혀 다른 세상이 펼쳐질 수 있는 것입니다.

중국 선사禪師 어록에서는 '한 마음 착하면 부처 마음이고, 한 마음 어리석으면 중생 마음이다'라고 표현합니다. 초기불교에서도 같은 이야기를 합니다. 처음에 마음을 어떻게 기울이느냐에 따라 삶이 천차만별로 달라질 수 있다는 것입니다. 부처님 가르침을 공부하는 이유는 바로 부처님의 지혜를 빌어 지혜롭게 마음을 기울이는 방법을 배우려는 것입니다. 지혜를 닦는 수행이란 마음이 대상을 만날 때 항상 지혜롭게 마음을 기울일 수 있도록 일상생활 속에서 노력하고 실천하는 것이라고 할 수 있습니다.

그렇다면 지혜로운 마음 기울임과 어리석은 마음 기울임이 무엇이 다른지 좀 더 자세히 살펴보겠습니다. 그전에 먼저 '유익함 [善]'과 '해로움[不善]'을 이해해야 합니다. 보통 '선善'과 '악惡'이라는 말을 더 많이 하지만, '선善'과 '불선不善'이 더 정확한 표현입니다. 빨리어에서 선을 의미하는 단어는 '꾸살라kusala'로 '유익하다', '능숙하다'라는 뜻입니다. kusala는 kusa+la로 분석할 수 있는데 꾸사kusa는 인도에 있는 손을 베이기 쉬운 날카로운 풀의 이름이고, 라la는 '자르다', '베다'의 의미가 있습니다. 그래서 kusala는 '꾸사 풀을 베다'라는 의미입니다.

어린 시절 풀에 손을 베여 본 적이 있을 것입니다. 날카로운 풀은 함부로 잡으면 손을 베이기 때문에 아주 조심스럽게 잡아야 합니다. 이렇듯 손을 베이지 않으려면 '꾸사'라는 풀도 주의를 기울여 능숙하게 베야 하므로 '꾸살라'라는 말이 '유익하다', '능숙하

4장. 마음의 두 얼굴

다'라는 의미를 담게 되었다고 합니다. 다시 말하면 꾸살라는 괴로움의 소멸을 실현하는 데 유익한 마음을 말하고, 이를 중국에서는 '선善'이라 번역했습니다.

　반면 아꾸살라akusala는 a (부정접두사)+kusala로 분석하는데 괴로움의 소멸을 실현하는 데 유익하지 않은, 즉 해로운 마음을 말하고, 이를 중국에서는 '불선不善'이라 번역했습니다. 결국 괴로움의 소멸을 실현하는 일에 유익한 마음인지, 해로운 마음인지에 따라 '유익함'과 '해로움' 또는 '선'과 '불선'이라 구분합니다. 이처럼 마음은 유익함과 해로움이라는 두 얼굴을 가지고 있습니다. 마음의 얼굴은 대상을 만날 때 어떻게 주의를 기울이느냐에 따라 완전히 달라집니다. 즉 지혜롭게 마음을 기울이면 유익한[善] 마음이 일어나고, 어리석게 마음을 기울이면 해로운[不善] 마음이 일어납니다.

　어리석은 마음 기울임의 가장 대표적인 것이 '영원하지 않은[無常] 것을 영원한 것[常]으로, 괴로움[苦]인 것을 행복[樂]으로, 자아가 없는데[無我] 자아가 있다[我]'고 마음을 기울이는 것입니다. 이는 사실을 사실 그대로 보지 못하는 상태를 의미합니다. 어리석음과 탐욕에 마음이 오염되어 사실과 다르게 자신이 원하는 방향으로 잘못 알고 고집하는 것입니다.

　반면에 지혜로운 마음 기울임은 '영원하지 않은 것을 영원하지 않은 것으로, 괴로움인 것을 괴로움으로, 자아가 없음을 자아가 없다고' 있는 그대로 바라보는 것입니다. 이는 사실을 사실 그대로 보는 상태를 의미합니다. 어리석음을 버리고 지혜롭게, 사실을 사실 그대로 보는 것입니다.

전도몽상

빨리어에 '위빨라사vipallāsa'라는 단어가 있습니다. '전도顚倒', 즉 뒤바뀌었다는 뜻입니다. 『반야심경般若心經』에도 '원리전도몽상 구경열반遠離顚倒夢想 究竟涅槃'이라 했습니다. 뒤바뀐 헛된 망상을 완전히 버리면 구경의 열반에 이른다는 뜻입니다. 앞서 언급했던 '영원하지 않은 것을 영원한 것으로 보는 것, 괴로움인 것을 행복이라고 보는 것, 자아가 없는데 자아가 있다고 보는 것'이 전형적인 전도몽상, 즉 뒤바뀐 헛된 망상입니다.

　이와 같은 전도가 일어나는 가장 근본적인 원인은 어리석음[moha, 癡]입니다. 어리석음을 무명[avijjā, 無明]이라고도 하는데, 지혜[vijjā, 明]가 없다는 뜻입니다. 불교에서는 사성제나 연기에 대한 무지를 어리석음이라 합니다. 쉽게 이야기하면 현상의 실상을 잘못 아는 것을 말합니다. 예를 들면 '시계'라는 것은 여러 부속이 모여 만들어진 기계를 '시계'라고 이름 붙인 것일 뿐인데 마치 '시계'라는 온전한 실체가 있는 것처럼 생각하는 것이 어리석음입니다.

　이렇게 대상을 잘못 알면 세상을 잘못 알게 되고, 세상을 잘못 알면 세상의 진리를 모르게 됩니다. 세상의 있는 그대로의 모습인 사성제나 연기 등의 진리를 이해하지 못하기 때문에 자기 방식으로만 생각합니다. 자기 입맛대로 이해하고 검증도 거치지 않은 채 자기 생각이 옳다고 고집을 부리고, 자기 생각과 다른 사람들에 대해서는 공격하고 화를 냅니다. 모두가 다 어리석음에서 시작된 일입니다.

그래서 어리석음 때문에 전도몽상이 생기고, 전도몽상으로 인해 탐욕이 생기게 되는 것입니다. 그 탐욕이 충족되지 않으면 성냄이 일어납니다. 이처럼 어리석음은 수많은 번뇌를 일으킵니다.

거꾸로 탐욕과 성냄이 자라나면 그로 인해 대상을 있는 그대로 볼 수 없습니다. 탐욕이 작용하면 대상의 좋은 면만 보려 하고, 성냄이 작용하면 대상의 싫은 면만 보려 합니다. 그러면 우리 마음은 편견으로 가득 차고 어리석어집니다.

이처럼 탐욕과 성냄 등의 번뇌는 사람을 어리석게 합니다. 결국 어리석음은 번뇌를 생기게 하고 번뇌는 다시 어리석음을 강하게 하는 악순환이 계속됩니다. 이런 악순환의 고리를 끊기 위해서는 세상을 있는 그대로 보는 지혜를 계발하여 어리석음을 버리는 것이 필요합니다. 다시 말해 전도된 상태를 바로잡으려면 지혜가 작용해야 합니다. 지혜는 사실이 아닌 것을 사실이라 생각하지 않고, 사실을 사실이 아니라고 받아들이지도 않습니다. 지혜란 사실을 있는 그대로 알고 이해합니다. 지혜를 계발하기 위해서는 우선 어리석음과 전도몽상에 대해 명확히 아는 것이 중요합니다.

무상에 대한 어리석음

어리석음으로 인한 전도몽상은 크게 세 가지로 요약할 수 있습니다. 첫 번째 전도몽상은 영원하지 않은데 영원하다고 잘못 아는 것입니다.

보통 사람들은 돈, 명예, 권력 등을 추구합니다. 하지만 이런 것들은 인연 따라 잠시 우리 곁에 있는 것이지, 영원히 우리 곁에 있는 것은 아닙니다. 그런데 사람들은 그런 것들이 영원할 것이라는 막연한 착각 속에서 집착과 자만에 빠져듭니다. 그래서 재산이 많다고 가난한 사람을 무시하고, 권력을 가졌다고 함부로 남용하며, 명예를 얻었다고 남을 무시하기도 합니다. 자신이 얻은 돈이나 명예가 영원하리라고 착각하기 때문에 자만과 인색함에 빠지는 것입니다. 그러나 지혜로운 사람이라면 돈, 명예, 권력 등이 무상하다는 것을 이해하고 오히려 겸손하게 베풀며 청렴하게 살아갈 것입니다.

이 세상에 형성된 모든 것은 결국 사라집니다. 시간상 차이가 날 뿐입니다. 우리의 삶은 길어야 백 년 정도인데 사람들은 마치 영원히 살 것처럼 인생을 낭비합니다. 살아 있는 생명을 함부로 죽이고, 남이 주지 않은 것을 훔치고, 이미 결혼한 이성을 탐하는 등 여러 악행을 저지릅니다. 머지않아 죽음이 다가오고 자신이 저지른 악행의 결과가 일어날 것임을 안다면 그러한 삶을 살지는 않을 것입니다. 인생이 영원하다고 착각하는 전도몽상 때문에 그런 일이 일어납니다.

괴로움에 대한 어리석음

두 번째 전도몽상은 괴로움을 행복으로 잘못 아는 것입니다.

일반적으로 사람들은 재물을 탐하고, 성적인 쾌락을 탐하며, 음식의 맛을 즐기고, 명예를 추구하고, 습관적으로 잠을 자는 등의 감각적 욕망을 추구하는 것을 행복이라고 생각합니다. 하지만 부처님께서는 감각적 욕망을 날카로운 칼에 발린 꿀과 같다고 말씀하셨습니다. 꿀을 먹을 때는 달콤하지만 혀를 베이는 고통을 감수해야만 합니다.

우리가 사랑하는 사람을 갑자기 잃게 되면 말할 수 없는 슬픔이 일어납니다. 만약 전혀 관심 없는 사람이 죽었다면 괴로워하거나 슬퍼할까요? 그렇지 않을 것입니다. 괴로움이 일어나는 이유는 애착이 있기 때문입니다. 가까운 사람을 잃는 일은 실제로 커다란 괴로움입니다. 하지만 좀 더 지혜롭게 생각한다면, 태어난 사람은 누구나 언젠가는 죽게 되어 있고, 그것은 피할 수 없는 일임을 이해할 수 있습니다. 죽음에 대해 이렇게 이해한다면 고통은 훨씬 줄어들 수 있습니다.

이렇듯 감각적 욕망은 양면성이 있습니다. 감각적 욕망은 달콤한 즐거움이 있지만, 괴로움의 씨앗이 됩니다. 욕망이 충족되면 사라질까 두려워지고, 충족되지 못하면 그 자체가 괴로움입니다. 그래서 사람들은 감각적 욕망을 추구하는 삶이 행복이라고 생각하지만, 부처님께서는 그것이 괴로움의 원인이라고 하셨습니다.

또한 감각적 욕망은 만족을 모른다는 위험성도 있습니다. 하나를 얻으면 둘을 얻고 싶고, 아흔아홉 개를 가지면 하나를 가진 사람의 것을 빼앗는 한이 있더라도 백 개를 채우고 싶은 마음이 욕망의 본질이기 때문입니다. 그래서 욕망은 만족을 모르고 끊임없이 달리게 되고, 심지어는 큰 악행을 저지를 수도 있습니다.

이처럼 감각적 욕망의 실상은 괴로움인 줄 모르고 그것을 행복으로 생각하는 것이 전도몽상입니다.

태어남도 마찬가지입니다. 태어났기 때문에 늙고 병들고 죽어 가는 생로병사의 괴로움이 따르는데도 우리는 태어남을 행복으로 생각하고 계속 태어남을 원합니다. 그것이 윤회를 끊지 못하는 근본적인 이유입니다. 윤회하는 것 자체가 괴로움이라는 것을 알아야 윤회에서 벗어날 수 있습니다. 그래서 사성제의 처음은 고성제입니다. 부처님께서 삼계가 화택, 즉 우리가 사는 세상이 불타는 집이라고 말씀하셨듯, 존재로 태어남 그 자체가 괴로움의 시작입니다. 그러함에도 태어남을 행복이라고 생각하는 것, 그 자체가 전도몽상입니다.

무아에 대한 어리석음

세 번째 전도몽상은 자아가 없는데 자아가 있다고 잘못 아는 것입니다.

자아가 있다고 생각하면 불교에서 나라는 인식, 즉 '아상我相'이라고 말하는 자아의식이 형성되고, 이 자아의식은 점차 강해집니다. 영혼, 자아 같은 실체로서의 '나'가 있다고 생각해 내가 제일

잘나야 하고, 내가 남보다 더 많은 것을 누려야 한다고 집착합니다. 이같이 '자아'가 있다는 생각을 시작으로 자기중심적인 사람이 되고 그로 인해 이기심이 강해져 수많은 번뇌가 생겨납니다.

자아의식은 우리 삶을 고통스럽게 만듭니다. 자아의식이 강한 사람일수록 자만이 강하고 괴로움의 정도가 강해집니다. 자신을 무시하는 말을 한 마디만 들어도 화를 참지 못합니다. '나'라는 실체가 있다고 생각하면 자만을 버리기 어렵습니다. '나'가 있으면 내가 남보다 더 잘나야 하고 남이 나보다 잘나면 질투가 일어납니다. 모든 생각들이 '나'를 시작으로 일어나고, 그로 인해 일어난 수많은 해로운 심리 작용들은 사람들의 삶을 괴롭게 만듭니다.

부처님께서는 이처럼 자아가 있다고 생각하는 어리석음을 버릴 수 있도록 연기를 설하셨습니다. 연기는 '세상의 모든 것이 조건을 의지해서 일어난다'라는 뜻입니다. 그런데 앞서 설명했듯이 '나라는 존재'의 실상은 다섯 무더기이고, 연기의 가르침에 따르면 다섯 무더기도 조건을 의지해서 형성된 것입니다. 그러므로 다섯 무더기는 조건이 다하면 소멸하기 마련이므로 무상하고, 무상한 것들에는 영원불멸하는 영혼이나 자아는 없습니다. 이처럼 연기를 이해하면 무아를 분명히 통찰하여 자아가 있다는 어리석음을 버릴 수 있습니다. 그러면 '나라는 인식', 즉 아상이라 말하는 자아의식이 사라지고, 자아의식으로 인해서 생긴 수많은 괴로움도 사라지게 됩니다.

지금까지 말씀드린 세 가지를 불교에서는 어리석음으로 인한 전도몽상이라고 이야기합니다. 부처님의 가르침을 접하기 전에는 전도몽상이 어리석음으로 인해 생긴 것이라는 사실조차 깨닫기 어렵습니다. 오히려 전도몽상이 아니라 진실이라고 생각하며 살아갈 것입니다. 예를 들어 감각적 욕망이 행복이라 생각하고 그것을 얻기 위해 열심히 노력합니다. 이것은 동쪽으로 가길 원하면서 서쪽으로 가는 것과 같습니다. 그러므로 전도몽상을 버리기 위해서는 사실을 사실로, 사실이 아닌 것을 사실이 아닌 것으로, 있는 그대로 보아야 합니다. 이를 위해서는 첫 단추가 중요합니다. 어리석은 마음 기울임이 아니라 지혜로운 마음 기울임이 작용할 수 있도록 지혜를 계발하고 팔정도를 실천해야 합니다. 그러다 보면 바른 견해를 바탕으로 세상을 있는 그대로 보아 어리석음으로 인한 전도몽상에서 벗어날 수 있습니다.

있는 그대로 보라

전도몽상에서 벗어나려면 팔정도, 즉 중도를 실천해야 합니다. 중도 수행은 바른 견해, 즉 사성제에 대한 지혜를 기반으로 세상을 이해하고, 사유하고, 말하고, 행동하고, 생계를 유지하고, 정진하고, 기억하고, 삼매를 닦는 수행입니다. 중도를 열심히 닦으면 자연스럽게 바른 견해가 삶 속에 녹아내려 바른 견해에 따라 세상을 있는 그대로 볼 수 있게 됩니다.

중도를 실천하려면 구체적인 방법이 필요한데 이것이 '알아차림' 수행입니다(알아차림에 관하여는 제2부 1장에서 자세히 설명할 것입니다). 알아차림은 물질[身], 느낌[受], 마음[心], 법[法]의 네 가지 대상 또는 간략하게 물질과 정신을 집착하거나 싫어함 없이 있는 그대로 꿰뚫어 아는 수행을 말합니다. 알아차림은 크게 '생각 없이 현재 알아차리기'와 '법 따라 조사하기'의 두 가지로 나눌 수 있는데, 여기서는 이에 관해 간략하게 살펴보겠습니다('생각 없이 현재 알아차리기'와 '법 따라 조사하기'에 관한 더 자세한 설명은 제2부 4장에서 할 것입니다).

먼저 '생각 없이 현재 알아차리기'는 탐욕이나 성냄 없이 대상을 분별하지 않고 한 걸음 물러서서 마치 영화 보듯 대상을 지켜보는 방식으로 수행하는 것입니다. 그래서 '생각 없이 현재 알아차리기'를 '지켜보기'라고도 합니다. 지켜보기를 통해서 탐욕과 성냄 등으로 인한 생각을 가라앉히고, 현재의 대상과 마음이 하나가 된 바른 삼매를 계발할 수 있습니다. 이와 같은 바른 삼매는 지혜를 계발하는 일에 아주 중요한 기반이 됩니다. 왜냐하면 탐욕과 성냄이 일어난 마음 상태에서는 사물을 있는 그대로 보는 지혜가 생길 수 없지만, 탐욕과 성냄이 가라앉은 바른 삼매가 생기면 청정하고, 또렷하며, 고요하고, 집중된 마음 상태가 되므로 바른 삼매를 기반으로 물질과 정신 현상들의 실상을 있는 그대로 꿰뚫어 아는 지혜를 계발할 수 있기 때문입니다.

더불어 원하는 대상이라고 좋아하지 않고, 원하지 않는 대상이라고 싫어하지 않으며, 현재의 대상을 생각 없이 있는 그대로 알아차림으로써 대상에 대한 올바른 정보 또는 바른 앎이 얻어집니다. 흔히 사랑에 빠지면 눈에 콩깍지가 씌어 애인의 모습이 예쁘게만 보인다고 합니다. 반대로 싫어하는 사람의 모습은 아무리 예뻐도 보기 싫은 모습으로 보입니다. 이렇게 탐욕이나 성냄이 있는 마음은 대상을 왜곡해서 알게 됩니다. 하지만 이런 욕망이나 성냄 없이 사람을 본다면 사람의 있는 그대로의 모습을 볼 수 있습니다. 이와 마찬가지로 탐욕과 성냄 없이 현재의 네 가지 대상 또는 물질과 정신 현상을 생각 없이 알아차리면 현상들에 대한 왜곡되지 않은 바른 정보 또는 바른 앎을 계발할 수 있습니다.

이렇게 지켜보기를 통해 쌓인 물질과 정신 현상에 대한 바른 앎을 바른 견해에 따라 검증하고, 탐구하며, 조사하는 수행을 '법따라 조사하기', 즉 '반조反照'라고 합니다. 반조를 통해 물질과 정신의 특성, 일어남, 소멸, 소멸로 인도하는 도 닦음에 대한 지혜를 계발할 수 있습니다. 다시 말해서 물질과 정신은 조건을 의지해서 생겨났으므로 무상하고, 괴로움이며, 무아라는 지혜, 특히 괴로움이라는 지혜, 즉 고성제에 대한 지혜를 계발할 수 있습니다. 더불어 탐욕을 조건으로 괴로움이 일어난다는 집성제에 대한 지혜, 탐욕의 소멸이 괴로움의 소멸이라는 멸성제에 대한 지혜, 팔정도가 괴로움의 소멸로 인도하는 도 닦음이라는 도성제에 대한 지혜도 계발할 수 있습니다.

이렇게 반조를 통해서 사성제에 대한 지혜가 계발됩니다. 그러면 이 지혜를 기반으로 '생각 없이 현재 알아차리기', 즉 지켜보기를 더 잘 닦을 수 있습니다. 이렇게 지켜보기와 반조를 조화롭게 닦다 보면 바른 견해, 즉 사성제에 대한 지혜의 바른 기억이 확립되어 어리석음으로 인해 생긴 전도몽상을 버릴 수 있습니다. 특히 무상을 무상으로, 괴로움을 괴로움으로, 무아를 무아로 있는 그대로 꿰뚫어 보는 지혜가 생김으로써 무상을 영원으로, 괴로움을 행복으로, 무아를 자아로 보는 전도몽상을 버릴 수 있습니다.

예를 들어 여기 어떤 사람이 뜨거운 돌을 손에 쥐고 있다고 합시다. 뜨거운 돌을 움켜쥐었으니 타는 듯한 고통이 느껴집니다. 그런데 그 사람은 자신이 쥐고 있는 그 돌 때문에 고통이 일어나는 줄 모릅니다. 그래서 손에 쥐고 있는 돌을 놓으려 하지 않고 약을 바르거나 물을 붓거나 하며 나름대로 애를 씁니다. 하지만 이런 방법으로는 근원적으로 고통이 해결되지 않습니다. 만약 그 사람이 자신이 뜨거운 돌을 움켜쥐고 있으므로 모든 고통이 일어난다는 것을 깨닫고 돌을 놓아 버린다면 뜨거움으로 인한 고통은 근원적으로 사라질 것입니다.

우리 삶도 마찬가지입니다. 대개 사람들이 실제로 윤회하면서 태어나는 것을 괴로움이 아닌 행복으로 잘못 아는 어리석음으로 인해 존재로 태어남에 대한 갈애渴愛가 있고, 갈애를 조건으로 존재로 태어나서 생로병사의 괴로움, 사랑하는 사람과 헤어지는 괴로움, 미워하는 사람과 만나는 괴로움, 원하는 것을 얻지 못하는 괴로움, 슬픔, 비탄, 탄식, 육체적 괴로움, 정신적 괴로움 등을 겪습니다. 하지만 사람들은 이러한 괴로움의 근원이 태어남임을 통찰하지 못하고, 존재로 태어나 자신이 원하는 욕망을 실현하면 괴로움이 사라진다고 생각해 그것을 거머쥡니다. 하지만 이것은 뜨거운 돌을 놓지 않고 고통을 없애려 시도하는 것처럼 사람들의 괴로움을 근원적으로 해결해 주지 않습니다. 왜냐하면 태어난 존재는 생로병사 등의 괴로움을 피할 수 없기 때문입니다.

하지만 존재로 태어남이 행복이 아니라 괴로움임을 분명히 통찰하여 태어남에 대한 갈애를 버린다면 윤회에서 벗어나 근원적으로 괴로움을 소멸할 수 있습니다. 이를 위해서는 존재로 '태어남이 괴로움'임을 분명히 통찰하여 '태어남이 행복'이라는 전도몽상을 버려야 합니다. 이런 인식의 전환은 존재의 실상은 물질과 정신이고, 물질과 정신은 조건에 의해 형성되었으므로 무상하고, 괴로움이며, 무아라는 지혜, 특히 괴로움의 지혜를 계발함으로써 가능합니다. 이렇게 물질과 정신의 실상이 무상하고 괴로움이며 무아라고 꿰뚫어 아는 지혜를 한마디로 '삼법인三法印'이라고 합니다. 이러한 삼법인의 지혜는 불교에서 가장 중요한 지혜입니다.

삼법인

세상의 모든 현상이 무상하고, 괴로움이고, 무아라고 통찰하는 삼법인의 지혜는 전도몽상을 버릴 수 있는 아주 중요한 지혜입니다.

우리 몸은 끊임없이 변하고 있습니다. 매 순간 세포 분열이 일어나면서 우리 몸뚱이는 단 한 순간도 똑같은 적이 없습니다. 실제로 몇 년의 세월이 지나면 우리 몸은 현재의 몸과는 전혀 다른 새로운 몸으로 바뀐다고 합니다. 마음도 마찬가지입니다. 마음도 조건과 상황에 따라 끊임없이 변합니다. 부처님께서는 "마음보다 빨리 변하는 것은 없다. 마음이 얼마나 빨리 변하는지는 비유조차 들기 힘들다."라고 하셨습니다. 이것은 마음이 끊임없는 변한다는 것, 즉 무상하다는 것을 의미합니다.

세상의 모든 것들은 물질과 정신 또는 다섯 무더기, 즉 물질 무더기, 느낌 무더기, 인식 무더기, 형성 무더기, 의식 무더기로 구성되어 있습니다. 앞서 물질 무더기는 '물질'이고, 느낌 무더기와 인식 무더기, 형성 무더기, 의식 무더기는 '정신'이라고 설명했습니다. 여기서 물질, 즉 색온色蘊이 무상한 것은 현대 물리학에서도 이미 밝혀진 사실입니다. 과거에는 물질이 더 쪼갤 수 없는 원자로 구성되어 있다고 생각했지만, 현대 물리학에서는 원자도 기본 입자들의 모임이며, 이들도 영원하지 않다고 합니다. 그래서 물질이 무상하다는 사실은 쉽게 이해하리라 생각합니다.

한편 앞서 정신은 마음[心]과 심리 작용[心所]으로 나눌 수 있고, 마음은 의식 무더기에 해당하며, 심리 작용은 느낌 무더기, 인식 무더기, 형성 무더기에 해당한다고 했습니다. 마음과 심리 작용은 함께 일어났다가 함께 사라지기 때문에 느낌 무더기, 인식 무더기, 형성 무더기, 의식 무더기도 당연히 함께 일어났다가 함께 사라집니다. 이는 정신 역시 무상한 것임을 의미합니다.

결국 물질과 정신 또는 다섯 무더기는 무상합니다. 무상하다는 것은 불완전하고, 불확실하며, 불만족스러움을 의미하므로 행복이 아닌 괴로움의 속성이 있습니다.

또 무상하고 괴로움인 것에는 자아가 있다고 말할 수 없습니다. 무상하고 괴로움이라는 사실은 '물질이여, 사라지지 말라. 괴로움이여, 일어나지 말라.'라고 통제할 수 없음을 의미합니다. 다시 말해서 물질과 정신을 전적으로 내 마음대로 통제하고 제어할 수 있는 자아가 없음을 의미하므로 무아입니다.

결론적으로 물질과 정신 또는 다섯 무더기가 무상하고, 괴로움이며, 무아라는 것, 이것이 불교에서 가장 중요한 가르침 중 하나인 '삼법인'입니다.

삼법인은 다음의 세 가지로 정리할 수 있습니다.

삽베 상카라 아닛짜Sabbe saṅkhāra aniccā
모든 상카라는 무상無常하다[諸行無常].

삽베 상카라 둑카Sabbe saṅkhāra dukkha
모든 상카라는 괴로움[苦]이다[一切皆苦].

삽베 담마 아나따Sabbe dhammā anattā
모든 법은 무아無我이다[諸法無我].

여기서 삽베sabbe는 '모든'이라는 뜻이고, 상카라sankhāra는 '조건에 의해 형성된 법[有爲法]'이라는 의미로서 세상의 모든 물질과 정신, 즉 다섯 무더기를 말합니다.

삼법인에 대한 이해를 통해 세 가지 전도몽상을 버릴 수 있습니다. 무상의 지혜를 통해 영원하다는 전도몽상을, 괴로움의 지혜를 통해 행복이라는 전도몽상을, 무아의 지혜를 통해 자아가 있다는 전도몽상을 버릴 수 있습니다. 이런 전도몽상을 버리면 존재의 실상이 무상하고, 괴로움이며, 무아임을, 특히 괴로움임을 분명히 통찰하여 존재로 태어남에 대한 갈애를 내려놓을 수 있습니다. 이렇게 존재에 대한 갈애를 버리면 윤회의 괴로움에서 완전히 벗어날 수 있습니다.

지금까지 설명한 것을 종합해 보면 결국 삼법인의 지혜를 기반으로 세상을 만나는 것이 지혜롭게 마음을 기울이는 것입니다. 반대로 세 가지 전도몽상을 바탕으로 세상과 만나는 것은 어리석게 마음을 기울이는 것입니다. 결국 지혜롭게 마음을 기울이느냐, 어리석게 마음을 기울이느냐에 따라 유익한 마음과 해로운 마음이 일어난다고 할 수 있습니다.

5장.
느낌과 인식

앞서 다섯 무더기 중 물질 무더기와 의식 무더기에 대하여 설명했습니다. 이 장에서는 느낌 무더기와 인식 무더기에 대하여 살펴보겠습니다.

느낌 무더기

느낌[vedanā, 受]은 대상을 느끼는 특성이 있는 심리 작용을 말합니다. 이러한 느낌들의 모임을 '느낌 무더기[受蘊]'라고 합니다.

불교에서는 느낌을 크게 세 가지로 나눕니다. 행복한 느낌, 괴로운 느낌, 행복하지도 괴롭지도 않은 평온한 느낌이 그것입니다. 행복한 느낌은 다시 육체적인 행복과 정신적인 행복으로, 괴로운 느낌은 육체적인 괴로움과 정신적인 괴로움으로 나눌 수 있으므로 느낌은 모두 다섯 가지로 분류할 수도 있습니다. 예를 들어 날카로운 물건에 찔려 아픔을 느끼는 것은 육체적인 괴로운 느낌입니다. 육체적 고통을 경험하고 '왜 나한테 이런 고통이 오는가. 고

5장. 느낌과 인식

통이 너무 싫다.' 하는 성냄이 일어날 수 있는데, 이런 성냄과 함께 일어나는 불만족이 정신적인 괴로운 느낌입니다.

우리가 어떤 사람을 만나면 만족스럽거나 불만족스럽거나 또는 그저 그렇다고 느낄 것입니다. 이처럼 마음이 대상을 만날 때 대상에 대하여 행복하거나 괴롭거나 평온한 느낌이 일어납니다. 대상에 대해 일어나는 느낌에 따라 우리 마음은 행복을 느끼기도, 괴로움을 느끼기도 합니다. 결국 우리 삶의 행복과 불행은 느낌과 관련이 있습니다. 그래서 불교에서 느낌에 대한 이해는 굉장히 중요합니다. 부처님께서 느낌을 다섯 무더기 중의 하나로 따로 설하시는 이유도 그 중요성 때문입니다.

느낌은 탐욕, 성냄, 어리석음과도 밀접한 관계가 있습니다.

행복한 느낌이 일어나면 보통 그것을 계속 즐기고 싶다고 집착하는 탐욕이 함께 일어납니다. 이처럼 행복한 느낌은 탐욕의 원인이 되고, 탐욕은 윤회의 근본 원인이므로 행복한 느낌은 윤회의 조건이 된다고도 할 수 있습니다. 반면 괴로운 느낌이 일어나면 보통 그 대상을 싫어하고 저항하므로 성냄이 함께 일어납니다. 대상에 대한 평온한 느낌, 즉 무덤덤한 느낌이 일어나는 것은 보통 대상의 실상을 파악하지 못하기 때문이므로 어리석음이 함께 일어납니다.

이처럼 탐욕, 성냄, 어리석음은 느낌과 밀접한 관련이 있으므로 느낌을 잘 이해하면 마음을 오염시키는 해로운 심리 작용들에 대한 이해도 쉬워집니다. 예를 들어 성냄은 오직 불만족, 즉 정신적인 괴로운 느낌과 함께 일어납니다. 불만족이 있으면 성냄이 있고, 성냄이 있으면 불만족이 있습니다. 따라서 자신에게 일어난 심리 작용이 성냄인지 아닌지 파악하기 힘들 때는 그 마음에 정신적인 괴로운 느낌이 있는지 없는지를 살펴보면 됩니다.

부처님께서는 느낌이 조건에 따라 일어나고 사라지는 것이므로 영원하지 않고 실체가 없는 것이라고 강조하셨습니다. 예를 들어 돈이 많고 권력이 막강하면 행복하다고 생각할 수 있습니다. 하지만 돈과 권력은 영원한 것이 아니므로 그것을 조건으로 일어나는 느낌도 영원할 수 없습니다. 다시 말해 무상한 것들에 의해 생겨난 것 역시 무상할 수밖에 없으므로 돈이나 권력으로 인해 생긴 행복은 영원하지 않습니다. 그런데도 이런 행복에 집착하고 포기하지 못한다면 그것들이 사라졌을 때 큰 괴로움을 겪게 됩니다.

그리고 행복한 느낌 자체도 영원한 것이 아니므로 언제든지 괴로운 느낌으로 바뀔 수 있습니다. 실제로 돈이나 권력을 조건으로 괴로움을 겪는 사람이 많습니다.

이렇듯 행복한 느낌도 조건 따라 일어나고 사라지는 현상일 뿐이므로 실체가 없는 것이라고 이해해야 합니다. 그러면 현재의 느낌을 실체화하여 거머쥐지 않고 단지 조건 따라 일어나는 심리 작용일 뿐이라고 이해하여 집착하지 않을 수 있습니다.

괴로운 느낌도 마찬가지입니다. 괴로운 느낌도 조건 따라 일어나는 심리 작용일 뿐이라고 이해하면 그것들을 싫어하고 화낼 이유가 없습니다. 오히려 괴로운 느낌이 일어나는 원인을 파악하여 그 원인을 버리는 노력하는 것이 바람직합니다.

　주의해야 할 점은 느낌의 속성이 대상에 내재해 있지 않다는 점입니다. 예를 들어 돈이나 권력을 통해 행복을 느낀다 하더라도 돈이나 권력, 그 자체에 행복의 속성이 있는 것은 아닙니다. 단지 돈이나 권력을 조건으로 행복한 느낌이 일어난 것입니다.

　마찬가지로 아주 싫은 사람이 있으면 우리는 보통 그 사람이 나쁜 사람이라 자신이 괴로움을 겪는다고 생각합니다. 그러나 그 사람 자체가 나쁜 실체를 가진 것은 아닙니다. 만약 그 사람의 본질이 나쁘다면 모든 사람이 그 사람을 보고 싫어해야 마땅한데 그렇지는 않습니다. 실제로는 적당한 조건들이 결합하여 자신의 마음에 그 사람에 관한 성냄이 일어났고, 더불어 괴로운 느낌이 일어난 것입니다. 이렇게 바라보면 괴로움의 근원적인 이유는 상대에 있지 않습니다. 자신의 마음에서 일어난 성냄과 괴로운 느낌이 가장 근원적인 원인입니다. 따라서 느낌은 조건 따라 일어났다 사라지므로 무상하고 실체가 없음을 이해하는 것이 매우 중요합니다. 이런 이해가 있어야 느낌의 변화에 현혹되지 않고, 느낌의 본질을 정확히 볼 수 있습니다.

두 가지 행복

사람들은 누구나 행복을 원합니다. 행복을 원한다는 것은 결국 행복한 느낌이 일어나기를 원한다는 말입니다. 그렇다면 행복에는 어떤 것들이 있을까요?

부처님께서는 두 가지 행복을 말씀하셨습니다. 하나는 감각적 욕망을 충족함으로써 생기는 행복이고, 다른 하나는 감각적 욕망을 버림으로 생긴 행복, 즉 '벗어남의 행복' 또는 '출리出離의 행복'입니다.

그러면 두 행복의 차이점이 무엇인지 알아봅시다. 먼저 감각적 욕망으로 인해 생기는 행복은 우리가 잘 아는 것입니다. 예를 들어 맛있는 음식을 먹거나 아름다운 음악을 들을 때, 사랑하는 사람과 데이트를 할 때 행복이 일어납니다. 원하는 일을 이루었을 때, 사람들에게 존경을 받을 때, 돈을 많이 벌었을 때도 행복한 느낌이 일어납니다. 이런 것들은 모두 감각적 욕망을 충족함으로써 생기는 행복입니다. 이것도 분명히 행복한 느낌입니다.

이런 행복한 느낌도 조건 따라 일어나고 사라진다는 것을 이해한다면 설사 행복한 느낌이 사라지더라도 고통스럽지 않을 수 있을 것입니다. 하지만 감각적 욕망은 집착이 본질이므로 현재의 행복을 거머쥐고 놓지 않으려 하는 문제가 있습니다. 그러므로 행복이 사라졌을 때 큰 고통이 일어납니다. 이 고통의 정도는 집착의 강도에 비례하여 커집니다. 그러므로 감각적 욕망으로 인해 생긴 행복은 추구할 만한 가치가 없습니다. 추구하면 추구할수록 집착이 강해져 나중에 고통도 그만큼 커질 것이기 때문입니다. 결국 감각적 욕망의 행복은 '행복 같은 괴로움'이라 할 수 있습니다. 이런 이유로 부처님께서는 감각적 욕망의 행복은 달콤하지만, 그로 인한 괴로움은 많다고 설하셨습니다.

다음은 감각적 욕망을 버림으로 인해 생긴 벗어남의 행복 또는 출리의 행복입니다. 보통 사람들은 감각적 욕망을 통한 행복밖에 모릅니다. 그런데 부처님께서는 감각적 욕망과는 다른 행복의 길, 즉 감각적 욕망을 버림으로써 생긴 행복이 있다고 하셨습니다. 감각적 욕망은 우리 마음을 들뜨게 하고 불안하게 하며 공허하게 만들지만, 감각적 욕망을 벗어남으로써 오는 행복은 우리 마음을 안정시켜 줍니다. 나아가 감각적 욕망을 벗어남으로써 얻어진 고요하고 안정된 행복을 수행에 활용하면 우리의 삶을 향상으로 이끌어 주고 열반에 이르게 합니다.

부처님께서는 불교의 수행을 말할 때 항상 중도를 설하셨습니다. 감각적 욕망을 즐기는 극단과 자신을 괴롭히는 고행의 양극단을 버리고, 감각적 욕망을 버림으로 인해 생긴 행복을 활용하는 것이 바로 중도입니다. 그러한 수행이 쉽지 않은 것은 사실이지만 그렇다고 늘 괴롭기만 한 것은 아닙니다. 불교 수행은 감각적 욕망 등의 장애를 버리는 것입니다. 그래서 수행하다 보면 감각적 욕망 등의 장애를 떨쳐 버림으로 인해 생기는 벗어남의 행복을 경험합니다. 이런 행복을 경험하며 수행하면 수행이 즐거운 일이 됩니다.

이런 벗어남의 행복은 어떻게 일어날 수 있을까요? 알아차림을 바탕으로 삼매와 지혜를 계발하면 됩니다. 먼저 마음에서 장애가 일어날 때 그것이 장애임을 즉시 알아차리고 내려놓습니다. 이렇게 수행하다 보면 장애가 점차 버려져서 청정하고, 고요하며, 집중된 마음 상태인 바른 삼매를 경험할 수 있습니다. 그리고 더 나아가 바른 삼매를 바탕으로 지혜를 계발할 수 있습니다. 이와 같은 삼매와 지혜가 생길 때 장애가 버려지고 벗어남의 행복을 경험하게 됩니다. 예를 들어 들숨과 날숨을 알아차림으로써 탐욕이나 성냄 같은 장애가 버려지면 숨과 마음이 하나가 되면서 장애를 떨쳐 버림으로 인해 생긴 벗어남의 행복이 일어납니다. 이것은 감각적 욕망을 바탕으로 한 세속적인 행복과는 전혀 다른 행복입니다. 이런 행복을 경험하게 되면 수행이 재미있어집니다.

수행은 억지로 하면 오래 할 수 없습니다. 수행하는 일이 즐겁고 행복해야 오래 할 수 있습니다. 처음 수행할 때는 다소 어려움이 따르지만, 감각적 욕망을 버림으로 인해 생긴 벗어남의 행복이 일어나기 시작하면 순풍에 돛을 단 듯 수행이 순조로워집니다.

감각적 욕망을 떨쳐 버림으로 인해 생긴 '벗어남의 행복'을 두려워하거나 피할 필요는 없습니다. 이는 오히려 추구하고 계발해야 할 것입니다. 단지 벗어남의 행복도 조건에 의해 생겨났으므로 무상함을 이해하여 매이지 않으면서 느끼면 됩니다. 부처님이 말씀하신 중도는 감각적 욕망을 버림으로써 생긴 벗어남의 행복을 활용한 수행의 길이고, 처음도 좋고, 중간도 좋고, 끝도 좋은 길입니다. 부처님께서 중도, 즉 팔정도를 설하신 것은 우리를 고생시키려는 것이 아니라 괴로움에서 벗어나는 행복의 길을 알려 주려 하신 것입니다.

왜 괴로움인가

부처님께서는 사성제의 첫 번째인 고성제에서 존재의 실상은 괴로움이라고 말씀하셨습니다. '존재 자체가 괴로움이다'라는 부처님의 가르침을 접하고 사람들이 가장 많이 하는 질문은 '우리의 삶에 행복한 것도 많은데 왜 부처님께서는 존재가 괴로움이라고 하십니까?' 하는 것입니다. 그런데 불교에서 말하는 괴로움은 단순한 괴로운 느낌만을 말하는 것이 아닙니다. 존재의 실상, 즉 다섯 무더기가 무상하므로 불확실하고, 불완전하며, 불만족스러워 괴로움의 특성이 있음을 말하는 것입니다. 특히 느낌 무더기 자체가 괴로움의 속성이 있음을 말합니다. 우선 불교에서 말하는 괴로움의 의미가 무엇인지 어원으로 알아봅시다.

괴로움은 빨리어로 '둑카dukkha'인데 dukkha는 du와 kha의 합성어로 du는 '나쁜 [bad]'을 의미하고 kha는 '하늘' 또는 '공간'을 뜻합니다. 그런데 공간을 의미하는 kha는 본래 말이 끄는 수레의 바퀴 축에 있는 '구멍' 또는 '공간'을 의미하는 단어에서 유래된 것이라 합니다. 따라서 dukkha는 '나쁜 바퀴 축 구멍을 가진'이란 뜻이라고 말할 수 있습니다. 이는 바퀴 축의 구멍이 바퀴의 중심에 놓이지 않은 상태를 의미하므로 그러한 수레를 타면 덜컹거리고 흔들릴 것입니다. 이처럼 dukkha는 잘못 만들어진 수레에 탈 때 경험하는 '괴로움', '불편함', '불만족스러움'이라는 의미를 담고 있습니다.

그러면 이제 괴로움의 의미를 느낌과 관련해서 좀 더 구체적으로 살펴보겠습니다. 느낌을 크게 '행복한 느낌', '괴로운 느낌', '평온한 느낌'의 세 가지로 나눌 수 있다고 했습니다. 괴로움도 '고고苦苦', '괴고壞苦', '행고行苦'의 세 가지로 설명할 수 있는데, 고고는 괴로운 느낌, 괴고는 행복한 느낌, 행고는 평온한 느낌과 대응될 수 있습니다.

고고는 괴로운 느낌을 말합니다. 괴로운 느낌은 그 자체가 고통이므로 '고고'라고 합니다. 두통, 복통, 찔리는 고통, 병으로 인한 고통 등의 육체적인 괴로움과 슬픔, 절망, 우울, 스트레스, 분노 등의 정신적 괴로움이 바로 고고입니다. 사람들이 일반적으로 괴로움이라고 말하는 것이므로 가장 이해하기 쉬운 개념입니다.

괴고는 행복한 느낌을 말하는데, 그 자체로는 괴로움이 아니지만, 그것이 사라지면 고통이 일어나므로 '괴고'라고 합니다. '괴壞'가 '무너지다', '사라지다'의 의미이므로 괴고는 사라지는 고통을 의미합니다. 사랑하는 사람과 함께 있을 때는 행복한 느낌이 일어나지만, 사랑하는 사람이 죽었을 때는 말로 표현하기 힘든 고통이 일어납니다. 또 삼매를 통해 생긴 벗어남의 행복도 조건에 의해 생겨난 것이므로 영원하지 않습니다. 실제 삼매를 얻었더라도 방일하여 다시 감각적 즐거움을 탐닉하면 삼매도 사라지고 벗어남의 행복도 사라지게 됩니다. 그러면 상실감으로 인해 괴로움이 일어납니다. 이렇게 현재의 행복이 영원할 수 없으므로 행복조차도 괴로움의 씨앗이라는 것입니다. 이처럼 행복한 느낌은 사라질 때 고통이 일어나므로 괴고라고 합니다.

행고는 평온한 느낌을 말합니다. 평온한 느낌은 그 자체로는 행복도 아니고, 괴로움도 아닙니다. 하지만 평온한 느낌은 조건을 의지해서 형성되었으므로 조건이 다하면 사라지기 마련입니다. 그러므로 평온한 느낌은 무상하고, 무상한 것은 안정적이지 않으며 불확실하고 불만족스러우므로 괴로움의 속성이 있습니다. 다시 말해서 평온한 느낌도 무상하므로 괴로운 느낌으로 바뀔 수 있습니다. 이처럼 평온한 느낌은 조건을 의지해서 형성되었으므로 괴로움의 속성이 있다는 의미에서 '행고'라고 합니다. 이때 '행行'은 조건에 따라 형성된 것을 말합니다.

이상에서 살펴보았듯이 불교에서 말하는 괴로움은 우리가 흔히 알고 있는 고통을 의미하는 고고만을 의미하지 않습니다. 괴로운 느낌을 뜻하는 '고고'는 물론 행복한 느낌을 뜻하는 '괴고', 평온한 느낌을 뜻하는 '행고'를 모두 포함해서 말하는 것입니다.

인식 무더기

인식[saññā, 想]은 대상을 인식하는 특성이 있는 심리 작용을 말합니다. 마치 목수들이 목재에 자신만이 아는 표시를 하듯이 한 번 본 대상을 다음에 '이것이 바로 그것이구나' 하고 알 수 있도록 명칭이나 표상을 만드는 역할을 합니다.

인식의 모임은 다섯 무더기 중에서 '인식 무더기[想蘊]'에 해당합니다. 예를 들어 컵을 생각해 봅시다. 길쭉한 컵, 넓적한 컵, 작은 컵, 큰 컵 등의 수없이 다양한 모양을 가진 컵이 있습니다. 그런데 모두 액체를 담는 기능을 하고, 오목한 형체라는 특성이 있으므로 '컵'이라고 이름을 붙입니다. 그러면 다음에 컵이라는 말만 들어도 컵은 '이러이러하다' 하는 일차적인 인식이 이루어집니다. 다시 말하면 이런 인식 작용을 통해서 컵이라는 개념이 생기게 되는 것입니다.

　일반적으로 고등동물일수록 기억력이 더 정확하다고 생각하지만, 실제로는 고등동물일수록 기억을 두루뭉술하게 하고, 하등동물일수록 기억을 명확하게 한다고 합니다. 어떤 하등동물은 사람이 옷만 바꾸어 입고 나타나도 다른 사람으로 인식한다고 하지요. 하등동물일수록 인식 작용이 매우 단순해서 보이는 모습 그대로 사진을 찍듯 명확하게 기억하기 때문입니다. 하지만 고등동물은 그 사람의 공통점과 특징을 파악해서 인식하므로 비록 머리 모양이나 옷이 달라져도 같은 사람으로 인식할 수 있습니다. 다시 말해서 인식 작용이 훨씬 더 차원 높아 유연성이 있습니다. 고등동물일수록 보이는 그대로가 아니라 공통점과 특징들을 추상화해서 명칭이나 표상을 만든다고 합니다. 이같이 명칭이나 표상을 만드는 심리 작용을 불교에서는 인식이라 합니다.

　불교에서 인식을 중요하게 다루는 데는 이유가 있습니다. 그것은 사물의 특징과 형체 등을 추상화해서 명칭이나 표상을 만드는 과정에 왜곡이 일어나기 쉽기 때문입니다. 예를 들어 우리는 몸이 길고 땅을 기어 다니는 동물을 '뱀'이라고 인식합니다. 그런데 깜깜한 밤, 길바닥에 짚을 꼬아 만든 새끼줄이 떨어진 것을 보고 뱀이라고 인식해서 놀라곤 합니다. 왜냐하면 인식은 대상을 일차적으로 두루뭉술하게 파악하므로 비슷한 모습을 가진 대상을 같은 대상으로 착각하여 인식하기 쉽기 때문입니다. 이렇게 인식은 사물을 왜곡하기 쉬운데 이를 '인식의 전도'라고 합니다.

이와 같은 인식의 전도는 고정관념, 편견으로 작용하여 사회적인 갈등을 유발하기도 합니다. 요즘 지하철을 타면 자신이 믿는 종교를 선전하는 책자 등을 나눠 주는 분들을 종종 만나는데, 여기에도 인식 작용이 있습니다. 사람들이 어떤 종교를 믿기 시작하면 '기독교도', '불교도', '천주교도' 등의 명칭이 붙습니다. 그런데 그 사람을 지칭하는 명칭은 그의 여러 가지 모습 중 일부에 불과합니다. 그럼에도 편의상 붙인 특정 종교인에 대한 명칭을 그 사람과 동일시하고 실체화하면서 어떤 종교인이라는 고정관념을 가지게 됩니다. 이런 고정관념이 강해지면 서로 간에 벽이 생기고 소통이 굉장히 어려워집니다. 이렇게 상대를 규정하고 가두는 고정관념을 허물기 위해서는 인식에 대한 올바른 이해가 아주 중요합니다. 인식은 대상과의 접촉, 사회적 관습 등의 조건을 의지해서 생긴 심리 작용이므로 무상하고 고정불변하는 실체가 아닙니다. 이런 사실을 분명히 통찰하면 인식을 통해 생긴 명칭을 유용하게 활용하고, 명칭을 실체화해 고정관념에 빠지는 일을 막을 수 있습니다.

인식의 전도 중에 가장 대표적인 것은 존재의 실상은 무상인데 영원하다고 인식하고, 괴로움인데 행복이라고 인식하고, 무아인데 자아가 있다고 왜곡되게 인식하는 것입니다. 이러한 인식의 전도는 존재의 실상이 무상하고, 괴로움이며, 무아임을 모르는 어리석음을 조건으로 일어납니다.

예를 들어 '나라는 인식'에 대하여 살펴봅시다. 우리는 어릴 때부터 거울을 쳐다보며 '저것이 나다.' 하고 반복해 인식합니다. 또한 자신의 몸과 자신의 기억과 생각 등을 결합해서 '나'라거나 '내 것'이라고 인식합니다. 사실 사람들이 '나'라고 인식한 것은 물질과 정신 또는 다섯 무더기의 결합이고, 그것들은 조건을 따라 생겼으므로 무상하고 무아입니다. 하지만 오랜 시간 다섯 무더기를 '나'라고 반복하여 인식하다 보면 다섯 무더기가 무상하고 무아임을 모르고, 다섯 무더기에 '나'라는 영원한 실체가 있다고 굳게 믿게 됩니다. 이렇게 다섯 무더기가 무아임을 모르는 어리석음을 조건으로 '나라는 인식', 즉 '아상我相'이 일어납니다.

사람들의 삶에서 '나라는 인식'을 기반으로 자만, 사견, 탐욕 등의 해로운 마음이 일어나고, 해로운 마음을 조건으로 수많은 괴로움이 일어납니다. 그러므로 '나라는 인식'이라는 전도된 인식을 내려놓아야 괴로움에서 벗어날 수 있습니다. '나라는 인식'을 버리기 위해서는 '나'라고 인식하는 다섯 무더기가 조건을 의지해서 형성되었으므로 무상하고, 고정불변하는 주체가 없어서 무아임을 분명히 통찰해야 합니다. 더불어 '나라는 인식' 자체도 조건에 의해 형성되었으므로 무상하고, 무상한 것은 '나, 나의 것, 나의 자아'

가 아니므로 무아임을 분명히 통찰해야 합니다. 이처럼 '나'라고 인식하는 다섯 무더기가 무아이고, '나라는 인식' 자체도 편의상 붙인 이름일 뿐 무아라는 지혜를 계발하면 '나라는 인식'을 버릴 수 있고, 괴로움에서 벗어날 수 있습니다. 마찬가지로 존재가 영원하고 행복이라는 전도된 인식은 존재의 실상은 다섯 무더기이고, 그것이 무상하고 괴로움이라는 지혜를 계발함으로써 버릴 수 있습니다. 이처럼 지혜를 계발하여 어리석음으로 인해 생긴 전도된 인식을 버리는 것이 불교 수행에서는 매우 중요합니다.

왜 느낌 무더기와 인식 무더기를 따로 설하셨는가

다섯 무더기 가운데 느낌 무더기와 인식 무더기도 심리 작용입니다. 하지만 부처님께서는 이들을 심리 작용의 모임인 형성 무더기에 포함하지 않고 따로 분류하여 설하셨는데 여기에는 중요한 이유가 있습니다.

느낌을 조건으로 탐욕이 일어나고, 인식을 조건으로 탐욕이 더 강해지기 때문입니다. 한마디로 느낌과 인식은 윤회의 원인인 탐욕이 일어나고 강해지는 주된 조건이 됩니다. 예를 들어 마음에 드는 이성을 보고 탐욕이 일어났다고 합시다. 그 이성을 보고 생긴 '행복한 느낌'이 탐욕을 일어나게 합니다. 그리고 이성의 얼굴, 몸, 목소리, 이름 등을 인식하는 것은 인식의 작용인데 이와 같은 다양한 인식의 변화가 이성에 대한 탐욕을 더 강하게 합니다. 다시 말해서 이성의 다양한 표상을 통해 행복한 느낌들이 계속 이어지면서 탐욕은 더욱 커집니다. 결국 느낌과 인식이 함께 작용하면서 탐욕을 더 자라게 하는 것입니다.

윤회를 음식에 비유해 봅시다. 이때 느낌이 밥이라면, 인식은 반찬 같은 역할입니다. 이성에 대한 여러 가지 표상을 만드는 인식이 있으면 즐거운 느낌이 더해집니다. 느낌이라는 밥맛을 잃지 않도록 인식이라는 반찬이 변화를 주면서 더욱 즐기도록 만드는 것입니다. 이렇듯 느낌과 인식은 서로 상승 작용을 일으키면서 탐욕을 강하게 만들어 윤회가 계속 이어지게 만드는 데 결정적인 역할을 합니다. 그래서 부처님께서는 느낌 무더기와 인식 무더기를 형성 무더기에 포함하지 않고 따로 분리하여 설하신 것입니다.

6장.
장애

지금까지 의식 무더기 그리고 느낌 무더기와 인식 무더기에 대하여 살펴보았습니다. 이제 느낌과 인식을 제외한 심리 현상들의 모임인 형성 무더기에 대하여 살펴보겠습니다. 형성 무더기 중에 꼭 알아야 할 것은 '해로운 심리 작용'과 '유익한 심리 작용'입니다. 이들에 대하여 6장과 7장에 걸쳐 살펴보겠습니다.

앞서 지혜롭게 마음을 기울이면 유익한 마음이 일어나고, 어리석게 마음을 기울이면 해로운 마음이 일어난다고 했습니다. 어리석은 마음 기울임은 무상인데 영원하다고, 괴로움인데 행복이라고, 무아인데 자아가 있다고 생각하는 것입니다. 지혜로운 마음 기울임은 무상인 것을 무상으로, 괴로움인 것을 괴로움으로, 무아인 것을 무아로, 있는 그대로 보는 것입니다. 다시 말하면 어리석음이 해로운 마음의 조건이고, 지혜는 유익한 마음의 조건입니다.

이같이 마음과 어떤 심리 작용이 결합하느냐에 따라 유익한 마음이 되기도 하고, 해로운 마음이 되기도 합니다. 해로운 의도가 일어나서 마음과 탐욕, 성냄, 어리석음 등의 해로운 심리 작용들이 결합하면 해로운 마음이 되고, 유익한 의도가 일어나서 마음과 신

119

심, 지혜, 평온, 자애, 연민 등의 유익한 심리 작용들이 결합하면 유익한 마음이 됩니다. 이처럼 유익한 마음이나 해로운 마음을 결정하는 심리 작용들이 형성 무더기[行蘊]에 포함되므로 형성 무더기에 대한 이해 역시 매우 중요합니다. 유익한 심리 작용에 대하여는 7장에서 알아보기로 하고, 여기서는 해로운 심리 작용에 대하여 살펴보겠습니다.

옛 스님들이 말씀하시길 "부처가 되려면 중생을 잘 알아야 한다."라고 했습니다. 이것은 중생이 부처가 되지 못하게 방해하는 탐욕, 성냄 등의 해로운 심리 작용을 잘 알아야 한다는 의미입니다. 다시 말하면 해로운 심리 작용의 특징, 그것들의 원인, 그것들에서 벗어나는 길은 무엇인지를 잘 알아야 합니다.

경전에는 해로운 심리 작용의 모임을 번뇌[āsava], 취착[upādāna], 장애[nivaraṇa], 족쇄[saṃyojana] 등으로 언급합니다. 이 중 경전에서 해로운 심리 작용으로 상당히 많이 언급되는 것이 '장애'입니다. 그러므로 여기서는 장애를 중심으로 해로운 심리 작용에 대하여 살펴보겠습니다.

장애는 바른 삼매를 방해하여 지혜를 얻는 데 장애가 되는 심리 작용이란 의미입니다. 경전에 보면 장애는 감각적 욕망, 성냄[적의], 해태와 혼침, 들뜸과 후회, 의심의 다섯 가지 형태로 설해져 있습니다. 그러면 이들 장애에 대하여 하나하나 살펴봅시다.

감각적 욕망과 성냄

첫째, 감각적 욕망[kāmacchanda]입니다. 감각적 욕망은 감각 대상을 즐기고 집착하는 특성이 있는 심리 작용을 말합니다.

『청정도론』에서는 다음과 같은 비유로 욕망의 특징을 설명하고 있습니다. 벌겋게 달아오른 냄비에 얇은 고기 조각을 얹으면 고기가 냄비에 딱 달라붙어서 떨어지지 않습니다. 이처럼 대상에 달라붙어 떨어지지 않으려는 심리 작용이 욕망입니다.

욕망의 또 다른 특징은 만족할 줄 모른다는 점입니다. 아무리 많이 가져도 더 가지고 싶은 것이 욕망의 속성이기 때문에 부처님도 사람의 탐욕을 만족시키기란 불가능하다고 말씀하셨습니다. 설사 하늘에서 황금 비가 내린다 해도 사람들은 다이아몬드 비가 내리기를 바랄 것이라고 말입니다.

이와 같은 욕망 중에 특히 감각적 욕망은 형상, 소리, 냄새, 맛, 감촉의 다섯 감각 대상에 대한 욕망을 말합니다. 더불어 다섯 감각 대상에 관한 생각을 즐기는 일도 감각적 욕망입니다. 사람들의 삶에서 나타나는 감각적 욕망의 대표적인 것은 식욕, 성욕, 수면욕, 재물욕, 명예욕의 오욕五欲입니다. 더 나아가 이런저런 생각을 즐기고 싶은 욕망, 수행을 잘하고 싶은 욕망, 수행의 좋은 결과인 숨의 표상, 선정이나 깨달음에 대한 욕망도 감각적 욕망이 나타나는 모습입니다.

앞서 감각적 욕망을 뼈다귀에 비유한 바 있습니다. 먹을 것도 없는 뼈다귀의 냄새 때문에 개가 그 주위를 떠나지 못하듯이, 사람들은 충족되지 않는 감각적 욕망 주위를 떠나지 못합니다. 감각적 욕망의 실상은 불안함, 두려움과 불만족을 내포하고 있지만, 그것을 즐기는 순간만은 달콤하므로 행복이라 생각하고 즐기는 것입니다. 그러나 감각적 욕망은 충족하지 못하면 그 자체로 괴로움입니다. 설사 원하는 것을 얻었다고 해도 얻은 것이 사라질까 두렵고 초조해져서 괴롭습니다. 또 하나를 얻으면 둘을 얻고 싶고, 둘을 얻으면 셋을 얻고 싶어 하며 만족할 줄 모르므로 항상 헐떡거리게 됩니다. 그리고 감각적 욕망으로 인한 행복을 누리다가 그것이 사라질 때 괴로움이 일어나게 되는데 그 괴로움의 크기는 집착의 강도에 비례합니다. 그래서 감각적 욕망은 달콤함은 적고 괴로움이 더 많으므로 '행복으로 포장된 괴로움'이라고 하는 것입니다.

이와 같은 감각적 욕망을 행복이라 여기는 것은 어리석음으로 인한 전도몽상 때문입니다. 부처님께서는 감각적 욕망이 행복 같은 괴로움이며, 열반에 이르는 것을 방해하는 장애라고 설하셨습니다. 이것을 잘 이해해야 도적을 친구로 삼는 어리석음을 범하지 않을 수 있습니다.

둘째, 적의 또는 성냄입니다. 성냄은 감각적 욕망과는 반대로 대상을 싫어하고 거부하는 심리 작용입니다. 성냄은 마치 적은 양으로도 죽음에 이르게 하는 독과 같아서 아주 위험합니다. 성냄은 오랫동안 쌓아온 공덕을 하루아침에 무너뜨릴 수도 있고, 수십 년 쌓아온 인간관계를 한순간에 깨뜨릴 수도 있습니다. 더구나 권력을 가진 사람에게 성냄이 일어나면 수많은 사람이 고통을 받거나 목숨을 잃을 수도 있습니다.

성냄은 사소한 불만이나 짜증은 물론 불같이 일어나는 분노나 적대감, 타인을 죽이고 싶은 살의처럼 극단적인 형태까지 아주 다양한 형태로 나타납니다. 구체적으로 보면 슬픔, 비탄, 탄식, 놀람, 두려움, 절망, 우울함, 스트레스, 짜증, 적의 등도 모두 성냄입니다. 그리고 남의 성공을 싫어하는 질투, 남에게 베풀기 싫어하는 인색함, 자신이 지은 악행에 대하여 자학하는 후회 등도 성냄입니다. 불교에서는 이와 같이 정신적인 괴로운 느낌과 함께 일어나는 마음 모두를 성냄으로 봅니다. 이처럼 성냄은 우리 삶 곳곳에서 다양한 형태로 일어나고 있습니다.

감각적 욕망이 행복으로 포장된 괴로움이라면, 성냄은 자기 정체성이 분명합니다. 감각적 욕망과 달리 성냄은 일어나면 자신이 괴롭고 힘들게 느끼므로 성냄이 장애임을 쉽게 파악할 수 있습니다.

지금까지 설명한 감각적 욕망과 성냄은 대표적인 두 가지 장애이며, 서로 밀접하게 관련되어 있습니다. 감각적 욕망이 충족되지 않으면 불만이 생겨 성냄이 일어나고, 성냄이 일어나면 그 불만족 상태에서 벗어나고자 하는 감각적 욕망이 일어납니다. 예를 들어 돈이나 명예를 얻고 싶은 욕망이 충족되지 못하면 불만족과 성냄이 일어납니다. 또 직장에서 스트레스를 많이 받아 화가 났을 때 음식이나 술을 즐기는 등 감각적 욕망을 충족함으로써 스트레스를 해소합니다. 이와 같이 보통 사람들의 일상생활 속에서 감각적 욕망과 성냄은 상호작용하고 끊임없이 교차하며 일어나고 있다 해도 과언이 아닙니다.

해태와 혼침, 들뜸과 후회, 의심

셋째, 해태解怠와 혼침昏沈입니다. 해태는 정신적인 게으름, 혼침은 정신적인 무기력함을 의미합니다. 예를 들어 아침에 눈을 떴을 때 잠이 덜 깨어 비몽사몽인 상태, 좌선할 때 수행 주제를 놓치고 졸음에 빠진 상태, 완전히 잠에 빠지기 전 무기력하고 정신이 흐리멍덩한 상태, 해야 할 일을 하지 않고 미루며 게으름을 피우는 상태 등이 해태와 혼침이 나타나는 모습입니다.

수행자는 해태와 혼침이 수행의 장애임을 분명히 알아야 합니다. 그렇지 않으면 해태와 혼침에 빠진 상태를 즐길 수도 있습니다. 예를 들어 수행자가 좌선할 때, 멍한 상태가 지속되면서 엷은 잠에 빠지곤 하는 경우가 있는데 이때는 마음이 편안하고 시간이 아주 잘 갑니다. 더구나 잠에 빠져 있거나 멍한 상태이므로 생각도 거의 일어나지 않습니다. 그러면 좌선을 마치고 난 후에 "좌선 시간 동안 너무나 편안하고 시간이 금방 지나갔다. 아! 내가 삼매에 들어 있었구나!" 하고 생각할 수 있습니다. 사실은 해태와 혼침에 빠진 상태였는데 말입니다. 이러한 상태를 삼매로 생각한다면 도적을 친구로 생각하는 것과 같습니다. 해태와 혼침은 장애이고, 수행의 방해 요인이라는 점을 이해해야 합니다.

해태와 혼침에 빠지면 정신적으로 게으르고 무기력한 상태가 되므로 바른 노력을 방해합니다. 보통은 집에서 할 일 없이 빈둥거리며 정신이 흐릿한 상태로 시간을 보내는 것 정도는 큰 문제라고 생각하지 않지만, 불교에서는 이러한 상태도 역시 장애라고 봅니다. 해태와 혼침에 빠져 있으면 깨어 있고 또렷또렷한 마음 상태로 살지 못하고 흐리멍덩한 정신으로 살아가므로 열반에 이르는 길에 장애가 됩니다. 부처님께서는 습관적으로 해태와 혼침에 빠져 있으면 살아서는 지혜가 사라져 어리석은 사람이 되고, 다음 생에는 축생으로 태어날 수 있다고 하셨습니다.

넷째, 들뜸과 후회입니다. 들뜸이란 마음이 불안하여 안정되지 않고 '들떠 있는' 특성이 있는 심리 작용을 말하고, 후회란 해야 할 유익한 행위를 하지 않았거나 하지 말아야 할 해로운 행위는 했을 때 '자신을 자학하는' 특성이 있는 심리 작용을 말합니다.

예를 들어 막연한 들뜸이나 욕망이 앞서 과도한 노력을 할 때 생기는 불안정한 마음, 빛이나 희열, 행복과 같이 원하는 상태를 경험했을 때 흥분한 마음, 걱정과 두려움 등의 성냄과 함께 생기는 불안정한 마음 등이 들뜸의 형태입니다.

한편 '무거운 짐을 들고 가는 할머니를 도와드렸어야 했는데 그렇지 못했구나.', '오늘 좌선 수행을 빠뜨리지 말았어야 했는데 빠뜨렸구나.', '화를 내지 말았어야 했는데 화를 냈구나.', '거짓말

125

6장. 장애

을 하지 말았어야 했는데 거짓말을 했구나.' 하면서 괴로워하고 자학하는 심리 작용이 후회의 형태입니다. 이런 후회는 바른 수행에 도움이 안 됩니다. 잘못을 저질렀다면 후회하기보다는 오히려 실수를 통해 지혜를 배우고 다음에 똑같은 실수를 반복하지 않도록 참회를 하는 일이 바람직합니다. '그때 왜 그랬을까?', '나는 그때 왜 그렇게 나쁜 행동을 했을까?' 하고 되새김질하고 거듭 생각을 떠올리며 자학하는 것은 고통만 커지게 할 뿐 실제 이익은 없습니다.

다섯째, 의심입니다. 의심은 불·법·승 삼보, 사성제나 연기 등 진리의 가르침, 유익한 법과 해로운 법 등을 믿지 못하고 회의懷疑하는 특성이 있는 심리 작용입니다. 의심이 있으면 올바른 방향에 대한 확신이 없으므로 마음에서 회의하고 갈등하며 의심할 뿐 아무런 노력도 하지 못한 채 망설이게 됩니다. 의심이 있으면 확신이 생길 수 없습니다.

수행할 때는 사성제나 연기의 가르침에 대한 확고한 믿음을 가져야 흔들림 없이 정진할 수 있습니다. 장애를 버리는 것은 장애가 해로운 심리 작용임을 이해하고 믿는 것에서 출발합니다. 그런데 의심이 있으면 진리에 대한 믿음이 흔들리고 갈등이 생기므로 바른 정진을 할 수가 없습니다. 그러다 보면 진리에 대한 믿음이 사라지고 수행을 포기하게 되므로 바른 삼매에 들 수 없고, 그로 인해 지혜를 계발하여 열반에 이를 수 없습니다. 이러한 이유로 의심도 장애 중 하나입니다.

장애에 대한 비유

경전에는 장애를 물과 관련된 비유로써 설한 법문이 있습니다. 고요하고 맑은 물을 삼매에 비유하고, 장애를 오염된 물에 비유한 것입니다.

감각적 욕망이 일어나면 맑은 물에 여러 가지 색깔의 물감을 풀어놓은 것과 같이 마음이 갖가지 생각들로 오염됩니다. 성냄은 물이 끓게 만드는 불과 같아서 마음을 들끓게 합니다. 해태와 혼침에 빠지면 맑은 물에 수초나 이끼가 덮인 것과 같이 마음이 게을러지고 무기력해집니다. 들뜸과 후회가 일어나면 맑은 물에 물결이 이는 것과 같이 마음이 불안정하고 동요합니다. 의심이 일어나면 맑은 물이 흙탕물이 된 것처럼 마음이 혼란스러워집니다. 그래서 장애가 일어나면 마음이 오염되고 동요되어 삼매에 들 수 없습니다. 결국 더럽혀진 물에 사물이 있는 그대로 비치지 않는 것처럼 장애로 오염되어 삼매에 들지 못한 마음은 사물을 있는 그대로 볼 수 없으므로 지혜가 계발될 수 없습니다.

하지만 지혜로써 장애를 가라앉힌다면 바른 삼매에 들 수 있습니다. 그러면 삼매를 기반으로 물질과 정신 현상들을 집착이나 싫어하는 마음이 없이, 왜곡 없이 있는 그대로 보는 지혜를 계발할 수 있습니다. 마치 깨끗하고 고요한 물에는 사물이 있는 그대로 비치는 것처럼.

이렇게 지혜로 장애를 가라앉힘으로써 바른 삼매에 들 수 있고, 바른 삼매를 기반으로 지혜를 계발할 수 있습니다. 이때 지혜로 다섯 장애를 가라앉힘으로써 청정하고, 고요하며, 집중된 마음인 바른 삼매를 계발하는 데 초점을 맞춘 수행을 사마타samatha, 止라 하고, 바른 삼매를 기반으로 물질과 정신 현상의 실상을 꿰뚫어 보는 지혜를 계발하는 데 초점을 맞춘 수행을 위빠사나vipassanā, 觀라고 합니다. 이같이 장애를 내려놓고 바른 삼매와 지혜를 계발하는 수행이 불교 수행이므로 장애에 대한 이해는 매우 중요합니다.

장애의 자양분

일상생활에서 현재 일어나는 현상들을 지켜보다가 탐욕과 성냄 등의 장애가 일어나면 그것을 즉시 알아차려 장애가 더 커지지 않도록 하는 것이 중요합니다. 장애가 일어나는데도 장애가 일어난 것을 모르는 것은 어리석음입니다. 이 어리석음 때문에 장애를 방치하게 되고, 시간이 지날수록 그것들은 계속 자라고 커집니다. 나무가 물과 거름이라는 자양분을 먹고 자라나듯이 장애도 어리석음의 자양분을 먹고 자라납니다. 예를 들어 아주 아름다운 여인을 보았을 때 그 여인의 모습을 떠올리며 계속 그 아름다움을 생각하고 즐기면 어떻게 될까요? 아름답다는 인식을 지니고 여인에 관한 생각이 거듭될수록 감각적 욕망은 점점 강해집니다. 다시 말해서 아름다운 모습을 계속 떠올리며 반복해 생각하는 것이 감각적 욕망을 자라게 하는 자양분이 됩니다.

아주 작은 불씨 하나가 온 산을 태우는 어마어마한 불길이 되
듯 사소한 장애라고 해도 이를 알아차리지 못하고 내버려 둔다면
장애는 계속 커집니다. 결국에는 통제 불능의 수준까지 이를 수 있
는데 이것이 '중독'입니다. 처음에는 가볍게 시작한 쇼핑도 계속
반복하다 보면 쇼핑을 하지 않았을 때 견딜 수 없는 중독 상태에
이르기도 합니다. 노름도 마찬가지입니다. 노름에 중독된 사람은
손을 잘라도 노름을 한다고 합니다. 이렇듯 중독 상태가 되면 스스
로 통제권을 벗어나 어떤 결과를 초래할지 알 수 없을 만큼 위험해
집니다. 그러니 사소한 감각적 욕망이라고 가벼이 여기지 말고 즉
시 그것을 알아차려 감각적 욕망에 자양분을 주지 않아야 합니다.

성냄도 마찬가지입니다. 싫어하는 사람을 떠올리면서 이래서
나쁘고 저래서 싫다고 계속 흠을 찾는다면 성냄이 가라앉지 않습
니다. 성냄을 불러일으키는 대상에게 계속 마음을 기울이는 일은
성냄의 자양분이 됩니다. 그 사람에게 마음을 기울이는 것보다 '저
사람을 대상으로 화를 내고 있구나' 하고 자기 마음에서 화가 일어
남을 알아차려야 합니다. 이렇게 대상의 문제가 아니라 자기 마음
의 문제가 되면 상대에게 화를 내기보다는 자신에게 일어나는 화
를 극복하려 할 것입니다. 이런 방법으로 성냄에 자양분을 주지 않
을 수 있습니다.

해태와 혼침에 빠졌을 때도 그 마음을 그대로 내버려 두면 점
점 커집니다. 전에 어떤 신문 기사를 보니 한 중국인이 화장실 가

129

는 게 귀찮아서 계속 누워 있다가 방광염으로 사망에 이르렀다고 합니다. 게으름의 극치라고 할 만하지요. 정신적으로 게으르고 무기력해지면 장애가 일어나도 방치하게 되고, 장애는 점점 자라서 나중에는 큰 고통에 빠지게 됩니다. 따라서 항상 알아차림을 실천하여 해태와 혼침에 빠지면 즉시 알아차려 정신을 바짝 차림으로써 해태와 혼침에 자양분을 주지 말아야 합니다.

들뜸과 후회 역시 다르지 않습니다. 들떠 있는 마음이나 과거에 대한 불만을 방치하고 반복해서 생각하는 것은 들뜸과 후회에 자양분을 주는 일입니다. 탐욕과 성냄이 함께한 생각들을 계속 이어가거나 걱정되고 불안한 상황에 계속 마음을 기울이면 더 불안해집니다. 또 이미 지나간 해로운 행위에 대해 '그때는 왜 그랬을까?' 하고 계속 되새김질할수록 괴로움은 커질 뿐입니다. 과거에 한 행위는 이미 사라졌습니다. 사라진 것을 붙들고 계속 고통을 받을 필요는 없습니다. 후회보다는 과거에 대해 철저히 반성하고 참회한 후 미래에 다시는 그런 실수를 저지르지 않는 지혜를 계발하는 것이 바람직합니다.

의심은 어떨까요? 누군가 '유익한 마음을 실천해 봐야 이익이 없다', '탐욕은 해롭지 않다', '선정과 깨달음을 얻을 수 있다는 말은 거짓말이다'라고 이야기했다고 합시다. 그 말을 듣고 의심이 일어나 계속 그 생각만 거듭한다면 그 의심은 더욱 커질 것입니다. 자신에게 의심이 일어나고 있다는 것을 알아차리면 일단 그 생각을 멈추어야 합니다. 그런 다음 지혜로운 사람을 찾아 질문을 하거나 진리의 가르침을 배우고 익힘으로써 의심을 극복할 수 있습니다. 하지만 의심하는 생각을 계속 내버려 두면 의심에 자양분을 공급하는 것이 됩니다.

사소한 장애도 가벼이 여기지 말라

지금까지 이야기한 바와 같이 장애는 그냥 내버려 두면 점점 자라나 큰 문제가 됩니다. 마치 눈덩이를 굴리면 굴릴수록 점점 커지는 것과 같습니다. 가능하면 빨리 장애가 일어나는 것을 알아차리고 그 위험성을 이해하여 내려놓아야 합니다. 장애가 처음 일어날 때는 버리기가 쉽지만 장애가 점점 자라서 커지면 버리기가 훨씬 더 어려워집니다.

요즘 우울증을 앓다가 자살하는 사람들이 많습니다. 이들 중 대부분은 정신적인 스트레스가 일어났을 때 그것을 내려놓고 극복하는 방법을 배우지 못했습니다. 학교나 사회에서도 계속 달리는 법만 가르치고 멈추어 쉬는 법을 가르치지 않기 때문입니다. 무엇을 위해 달리고 있는지도 모르고 주위 사람들이 달리니까 같이 열심히 달립니다. 끊임없이 달리다 보면 피로와 스트레스가 쌓여 우울해지고, 우울함이 심해지면 우울증으로 발전하여 결국 자살을 선택하기도 합니다. 불교적으로 볼 때 우울증은 싫어하는 마음, 즉 성냄이 반복되면서 생기는 병입니다. 만약 처음 성냄이 일어날 때 그것을 알아차리고 그것에 자양분을 공급하지 않았다면 우울증 같은 병적인 상태로 발전하지는 않았을 것입니다. 성냄이 일어나면 즉시 알아차리고, 이는 고통을 주는 해로운 마음임을 이해하여 가까이하지 말아야 합니다.

장애는 항상 어리석음을 뿌리로 해서 일어납니다. 어리석음 때문에 감각적 욕망과 성냄 등의 장애가 일어나고, 장애가 많아지면 어리석음이 더 심해집니다. 감각적 욕망과 성냄 등의 장애가 번성하면 현상을 있는 그대로 볼 수 있는 힘이 사라지므로 어리석음이 더욱 커지게 되는 것입니다. 이처럼 어리석음과 장애는 서로에게 원인이 된다는 점도 잊지 말기 바랍니다.

불교 수행은 지혜로 감각적 욕망과 성냄 등의 장애를 내려놓음으로써 청정하고, 고요하며, 집중된 마음인 바른 삼매를 계발하고, 바른 삼매를 기반으로 지혜를 계발하여 해로운 마음을 완전히 제거해 괴로움을 소멸하는 것입니다. 그래서 장애를 버리는 일은 아주 중요합니다(장애를 버리는 방법에 대하여는 제2부 4장에서 자세히 설명하겠습니다).

7장.
깨달음의 구성 요소

이전 장에서 다섯 장애가 수행을 방해하는 가장 대표적인 심리 작용이라고 말씀드렸습니다. 여기에서는 장애 등의 해로운 심리 작용을 버리는 데 결정적인 역할을 하는 유익한 심리 작용에 대하여 알아보겠습니다.

　해로운 심리 작용 중 대표적인 것이 '다섯 장애'라면 유익한 심리 작용의 대표적인 것은 '팔정도'와 '일곱 깨달음의 구성 요소'입니다. 팔정도는 이 책 전반에 걸쳐 설명하고 있으므로 여기서는 일곱 깨달음의 구성 요소를 중심으로 설명하겠습니다.

　일곱 깨달음의 구성 요소[七覺支]는 기억[念], 법의 조사[擇法], 정진精進, 희열[喜], 경안輕安, 삼매[定], 평온[捨]의 일곱 가지로 구성된 깨달음에 이르게 하는 요소들입니다. 이들에 대하여 하나하나 자세히 살펴보겠습니다.

기억

깨달음의 구성 요소 중 첫 번째는 기억[sati, 念]입니다. 기억은 '사
띠sati'의 번역입니다. sati는 √smṛ[to remember]에서 파생된 여성명
사인데 문자적으로도 '기억'을 뜻합니다. 중국에서는 sati를 '염念'
으로 옮겼습니다. 이는 '생각'이라는 뜻도 있지만, '마음에 둠', '기
억함', '암송함'이라는 뜻도 있습니다. 그런데 중국에서 팔정도의
두 번째 요소인 'sammā-saṅkappa', 즉 바른 사유를 '생각'을 뜻하
는 '정사正思' 또는 '정사유正思惟'로 번역하였음을 고려하면 팔정
도의 일곱 번째 요소인 'sammā-sati', 즉 바른 기억을 '정념正念'으
로 번역했을 때는 '생각'과는 다른 의미, 즉 '마음에 둠', '기억함'의
뜻으로 썼다고 보는 것이 타당합니다. 팔정도의 여덟 요소 중 두
가지를 모두 '생각'의 의미로 번역했을 가능성은 없기 때문입니다.
또 북방의 아비담마라고 불리는 『아비담마구사론』에서도 sati를
'억념憶念'으로 번역했는데 억념은 '단단히 기억記憶하여 잊지 않
음'이라는 뜻입니다. 이처럼 sati는 '잊지 않음[不忘]' 또는 '기억'으
로 번역할 수 있습니다. 한편 깨달음의 구성 요소는 유익한 심리
작용들이므로 여기서 말하는 '기억'은 '바른 기억[sammā-sati, 正念]'
을 뜻함에 또한 주의해야 합니다.

바른 기억은 네 가지 역할을 합니다. 첫째, 바른 앎[sampajañña,
正知]을 잊지 않고 기억하는 것입니다. 알아차림을 해야 할 대상에
대한 지혜 또는 바른 앎을 기억하거나 알아차림을 통해 생긴 물질

과 정신 현상에 대한 직관지直觀知 또는 바른 앎을 잊지 않고 기억하는 역할을 합니다. 예를 들어 현재의 물질과 정신 현상을 알아차리면 현상의 실상에 대한 바른 앎이 생기는데 이 순간에 그것을 잊지 않고 기억하는 역할을 하는 심리 작용이 바른 기억입니다. 이와 같은 바른 기어의 역할이 없다면 알아차림을 통해 생긴 바른 앎은 금방 잊혀질 것이므로 바른 앎이 유지될 수 없을 것입니다.

둘째, 바른 기억은 반조의 지혜가 생기게 합니다. 앞서 바른 기억, 즉 정념은 바른 앎들에 대한 기억이라 하였습니다. 그래서 이미 계발된 바른 앎들에 대한 기억을 기반으로 그것들의 특성, 조건의 일어남과 소멸 등을 법 따라 조사함으로써 현상들에 대한 더 깊고 예리한 지혜를 계발할 수 있습니다. 이렇게 바른 기억을 통해 현상의 실상을 더 깊고 예리하게 통찰하는 반조지反照知를 계발할 수 있습니다.

셋째, 마음을 보호합니다. 마치 도둑이 들지 않도록 집을 잘 지키는 문지기처럼 바른 기억은 해로운 마음들이 일어나지 못하게 마음을 보호합니다. 건물의 문지기가 허락되지 않은 사람이 들어오지 못하도록 정문에서 잘 지키는 것과 같이 눈, 귀, 코, 혀, 몸, 마음에서 대상을 만날 때 해로운 마음들이 일어나지 않도록 바른 기억이 마음을 지켜줍니다.

바른 기억은 유익한 마음과 해로운 마음에 대한 지혜를 잊지 않고 기억합니다. 그래서 유익한 마음이 일어나면 바르게 기억하여 그것이 유익함을 꿰뚫어 알고 유익한 마음이 그대로 지속되도록 합니다. 반면에 해로운 마음이 일어날 때는 바르게 기억하여 그것이 해롭다고 꿰뚫어 알고 그것을 버림으로써 마음을 보호합니다. 이처럼 바른 기억은 마음을 보호하는 역할을 합니다.

넷째, 지혜에 대한 바른 기억을 확립할 수 있습니다. 수행을 열심히 실천하다 보면 여러 가지 지혜 또는 바른 앎이 생기게 됩니다. 이런 지혜는 계발하는 일도 어렵지만, 이 지혜를 잊지 않고 유지하는 일은 훨씬 더 어렵습니다. 이를 가능하게 해 주는 심리 작용이 바른 기억인데 바른 기억의 힘이 강해질수록 걸어가거나[行] 서 있거나[住] 앉아 있거나[坐] 누워 있거나[臥] 언제나 지혜가 잊히지 않고 작용할 수 있습니다. 그러므로 이런 바른 기억을 확립하기 위해서는 언제나 몸, 느낌, 마음, 법의 네 가지 대상을 거듭거듭 알아차리면서 바른 앎과 바른 기억을 확립하려고 노력하는 사념처四念處 수행을 열심히 닦아야 합니다(사념처 수행은 제2부 3장에서 자세히 설명하겠습니다). 이와 같은 사념처 수행이 충분히 무르익으면 바른 앎 또는 지혜에 대한 바른 기억을 확립할 수 있습니다.

그러면 이와 같은 바른 기억이 일어나는 조건 중에 가장 중요한 두 가지만 간단히 알아봅시다. 첫째, 몸에서 몸을, 느낌에서 느낌을, 마음에서 마음을, 법에서 법을 알아차리는 사념처 수행을 끊임없이 실천하는 것입니다. 몸, 느낌, 마음, 법의 네 가지 대상을 알아차리는 수행을 실천함으로써 네 가지 대상에 대한 바른 앎과 그것을 잊지 않는 바른 기억이 계발됩니다. 이처럼 네 가지 대상에 관한 알아차림을 실천하는 것이 바른 기억의 주된 원인입니다(이

둘째, 바른 기억이 없는 사람은 피하고, 바른 기억을 확립한 사람을 가까이하는 것입니다. 스님들이 출가해서 가장 먼저 배우게 되는 「초발심자경문初發心自警文」에 보면 '수원리악우須遠離惡友 친근현선親近賢善'이라는 구절이 나옵니다. 이 말은 부처님의 가르침에 귀의하고자 마음먹은 이는 계를 지키지 않고 어리석은 나쁜 사람을 멀리하고, 계행戒行이 청정하고 지혜로운 사람을 가까이하라는 뜻입니다. 번뇌가 많은 사람과 함께 있으면 자기도 그렇게 될 가능성이 농후합니다. 번뇌는 전염성이 있어서 그것이 조건이 되어 나에게도 번뇌가 일어날 가능성이 농후하기 때문입니다. 반면 옆에 있는 도반이 항상 알아차림을 실천함으로써 바른 기억을 닦는 모습을 보면 자신도 알아차림을 실천하여 바른 기억을 계발해야겠다고 결심하고 실천할 수 있게 됩니다. 이와 같은 두 가지 조건을 의지해서 바른 기억이 계발됩니다.

법의 조사

두 번째 깨달음의 구성 요소는 법의 조사[dhammavicaya, 擇法]입니다. 법의 조사는 '담마위짜야dhammavicaya'의 번역으로 dhamma는 물질과 정신 현상을 총칭하는 법法을 뜻하고, vicaya는 조사, 점검, 탐구를 뜻합니다. 그래서 dhammavicaya는 '법을 조사하고 탐구하고 검증함'이라는 뜻입니다. 이를 '법의 조사'라고 번역한 것입니다. 중국에서는 '법을 가리다', '분간하다', '조사한다'라는 의미에서 '택법擇法'으로 번역하였습니다. 이처럼 법의 조사는 물질과 정신의 법을 조사하고 점검하고 탐구함으로써 생긴 지혜를 말합니다.

여기서 지혜는 빨리어로 '빤냐paññā'의 번역어입니다. paññā 는 문자적으로 '앞으로 더 나아가서 알다'라는 뜻인데 이것을 지혜라고 번역한 것입니다. 그래서 지혜는 물질과 정신 현상들, 즉 법들을 표면적으로 이해하는 것이 아니라 더 나아가 그것들의 실상을 꿰뚫어 아는 심리 작용을 뜻합니다. 예를 들어 여기 마이크가 있습니다. 이것을 '마이크'라고 아는 것은 편의상 붙여진 명칭을 아는 수준에 불과합니다. 하지만 더 나아가 마이크의 실상을 이해해 보면 마이크는 물질이고, 물질은 온도의 변화에 따라 변형되고 변할 수밖에 없으므로 무상하다는 진리를 꿰뚫어 알 수 있습니다. 이렇게 마이크에 대한 표면적인 이해에 머무르지 않고 마이크의 실상, 즉 마이크는 물질이고 무상하다는 진리를 꿰뚫어 보는 심리 작용이 지혜입니다.

이런 지혜는 크게 두 가지 형태가 있습니다. 하나는 직관지이고, 다른 하나는 조사지調查知 또는 반조지입니다. 첫째, 직관지는 현재의 물질과 정신을 생각 없이 알아차리는 수행을 닦을 때 직관적으로 얻어지는 지혜를 말합니다. 예를 들어 어떤 사람이 자신에게 우울함이 일어날 때 그것이 우울한 마음임을 있는 그대로 꿰뚫어 아는 지혜가 직관지입니다. 이와 같은 직관지는 현재의 현상을

제1부. 팔정도

한 걸음 떨어져서 생각 없이 있는 그대로 알아차리는 방식, 즉 지켜보는 방식으로 수행할 때 주로 계발됩니다. 이처럼 알아차림을 통해서 수많은 직관지 또는 바른 앎이 생기는데 그것들을 잊지 않고 기억하는 심리 작용이 바른 기억입니다. 이와 같은 직관지에 대한 바른 기억들이 반조지의 토대가 됩니다. 다시 말하면 바른 기억을 조건으로 법의 조사가 생깁니다.

둘째, 반조지는 앞서 설명한 직관지에 대한 바른 기억을 기반으로 그것을 조사하고, 검증하고, 탐구함으로써 생긴 지혜를 말합니다. 예를 들어 자신에게 일어난 우울함에 대한 지혜를 기억해내어 그것을 숙고하고 조사해 보니 그것은 현재 자신의 몸이 병든 것을 싫어하는 마음이므로 우울함의 실상은 성냄임을 꿰뚫어 아는 지혜가 반조지입니다. 더 나아가 그 우울함은 자신이 항상 건강하기를 바라는 집착이 이루어지지 않고 병이 생김으로써 일어났다는 것을 꿰뚫어 아는 지혜, 즉 탐욕을 조건으로 성냄이 일어났음을 꿰뚫어 아는 지혜도 반조지입니다.

또한 더 깊이 들어가 몸은 온도의 변화, 바이러스, 주변 환경 등 여러 조건에 의해 영향을 받으므로 항상 건강할 수는 없으므로 무상한데, 그것을 영원하다고 착각하는 어리석음으로 인해 탐욕이 일어났음을 꿰뚫어 아는 지혜도 반조지입니다.

이처럼 지혜는 두 가지, 즉 직관지와 반조지로 나눌 수 있습니다. 이 중에서 특히 반조지에 초점을 맞춘 것이 법의 조사이고, 법의 조사는 바른 기억을 기반으로 계발됩니다. 그래서 부처님께서는 바른 기억 다음의 깨달음의 구성 요소로 '법의 조사' 또는 '택법'을 설하신 것입니다.

　우리나라에는 선종이 중심이 되다 보니 '선善도 생각하지 말고, 악惡도 생각하지 말라'는 선사들의 이야기를 흔히 접할 수 있습니다. 실제 아라한이 되면 선과 악을 초월하는 마음 상태가 되므로 아라한의 마음을 '작용만 하는 마음'이라고 표현합니다. 하지만 일반 중생들에게 선善과 불선不善을 초월하라고 하면 초월하는 것이 아니라 불선만 저지를 가능성이 짙습니다. 그러므로 이 말은 아라한에게 해당하는 말이지 보통 사람들에게 해당하는 이야기가 아님을 알고, 어떤 것이 유익한[善] 마음이고, 어떤 것이 해로운[不善] 마음인지 정확히 이해하는 지혜가 필요합니다. 유익함과 해로움을 분명히 구분하는 지혜도 반조지이고, 법의 조사라는 점을 기억해야 합니다.

　법의 조사의 가장 중요한 역할은 알아차림을 통해 생긴 직관지를 바른 견해에 따라 조사하고 검증함으로써 더 깊고 예리한 지혜를 계발하는 것입니다.

　단순한 알아차림만으로는 지혜가 깊어지거나 예리해지지 않습니다. 알아차림을 통해 생긴 직관지 또는 바른 앎을 바른 견해, 즉 사성제에 대한 지혜에 따라 조사하고 검증해야 지혜가 더 깊어지고 결국 진리를 깨달을 수 있습니다. 다시 말해서 물질과 정신현상의 특성, 일어남, 소멸, 소멸로 인도하는 도 닦음 등을 조사함으로써 지혜가 깊어지고 예리해질 수 있습니다. 이때 생긴 반조의 지혜를 통해 해로운 심리 작용을 완전히 버리고 괴로움을 소멸할 수 있습니다.

그러면 이와 같은 법의 조사 또는 지혜가 생기는 조건에 대하여 알아봅시다. 첫째, 법의 조사는 바른 삼매를 조건으로 생겨납니다. 불교에서 말하는 바른 삼매는 단순한 집중 상태가 아니라 지혜로써 다섯 가지 장애를 철저히 이해하고 내려놓음으로써 생긴 청정하고, 고요하며, 집중된 마음 상태입니다. 이와 같은 바른 삼매가 바탕이 되어야 청정하고 고요하고 집중된 마음 상태에서 현상을 있는 그대로 볼 수 있고 지혜가 생길 수 있습니다. 만약 감각적 욕망이나 성냄 등의 장애가 있으면 대상의 원하는 측면만 보고 싫어하는 측면은 보지 않으려 할 것이므로 현상을 있는 그대로 볼 수 없으므로 지혜가 생길 수 없습니다. 마치 안개가 끼어 있을 때는 눈앞이 어렴풋하게 보이지만 안개가 걷히고 나면 깨끗하고 선명하게 볼 수 있는 것과 같습니다. 그래서 바른 삼매를 조건으로 지혜 또는 법의 조사가 생깁니다.

둘째, 지혜로운 마음 기울임을 조건으로 법의 조사가 생깁니다. 유익하거나 해로운 법들, 나무랄 데가 없는 것과 나무라야 마땅한 법들, 받들어 행해야 하는 것과 받들어 행하지 말아야 할 법들, 고상한 법과 천박한 법들, 흑백으로 상반되는 갖가지 법들에 지혜롭게 마음을 기울임으로써 이러한 법을 바른 견해에 부합하게 분별하고, 행동하고, 판단하는 지혜 또는 법의 조사가 생깁니다.

끝으로 어리석은 사람을 피하고 지혜로운 사람을 가까이해야

7장. 깨달음의 구성 요소

합니다. 어리석은 사람과 함께 있으면 자신도 어리석어지지만, 지혜로운 사람과 함께 있으면 그 사람이 말하고 행동하고 판단하는 것을 보면서 지혜가 생겨납니다.

정진

세 번째 깨달음의 구성 요소는 정진[viriya, 精進]입니다. 정진은 열의를 일으키고 애쓰는 노력을 의미합니다. 여기서 정진은 깨달음의 구성 요소이므로 바른 정진을 의미함에 주의해야 합니다. 바른 정진은 아직 일어나지 않은 해로운 마음들은 일어나지 않게 하고, 이미 일어난 해로운 마음들은 제거하며, 아직 일어나지 않은 유익한 마음들은 일어나게 하고, 이미 일어난 유익한 마음들은 지속시키고 사라지지 않게 하고 완성하기 위해 애쓰고 노력하는 심리 작용을 말합니다. 그래서 바른 정진을 위해서는 유익함[善]과 해로움[不善]을 구분하는 지혜인 법의 조사가 필수적입니다. 다시 말해서 바른 기억을 조건으로 법의 조사가 생기고, 법의 조사를 조건으로 바른 정진이 생깁니다.

　예를 들어 탐욕이나 성냄, 남을 해치려는 적의 등은 이생에서 수많은 괴로움이 일어나게 할 뿐만 아니라 죽어서는 지옥이나 축생 등의 악처에 태어나게 하는 위험하고 해로운 마음임을 분명히 이해하면 이런 마음들이 일어나지 않게 하고, 그런 마음이 일어나더라도 빨리 알아차려서 버리려고 노력하게 됩니다. 역으로 바른 삼매, 지혜, 자애와 연민, 평온 등은 이생의 괴로움에서 벗어나게 할 뿐만 아니라 죽어서는 인간이나 천상 등의 선처에 태어나게 하는 유익한 마음임을 분명히 이해하면 이런 마음들을 계발하고 유지하고 완성하기 위해 노력하게 됩니다.

『법구경』에 나오는 일곱 분의 부처님이 똑같이 말씀하신 「칠불통계게七佛通戒偈」에 보면 '제악막작諸惡莫作 중선봉행衆善奉行 자정기의自淨其意 시제불교是諸佛敎'라는 말이 있습니다. 이는 불선不善은 버리고 선善은 계발함으로써 스스로 자기 마음을 정화하는 것이 모든 부처님의 가르침이라는 뜻입니다. 이처럼 바른 정진은 한마디로 불선은 버리고 선을 계발하려 애쓰고 노력하는 심리 작용을 말합니다.

다시금 강조하면 선과 불선을 분명히 이해하는 지혜, 즉 법의 조사가 기반이 되어야 불선은 버리고 선은 계발하려고 애쓰는 바른 정진이 가능합니다. 다시 말해서 법의 조사를 조건으로 바른 정진이 생깁니다.

그러면 바른 정진이 생기는 또 다른 조건에 대하여 알아봅시다. 첫째, 절박함을 조건으로 바른 정진이 생깁니다. 보통 사람들은 자신이 영원히 살 것처럼 생각합니다. 그래서 앞으로 좀 더 즐긴 후에 좀 더 나이가 들면 그때 수행하겠다고 생각합니다. 이런 마음에는 바른 정진이 생길 수 없습니다. 사실 사람들의 삶이 얼마나 지속될지는 아무도 모릅니다. 사람들이 죽는다는 사실은 확실하지만, 언제까지 살 것인지는 확실하지 않습니다. 요즈음은 평균적으로 팔십 년 정도 살 수 있다고 보지만, 누구나 그렇지는 않습니다. 어떤 사람은 내일 죽을 수도 있고, 한 달 또는 일 년 내로 죽을 수도 있습니다. 사람들의 삶은 불확실하고 언제 죽을지는 아무도 모른다는 점을 분명히 이해하면 절박감이 일어나서 순간순간을 낭비하지 않고 하루라도 빨리 진리를 깨달아 괴로움을 소멸하기 위해 열심히 노력하게 될 것입니다. 이렇게 절박함은 바른 정진의 조건이 됩니다.

둘째, 지옥이나 축생 등의 악처에 대한 두려움을 반조하고 바른 정진의 이익을 보는 것입니다. 부처님 가르침에 따르면 죽음 직전에 일어나는 업이 내생에 어디에 태어날지를 결정합니다. 바르게 정진하여 평생 유익한 업을 많이 지은 사람은 대개 죽음 직전에 유익한 업이 나타나서 인간이나 천상의 선처에 태어납니다. 그러면 내생에도 좋은 환경 속에서 수행도 지속할 수 있고, 결국에는 진리를 깨달아 괴로움을 소멸할 수 있을 것입니다. 이것이 바른 정진의 이익입니다. 반면에 방일하여 바르게 정진하지 않고 평생 해로운 업을 많이 지은 사람은 대개 죽음 직전에 해로운 업이 나타나서 지옥이나 축생 등의 악처에 태어납니다. 그러면 내생에 상상하기 힘든 극심한 고통을 겪게 될 뿐만 아니라 수행을 할 수 있는 기회조차 만나지 못할 수 있습니다. 더구나 악처에 태어난 후에 다시 선처로 돌아오는 일은 지극히 어렵습니다. 이처럼 방일하여 바르게 정진하지 않으면 악처에 태어나서 극심한 고통을 겪을 뿐만 아니라 괴로움에서 벗어나는 일이 매우 힘들어집니다. 따라서 하루라도 빨리 바르게 정진하여 유익한 업을 많이 쌓고 괴로움에서 벗어날 수 있도록 해야 합니다.

셋째, 사성제의 심오함, 스승의 위대함, 동료 수행자의 위대함을 수고함으로써 바른 정진이 일어납니다. 부처님이라든지 과거의 훌륭한 스승들, 주변의 수행을 열심히 하는 도반들의 삶을 통해 자신의 삶을 비추어 보다 보면 나도 열심히 정진하여 그들과 같이 되어야겠다고 분발심을 일으킬 수 있습니다.

또한 사성제를 듣고 배우고 익힘으로써 바른 정진이 일어납니다. 사성제의 가르침에 따르면 탐욕, 성냄, 어리석음은 괴로움을 일어나게 합니다. 그런데 팔정도를 실천하여 이를 소멸하지 못하면 괴로움에서 벗어날 수 없습니다. 이런 사실을 분명히 이해하면 탐욕, 성냄, 어리석음을 제거하기 위해 방일하지 않고 바르게 정진할 수밖에 없습니다. 이처럼 사성제에 대한 이해를 통해 바른 정진이 일어납니다.

끝으로 게으른 사람을 멀리하고 부지런한 사람을 가까이함으로써 바른 정진이 생깁니다. 틈만 나면 먹고 자고 감각적 즐거움을 탐닉하는 친구를 가까이하면 일생 먹고 자고 노는 데 시간을 소비하게 됩니다. 하지만 게으르지 않고 열심히 정진하는 사람을 가까이하면 여러분도 덩달아 열심히 정진하게 됩니다. 이처럼 방일하고 게으른 사람을 멀리하고 부지런하고 바르게 정진하는 사람을 가까이해야 합니다.

희열

네 번째 깨달음의 구성 요소는 희열[pīti, 喜悅]입니다. 희열은 아주 기쁜 마음을 뜻합니다. 이런 희열에는 두 가지 형태가 있습니다. 하나는 욕망을 충족함으로써 생기는 희열이고, 다른 하나는 욕망을 떨쳐 버림으로써 생기는 희열입니다. 첫째, 욕망을 충족함으로써 생기는 희열은 돈, 명예, 권력, 성공, 애인 등에 대한 욕망이 충족될 때 생기는 기쁨을 말합니다. 이러한 희열은 잠시 행복할지라도 그것이 사라지면 금방 우울해지고 공허해집니다. 둘째, 욕망을 떨쳐 버림으로써 생기는 희열은 '벗어남의 희열', '출리의 희열'이라고 합니다. 이것이 네 번째 깨달음의 구성 요소에서 말하는 희열로서 이는 바른 정진을 통해 생겨납니다.

바른 정진은 해로운 마음을 버리고 유익한 마음을 계발하기 위해서 애쓰고 노력하는 심리 작용이므로 바르게 정진하다 보면 해로운 마음은 버려지고 유익한 마음이 계발됩니다. 그러면 이전에 계속 시달림과 괴로움을 일으키던 해로운 마음이 내려놓아지고 마음이 청정해지고 고요해짐으로써 생기는 희열이 일어납니다. 이렇게 바른 정진을 조건으로 희열이 일어납니다. 이때의 희열은 감각적 욕망을 성취함으로써 생기는 기쁨과는 달리 들뜸이 없이 아주 고요하고 만족스러우며 기쁜 마음 상태입니다. 그래서 벗어남의 희열은 몸과 마음을 새롭게 하여 피로에 지쳐 있던 몸과 마음을 완전히 회복시켜 줄 수 있습니다. 그래서 벗어남의 희열은 불교의 수행을 재미있고 행복하게 닦을 수 있게 해 주는 아주 중요한 요소가 됩니다.

그러면 희열은 생기는 다른 조건에 대하여 알아봅시다.

첫째, 희열을 확립시키는 법들에 지혜롭게 마음을 기울이는 것입니다. 다시 말해서 부처님과 부처님이 설하신 법과 그 법에 따라 수행하는 훌륭한 스님들에 대해 계속 마음을 기울이고 생각함으로써 신심이 일어납니다. 이와 같은 삼보에 대한 신심은 마음을 경건하게 하여 해로운 마음을 정화하는 힘이 있으므로 신심이 일어나면 희열이 일어납니다.

둘째, 해로운 마음이 사라졌을 때의 고요함이나 편안함에 대하여 숙고함으로써 희열이 일어납니다.

셋째, 거친 자를 멀리하고 인자한 자를 가까이하는 것입니다. 거친 사람과 함께 있으면 해로운 마음에 오염되고, 인자한 사람을 가까이하면 유익한 법이 늘어납니다. 그래서 인자한 사람을 가까이하면 희열이 일어납니다.

넷째, 신심을 일으키는 경전을 기억하여 숙고하는 것입니다. 매일 아침 정해진 시간에 짧게라도 부처님의 가르침을 독송해 보면 신심이 나고 마음이 가다듬어진 상태에서 하루를 시작할 수 있습니다. 세속의 삶은 욕망과 성냄이 주로 지배하는 삶이어서, 수행처에서 마음이 청정해졌다 하더라도 세속으로 돌아가면 다시 욕망과 성냄에 휩쓸리기 쉽습니다. 이럴 때 경전을 틈틈이 독송하고 숙고하면 자신의 삶을 되돌아볼 수 있고, 진리의 가르침에 대한 이해를 바탕으로 희열이 일어나게 됩니다.

경안

경안[passaddhi, 輕安]은 '고요함'이나 '편안함'을 의미합니다. 바른 정진을 통해 해로운 심리 작용이 버려지면 희열이 일어나고, 이런 희열을 기반으로 마음이 고요해지고 편안해지는데 이를 경안이라고 합니다. 예를 들어 호흡 수행을 통해 해로운 심리 작용이 버려지면 마음이 가볍고 고요하고 편안한 마음 상태가 되는데 이것이 경안의 마음 상태입니다. 경안이 생기면 불안함이 없어지고, 마음이 붕 떠서 산란하게 하는 들뜸이 사라집니다. 그리하여 마음을 고요하고 편안하게 해 바른 삼매에 드는 일에 아주 중요한 역할을 합니다. 경전에서도 '경안이 있으면 행복해지고, 행복한 마음은 삼매에 든다.'라고 설하셨습니다.

그러면 경안이 일어나는 조건은 무엇이 있을까요?

첫째, 적절한 음식을 수용하고 안락한 기후에 사는 것입니다. 경안은 마음의 상태를 설명하는 것이지만, 몸과 마음은 항상 연관성을 가지고 일어나기 때문에 적절한 음식을 먹는 것도 경안이 생기게 하는 조건이 됩니다. 여기서 말하는 적절한 음식이란 값비싼 음식이 아니라 영양이 적절한 음식을 가리킵니다. 또 안락한 기후 또한 경안의 조건입니다. 우리나라만큼 수행하기에 기후가 좋은 나라도 흔치 않습니다. 미얀마 같이 남방에 있는 나라는 매우 더워서 심할 때는 사십 도를 훌쩍 넘깁니다. 이럴 때는 조금만 움직여도 숨이 막힐 지경입니다. 하지만 우리나라는 더위가 심해질 만하면 선선해지고, 선선하다 싶으면 춥고, 춥다 싶으면 따뜻해져서 계절의 순환이 잘 이루어져 수행하기에 좋은 기후입니다.

둘째, 편안한 자세를 취하고 적절한 노력을 하는 것입니다. 부처님께서는 마음을 강조하셨지만 몸을 무시하지 않으셨습니다. 몸이 아프면 수행을 하기가 힘듭니다. 몸을 건강하게 잘 유지해야 수행도 지속해나갈 수 있으므로 음식이나 수면 등을 잘 조절하면서 바르게 정진해야 합니다. 세속에서도 일만 하고 잘 쉬어 주지 않으면 병이 납니다. 수행에서도 마찬가지로 노력이 과하고 적절히 쉬지 못하면 허리 디스크나 목 디스크, 상기上氣 등과 같은 여러 가지 병이 생길 수 있습니다. 이는 몸의 균형이 깨진 것을 뜻합니다. 결국 자기 몸에 과하지 않게 적절한 노력을 기울임으로써 경안이 생겨납니다.

예를 들어 좌선을 너무 오래 닦아 육체적인 피로가 쌓이면 몸에 무리를 줄 수 있으므로 그럴 때는 걷기 수행으로 전환함으로써 피로도 풀고, 수행의 재미를 더할 수 있습니다. 더욱이 강한 정진력으로 잠까지 줄여 가며 용맹정진하는 경우가 있는데, 이런 노력은 존중할 일이지만 장기간 용맹정진을 지속하다 보면 몸에 무리가 가기 쉽습니다. 과도한 노력은 오히려 수행에 해롭습니다. 적절한 노력이 조화롭게 이루어져야 효과적인 수행이 될 수 있습니다.

부처님께서는 고행에 가까운 극단적인 노력을 피하고 가야금 줄 맞추듯이 적절한 노력을 하라고 강조하셨습니다.

자세가 편안한 것도 경안을 계발하는 데 도움이 됩니다. 그러나 너무 편한 자세가 되면 졸음에 빠져서 게을러질 수 있으므로 편안하면서도 정신적으로 오래 깨어 있을 수 있는 자세가 필요합니다. 그것이 바로 좌선 자세입니다. 특히 결가부좌를 아주 잘하는 스님들의 이야기를 들어 보면, 결가부좌에 완전히 익숙해지면 누워 있는 것만큼 편하다고 합니다. 그럴 때는 오래 앉아 있어도 전혀 피로하지 않아서 수행을 오래 지속할 수 있습니다. 이렇게 결가부좌가 아주 좋은 자세이지만 그것에 너무 집착할 필요는 없습니다. 자신의 조건에 가장 적합한 좌선 자세를 취하는 것이 바람직합니다. 몸의 조건이 여의치 않다면 의자에 앉는 것도 괜찮습니다.

끝으로 포악하고 거친 사람을 멀리하고 고요하고 편안한 사람을 가까이하는 것이 경안을 계발하는 데 도움이 됩니다.

삼매

삼매[定]는 사마디samādhi의 음역입니다. samādhi는 문자적으로 '한 곳에 둠', '한 곳에 놓음'을 뜻하는데 이를 '집중' 또는 음역하여 '삼매'라고 한 것입니다. 경전에서 삼매는 '마음의 하나 됨[ekaggatā, 心一境性]'이라고 합니다. 그래서 삼매는 '마음의 하나 됨' 또는 '집중'의 뜻이라고 할 수 있습니다. 그런데 여기서 삼매는 깨달음의 구성 요소이므로 바른 삼매를 의미합니다. 그러면 바른 삼매는 무엇일까요? 바른 삼매는 팔정도에서 바른 견해부터 바른 기억까지의 일곱 가지 구성 요소를 갖춘 삼매를 말합니다. 간략하게 말하면 바른 견해, 즉 유이함과 해로움을 구분하는 지혜를 기반으로 해로운 마음을 떨쳐 버린 후에 계발된 삼매인 것입니다.

바른 삼매는 산란하지 않고 집중된 것이 특징입니다. 마치 모닥불을 피우고 나서 남아 있는 재에 돌을 던지게 되면 그 재가 공기 중으로 흩어져서 날아다니는 것처럼 마음이 이리저리 돌아다니는 상태가 산란함인데, 바른 삼매는 이런 산란함이 없이 마음이 잘 집중된 상태를 말합니다.

이와 같은 바른 삼매 중 정해진 하나의 대상에만 완전히 몰입된 상태를 특히 '몰입 삼매' 또는 '선정[jhāna, 禪定]'이라고 합니다. 예를 들어 호흡 수행을 통해서 들숨과 날숨, 더 나아가 숨의 표상[nimitta]에만 완전히 몰입된 상태를 말합니다. 이와 같은 선정에 들게 되면 숨의 표상 외의 다른 생각은 물론 오감도 완전히 멈추고, 시간과 공간도 전혀 인지할 수 없으며, 매우 평온하게 오랜 시간 머물 수 있습니다.

선정은 크게 두 가지, 즉 색계 선정과 무색계 선정으로 나눕니다. 색계 선정은 초선, 이선, 삼선, 사선의 네 가지가 있고, 무색계 선정은 공무변처, 식무변처, 무소유처, 비상비비상처의 네 가지가 있습니다.

삼매를 닦는 가장 큰 이유는 삼매가 지혜의 조건이 되기 때문입니다. 삼매에 들면 감각적 욕망이나 성냄 등의 마음의 장애들이 일시적이긴 하지만 완전히 제압됩니다. 보통 사람들은 대상을 대할 때 감정이 개입되어 좋고 싫음이 작용해 자신이 원하는 측면만 보거나 싫어하는 측면은 거부하고 저항합니다. 하지만 장애가 버려지면 현상을 왜곡 없이 객관적으로 보는 게 가능해지므로 있는 그대로의 진리를 볼 수 있게 됩니다. 그래서 삼매를 지혜의 기반이라고 말하는 것입니다.

그러면 바른 삼매가 생기는 조건에 대하여 알아봅시다.

첫째, 행복한 마음입니다. 앞서 바른 정진이 있으면 희열이 있고, 희열이 있으면 경안이 있다고 했습니다. 경안이 있으면 마음이 고요해지고 편안해지므로 더불어 마음이 행복해집니다. 마치 사랑하는 연인과 함께 있으면 너무 행복해서 시간 가는 줄 모르는 것처럼, 지금 여기에서 수행 주제를 알아차리는 것이 매우 고요하고 편안하며 행복하면 시간 가는 줄 모르고 완전히 몰입해 오랜 시간 행복하게 머물 수 있습니다. 경전에도 보면 행복한 마음이 삼매에 든다는 표현이 자주 나옵니다. 이런 이유로 삼매의 조건은 행복이라고 하는 것입니다.

둘째, 수행 환경을 깨끗이 하고 마음의 균형을 유지하는 것입니다. 주변이 너무 시끄럽거나 정리가 되어 있지 않아 지저분하면 마음이 산란해집니다. 그러므로 주변 정리를 잘해 깨끗한 환경에서 수행하는 것이 삼매에 도움이 됩니다. 그리고 지혜와 신심, 정진과 삼매의 균형을 잘 잡는 마음의 균형도 삼매의 조건이 됩니다. 지혜가 넘치면 자만에 빠지고, 신심이 넘치면 맹신에 빠집니다. 또한 정진이 지나치면 마음이 들뜨고, 삼매가 지나치면 마음이 게으름에 빠집니다. 이렇게 마음의 균형이 깨지면 마음이 산만해지거나 게을러져서 삼매에 드는 것을 방해합니다. 그러므로 마음의 균형을 유지하는 것이 삼매에 큰 도움이 됩니다.

끝으로 선정에 들지 않은 사람을 멀리하고 선정에 든 사람을 가까이하는 것입니다. 선정에 들어 있는 사람 옆에서 수행해 보면 수행이 훨씬 잘됩니다. 한 심리학 조사에 따르면 화가 많은 사람과 가까이 있으면 자신도 영향을 받아 화를 내기 쉽다고 합니다. 마찬가지로 집중력이 좋은 사람과 함께 있으면 자신도 집중이 잘된다고 합니다. 이처럼 마음의 상태는 전염성이 있습니다. 유익한 마음도 주변에 전염이 되고, 해로운 마음도 주변에 전염이 됩니다.

보통 세속에 있으면서 수행하는 것보다 조용한 수행처에서 수행자들과 함께 수행하는 것이 효과가 더 좋습니다. 수행처에 있는 수행자들의 고요한 마음이 전염되어 더불어 고요해지는 것입니다.

그러나 번잡한 곳에서 수행할 때는 스스로 아무리 고요하게 머무르려고 해도 자기 수행의 힘이 약하면 휩쓸려 버리기 쉽습니다. 특히 초보자일수록 혼자 하는 것보다 수행처에서 함께 하는 것이 좋습니다. 스님들도 적어도 십 년 이상은 대중들과 함께 수행한 후에 토굴과 같이 조용한 곳에서 홀로 수행하는 것이 좋다고 합니다. 더구나 초심자들은 수행을 스스로 끌고 갈 만한 지혜의 힘이 부족해 잘못된 길로 가거나 스스로 도인이라고 착각하기 쉬우므로 좋은 도반들과 함께 어울려 하는 것이 훨씬 바람직합니다.

평온

평온平穩은 '우뻭카upekkhā'의 번역입니다. upekkhā는 문자적으로 '위에서 보다'라는 뜻인데 불교에서는 '치우침이 없는 상태인 중립'의 심리 작용이나 '행복하지도 괴롭지도 않은 느낌' 등의 의미로 쓰입니다. 깨달음의 구성 요소에서 평온은 치우침이 없고 균형 잡힌 중립의 마음을 의미합니다. 이와 같은 평온은 바른 삼매를 기반으로 생깁니다. 삼매에 든 마음은 지혜로 욕망이나 성냄 등의 장애를 떨쳐 버림으로써 생긴 집중된 상태이므로, 삼매가 있으면 치우침이 없고 균형 잡힌 평온한 마음 상태가 되기 때문입니다. 이와 같은 평온은 불교에서 굉장히 중요한 마음 상태입니다.

불교에서는 어떤 경계에도 휩쓸리지 말고 동요하지 말라는 말을 많이 합니다. 이는 원하는 대상이라도 좋아하고 들뜨며 넘치지 않고, 원하지 않는 대상이라도 싫어하고 거부하며 모자라지 않으면서 균형 잡힌 평온한 마음 상태를 유지하라는 의미입니다. 이렇게 원하든 원하지 않든 어떤 대상이 나타나더라도 치우침 없이 평온한 마음을 유지하려면 아주 강력한 지혜가 필요합니다. 이런 지혜를 특히 '평온의 지혜'라고 하는데 이 지혜에서 한 걸음만 더 나아가면 깨달음의 지혜가 생길 수 있을 정도로 강한 지혜를 말합니다. 이처럼 불교에서 평온은 아주 중요한 역할을 합니다.

평온은 사무량심四無量心의 하나이기도 합니다. 네 가지 무량한 마음은 자慈·비悲·희喜·사捨, 즉 자애, 연민, 함께 기뻐함, 평온을 말합니다. 네 가지 무량한 마음은 보살의 마음이라고도 합니다. 보살은 모든 중생이 행복하기를 바랍니다. 이것이 자애입니다. 그런데 그들 가운데 고통을 겪는 중생들이 있으면 그들의 고통을 덜어주고자 합니다. 이런 마음이 연민입니다. 고통을 겪고 있는 중생의 괴로움이 사라지게 되니 함께 기뻐하게 됩니다. 이것이 함께 기뻐함입니다. 그 후 내가 이만큼 잘했으니 저 사람도 나에게 보답을 할 것이라는 기대와 집착, 보상심리를 내려놓고 중립적인 마음을 가지는 것이 평온입니다.

이러한 평온을 가능하게 하는 지혜가 바로 업의 주인은 자기 자신이라는 지혜, 즉 '자업자득自業自得의 지혜'입니다. 지금까지 자신이 자애, 연민, 함께 기뻐함을 행한 것은 스스로 유익한 업을 행한 것이고, 그것의 좋은 결과는 상대방이 보답을 하든, 하지 않든 어떤 형태로든지 반드시 일어납니다. 그러므로 상대방이 보답하느냐 보답하지 않느냐는 상대방의 몫이고 그것에 연연할 필요가 없습니다. 이렇게 업의 주인은 자기 자신임을 이해하면 평온을 유지할 수 있습니다.

그러면 평온이 일어나는 조건에 대하여 알아봅시다.

첫째, 중생과 형성된 법에 대하여 중립적인 태도로 임하는 것입니다. 이런 중립적인 태도는 지혜가 있어야 가능합니다. 중생들에 대해 평온하게 머물고 싶다면, 앞서 설명했듯이 업의 주인이 자기 자신이라는 지혜를 계발하면 됩니다. 또한 형성된 법에 대하여 중립적인 태도로 임하려면, 형성된 법은 소멸하기 마련이므로 무상하고, 무상한 것은 불만족스러우므로 괴로움의 속성이 있고, 무상하고 괴로움인 것은 내 마음대로 통제할 수 없으므로 무아라는 지혜가 있어야 합니다. 이런 지혜가 성숙하면 평온의 지혜가 생기는데 그러면 세상의 어떤 현상에 대해서도 집착하거나 거부하지 않고 평온한 마음을 유지할 수 있습니다.

평온의 지혜가 계발된 사람들을 표현하는 말 중에 '팔풍八風에 흔들리지 않는다'라는 말이 있습니다. 성공하거나 쇠락하거나[利衰], 악평이 생기거나 명예를 얻거나[毁譽], 칭찬받거나 비난받거나[稱譏], 괴로울 때나 행복할 때나[苦樂], 이와 같은 여덟 가지 세속의 바람[八風]에 흔들리지 않는 평온한 마음 상태가 되는 것입니다. 아라한이 되면 이와 같은 평온한 마음이 완성됩니다. 이처럼 평온을 계발하기 위해서는 중생과 형성된 법들에 대해서 휩쓸리지 않고 중립적인 태도로 임하는 것이 중요합니다.

둘째, 중생과 형성된 법에 대해 애착을 가진 사람을 멀리하고 중립적인 사람을 가까이하는 것입니다. 평온한 사람을 가까이하면 자신도 영향을 받아 평온한 마음을 계발하기가 쉽습니다.

깨달음의 구성 요소의 균형

지금까지 일곱 가지 깨달음의 구성 요소에 대하여 간단히 살펴보았습니다. 그러면 이들의 전체적인 흐름을 간단히 살펴봅시다.

'바른 기억'은 바른 앎을 기억하는 역할을 합니다. 그래서 바른 기억을 기반으로 바른 앎들의 특성, 조건 등을 조사하고 탐구함으로써 반조의 지혜인 '법의 조사'가 생깁니다. 법의 조사가 있으면 유익함[善]과 해로움[不善]을 분명히 구분하는 지혜가 있으므로 해로움을 버리고 유익함을 계발하려고 애쓰고 노력하는 '바른 정진'이 일어납니다. 바른 정진이 있으면 해로운 마음은 버려지고 유익한 마음만이 이어지므로 '벗어남의 희열', '출리의 희열'이 일어납니다. 이런 희열이 있으면 마음이 고요하고 편안해지므로 '경안'이 일어납니다. 경안이 있으면 마음이 행복해지고 행복한 마음은 '삼매'에 들게 됩니다. 삼매에 든 마음은 탐욕이나 성냄 등의 장애가 놓아진 상태이므로 치우침이 없고 '평온'합니다. 평온한 마음을 기반으로 현상을 있는 그대로 볼 수 있으므로 지혜 또는 바른 앎과 그것을 잊지 않고 기억하는 '바른 기억'이 생깁니다. 다시 말해서 평온이 있으면 바른 기억이 일어납니다. 이처럼 일곱 가지 깨달음의 구성 요소는 선순환하는 구조로 이루어져 있습니다.

이러한 일곱 가지 깨달음의 구성 요소들을 그것들의 역할에 따라 크게 두 그룹으로 나눌 수 있습니다. 한 그룹은 법의 조사, 정진, 희열이고, 다른 그룹은 경안, 삼매, 평온입니다. 앞의 그룹은 마음이 해이하거나 게을러져 있을 때 마음을 활기차게 만들어 주는 역할을 합니다. 역으로 경안, 삼매, 평온은 마음이 들떠 있을 때 마음을 고요하고 편안하게 해 주는 역할을 합니다. 따라서 두 그룹은 서로 다른 역할을 한다고 볼 수 있습니다.

불꽃으로 비유하자면, 불이 꺼져 가려고 할 때 젖은 장작을 넣으면 불길이 완전히 꺼질 수 있지만, 마른 장작을 집어넣으면 불길이 적당하게 유지될 것입니다. 마찬가지로 수행 시 마음이 해이해질 때 경안, 삼매, 평온을 많이 닦으면 마음이 더욱 해이해지게 됩니다. 하지만 법의 조사, 정진, 희열을 많이 닦으면 마음의 해이함이 사라지고 활력이 생기게 됩니다. 역으로 불이 활활 타오를 때 마른 장작을 넣으면 불길이 더 강해질 것이지만, 젖은 장작을 넣으면 불길이 적당하게 유지될 것입니다. 마찬가지로 수행 시 마음이 들떠 있을 때 법의 조사, 정진, 희열을 많이 닦으면 마음이 더 들뜨게 됩니다. 하지만 경안, 삼매, 평온을 많이 닦으면 들뜸이 가라앉고 마음이 고요하며 편안하게 될 것입니다.

이처럼 수행할 때 너무 한 방향으로만 치우쳐 닦게 되면 퇴보할 수 있으므로 수행의 균형을 잘 잡아야 합니다. 이 두 그룹 중에 법의 조사, 정진, 희열로 된 그룹의 중심은 법의 조사, 즉 지혜이고, 경안, 삼매, 평온으로 된 그룹의 중심은 삼매입니다. 그래서 너무 지혜 그룹 쪽만 닦으면 들뜨기 쉽고, 삼매 그룹 쪽만 닦다 보면 해이해지기 쉽습니다. 이 두 가지를 잘 균형 잡기 위해서는 바른 기억이 필수적입니다. 수행자는 바른 기억을 기반으로 마음이 들뜬다 싶으면 경안, 삼매, 평온을 닦아 마음을 고요하게 하는 방향으로 노력을 기울이고, 너무 해이해진다 싶으면 법의 조사, 정진, 희열을 닦아 마음에 활력을 불어넣어야 합니다. 이처럼 두 가지 그룹을 조화롭게 닦으면 수행을 힘들이지 않고 효과적으로 재미있게 할 수 있습니다.

깨달음의 구성 요소의 이익

앞의 장에서 설명한 장애는 마음을 어둡고 무지하게 만들며, 안목과 지혜를 사라지게 합니다. 감각적 욕망, 성냄에 젖어 있는 사람에게는 지혜가 생길 수 없습니다. 해태와 혼침에 빠진 사람, 들뜸과 후회가 있는 사람, 의심이 있는 사람에게도 지혜는 생길 수 없습니다. 이렇게 장애는 사람들을 어리석게 만들고, 안목을 없애며, 무지하게 만들고, 괴로움이 일어나게 합니다. 그래서 장애는 해로운 법이라고 합니다. 그러나 장애를 장애라고 꿰뚫어 알고 그것의 해로움을 이해하고 내려놓으면 깨달음의 구성 요소, 즉 기억, 법의 조사, 정진, 희열, 경안, 삼매, 평온이 계발됩니다. 이때 바른 기억을 기반으로 법의 조사, 정진, 희열과 경안, 삼매, 평온을 조화롭게 잘 닦으면 깨달음의 지혜가 생기고, 진리의 법에 대한 안목이 생겨서 결국에는 괴로움을 소멸하고 열반을 실현할 수 있습니다.

지금까지 여러 장에 걸쳐 다섯 무더기, 즉 물질 무더기, 느낌 무더기, 인식 무더기, 형성 무더기, 의식 무더기에 대해 알아보았습니다. 3장과 4장에서 물질 무더기와 의식 무더기, 5장에서는 느낌 무더기와 인식 무더기, 6장에서는 형성 무더기로서 해로운 심리 작용인 장애에 대해서 살펴보았습니다. 7장에서는 이러한 장애를 극복하는 방법으로 형성 무더기인 유익한 심리 작용, 즉 깨달음의 구성 요소에 대해 살펴보았습니다. 이렇게 다섯 무더기에 대하여 통찰하면 고성제에 대한 올바른 이해가 가능해집니다.

부처님께서는 늘 '다섯 무더기는 조건을 의지해서 형성된 것이므로 무상한 것이고 괴로움이며 무아이다'라고 말씀하셨습니다. 『반야심경』에서도 다섯 무더기가 공空임을, 즉 무아임을 분명히 이해하는 것이 모든 고통에서 벗어나는 길이라고 설하고 있습니다. 이제 우리가 '나'라고 인식하고 있는 것은 '자아'가 아니라 '다섯 무더기의 결합으로 만들어진 개념'일 뿐이라는 것을 이해하셨길 바랍니다.

종합해 보면 불교에서는 존재의 실상을 '다섯 무더기의 결합'이라고 말합니다. 또한 다섯 무더기는 조건을 의지해서 생겼다는 의미에서 '형성된 법'이라고 합니다. 그리고 형성된 법의 특성은 무상하고 괴로움이며 무아입니다. 그래서 존재의 실상인 다섯 무더기는 무상하고 괴로움이며 무아입니다. 특히 다섯 무더기는 괴로움이라는 진리가 괴로움의 성스러운 진리인 고성제입니다.

8장.
십이연기와 윤회

지금까지 공부한 것이 고성제에 대한 내용입니다. 부처님께서는 존재의 실상은 다섯 무더기의 결합이라고 하셨습니다. 그 가운데 물질 무더기는 '물질'이고, 느낌 무더기, 인식 무더기, 형성 무더기, 의식 무더기는 '정신'이므로, 다섯 무더기는 물질과 정신이라고 할 수 있습니다. 그러므로 존재의 실상은 물질과 정신으로 형성되어 있다고 말할 수 있습니다. 이것이 존재의 실제 모습에 대한 부처님의 대답이었습니다. 그러면 존재의 실상인 다섯 무더기는 왜 일어날까요? 다섯 무더기가 일어나는 원인은 무엇일까요? 부처님께서는 세상의 모든 현상은 조건에 의해서 일어난다는 연기를 설하셨습니다. 이와 같은 연기의 가르침을 통해서 '갈애渴愛를 조건으로 다섯 무더기가 일어난다', 다시 말해 '갈애를 조건으로 괴로움이 일어난다'라고 천명하셨습니다. 이것이 괴로움의 일어남의 성스러운 진리인 집성제集聖諦의 내용입니다. 이 장에서는 이에 대해 좀 더 자세히 살펴보겠습니다.

연기

부처님께서는 '세상의 모든 것은 조건 따라 일어난다'라고 설하셨습니다. 불교가 다른 가르침보다 특별한 것은 바로 이 부분 때문입니다. '모든 것은 조건 따라 일어난다'라고 선언하신 이 가르침에 별 감흥이 없을 수도 있습니다. 하지만 부처님의 제자 중에서 지혜가 가장 뛰어났던 사리뿟따 스님에게는 아주 특별한 것이었습니다. 부처님의 최초 설법으로 아라한이 되신 다섯 제자 중에 앗사지라는 스님이 있었습니다. 사리뿟따 존자가 부처님의 제자가 되기 전 어느 날 앗사지 스님이 거리에서 탁발하는 모습을 보게 됩니다. 그때 사리뿟따 존자는 앗사지 스님의 장엄한 모습에 감동하여 그에게 물었습니다.

"당신의 감각 기능은 맑고 깨끗합니다. 안색이 맑고 밝으며 흠이 없습니다. 당신의 스승은 누구이며 그분은 어떤 법을 설하십니까?"

앗사지 스님은 부처님의 가르침을 게송으로 들려줍니다.

"법들은 조건에 따라 일어나니, 그 조건을 부처님께서는 말씀하시네. 또한 그것의 소멸도 말씀하시니 위대한 사문은 이렇게 가르치시네."

이것은 사리뿟다 스님에게 있어 그때까지 한 번도 들어 보지 못한 가르침이었습니다. 스님은 이 가르침을 접하는 순간 세상과 존재의 구성 원리에 대해 한순간에 알아 버리고 바로 깨달음을 얻은 성자의 첫 번째 단계인 수다원이 됩니다. 사리뿟따 스님의 예에서 알 수 있듯이 연기는 매우 중요한 가르침입니다.

그러면 먼저 연기의 뜻을 알아봅시다. 연기는 빨리어로 '빠띳짜 사뭅빠다paṭicca-samuppāda'입니다. paṭicca는 문자적으로 '의지해서'라는 뜻이고, samuppāda는 '일어나다'라는 뜻입니다. 이것이 불교에서는 '의지해서 일어난다', '조건 따라 일어난다'라는 뜻으로 쓰입니다. 그래서 중국에서는 '조건'을 뜻하는 '연緣'과 '일어나다'를 뜻하는 '기起'를 써서 '연기緣起'라고 번역한 것입니다.

연기는 "이것이 있으므로 저것이 있고, 이것이 일어나면 저것이 일어난다. 이것이 없으므로 저것이 없고, 이것이 사라지면 저것이 사라진다."라는 말로 정리할 수 있습니다. 다시 말해서 조건이 있을 때 결과가 일어나고, 조건이 사라질 때 결과도 사라진다는 의미입니다.

여기서 주의할 점은 한 가지 원인이 아니라 여러 가지 원인이 모여서 결과가 일어난다는 것입니다. 예를 들어 제가 손뼉을 치면 여러분은 소리를 듣습니다. 소리를 듣는다는 말은 소리를 아는 마음인 귀 의식[耳識]이 일어난다는 뜻입니다. 그러면 이식이라는 결과가 일어나기 위해 어떤 조건들이 필요할까요? 대표적인 조건들을 살펴보면, 감각 기능인 '귀'가 있어야 하고, 대상인 '소리'가 있어야 합니다. 다음에 소리가 귀에 부딪혀서 듣는 마음인 귀 의식이 일어나는 '접촉'이 있어야 하고, 소리에 마음을 기울여야 합니다. 이와 같은 여러 조건이 함께 작용하여 소리를 아는 마음, 즉 귀 의식이 일어나는 것입니다.

연기를 이해하면 인과의 지혜와 무아의 지혜가 계발됩니다. 먼저 '조건이 있으면 결과가 일어난다'라는 말은 원인에 따라 결과 가 일어난다는 '인과'를 의미합니다. 예를 들어 지혜와 자비를 바 탕으로 하여 유익한 행위를 하면 좋은 결과가 일어나고, 어리석음 과 탐욕, 성냄을 바탕으로 해로운 행위를 하면 나쁜 결과가 일어납 니다. 이를 '인과응보因果應報'라고도 하고, '콩 심은 데 콩 나고 팥 심은 데 팥 난다'라고도 합니다. 이런 인과의 지혜는 연기의 이해 를 통해 계발됩니다.

다음은 무아의 지혜입니다. '모든 현상은 조건 따라 일어나고, 조건 따라 사라진다'는 말은 모든 현상이 사라지기 마련이라는 의 미입니다. 사라지기 마련이라는 말은 무상하고 실체가 없다는 뜻 입니다. 만약 변치 않는 실체가 있다면 상황이나 조건에 영향을 받 아서는 안 되며, 조건에 따라서 일어나고 사라질 수가 없을 것입니 다. 따라서 모든 현상이 조건에 의해 형성되었다는 사실은 그것들 은 사라지기 마련이므로 실체가 없으며 무아임을 의미합니다.

이같이 연기를 이해하면 무아의 지혜가 계발되고, 무아의 지 혜가 생기면 깨달음을 이룰 수 있습니다. 그래서 부처님께서는 『쌍윳따 니까야』의 「수시마경」에서 '조건에 대한 이해가 먼저 있 고 나서 열반의 지혜가 일어난다'고 말씀하신 것입니다. 연기에 대 한 이해는 깨달음의 지혜가 일어나기 위해서 반드시 선행되어야 할 핵심적인 가르침입니다.

연기를 이해하는 것은 세상을 사는 데도 많은 도움이 됩니다. 인생에서 겪는 문제들을 해결할 때도 연기의 가르침은 매우 유용합니다. 모든 일에는 원인이 있으므로 문제가 있을 때 그것이 어떤 원인에 의해서 일어났는지 파악하여 그 원인을 제거하면 문제를 근원적으로 해결할 수 있습니다. 원인을 파악하지 않고 결과에만 연연하면 문제 주변만 맴돌거나 회피하게 됩니다. 이처럼 연기는 세상사를 살아가는 데에도 큰 도움이 되는 가르침입니다.

십이연기의 순관順觀: 윤회의 일어남

불교에서는 사람들이 세상에 태어나는 것은 단지 다섯 무더기 또는 물질과 정신이 형성되는 것이라고 말합니다. 부처님께서는 사람들에게 물질인 몸과 정신인 마음이 어떤 원인에 의해 형성되었는지를 '십이연기'라는 가르침으로 설하셨습니다.

십이연기는 무명無明-행行-식識-명색名色-육처六處-촉觸-수受-애愛-취取-유有-생生-노사老死의 열두 가지 요소로 윤회의 구조를 체계적으로 설한 가르침입니다. 부처님께서는 다음과 같은 방법으로 윤회의 구조를 통찰하셨습니다.

"늙고 병들고 죽는 것[老死]은 왜 일어나는가? 태어남[生] 때문이다. 태어남은 왜 일어나는가? 존재[有] 때문이다. 존재는 왜 일어나는가? 취착[取] 때문이다. 취착은 왜 일어나는가? 갈애[愛] 때문이다. 갈애는 왜 일어나는가? 느낌[受] 때문이다. 느낌은 왜 일어나는가? 접촉[觸] 때문이다. 접촉은 왜 일어나는가? 육처[六處] 때문이다. 육처는 왜 일어나는가? 물질과 정신[名色] 때문이다. 물질과 정신은 왜 일어나는가? 의식[識] 때문이다. 의식은 왜 일어나는가? 의도적 행위[行] 때문이다. 의도적 행위는 왜 일어나는가? 무명[無明] 때문이다."

참고로 여기에서 '존재'는 '업'을 의미합니다. 업 자체가 존재는 아니지만, 업이 존재의 원인이므로 업을 존재라고 하는 것입니다.

부처님께서는 이같이 통찰하여 윤회의 구조를 밝히셨습니다. 「무애해도無礙解道」에 따르면 복잡하고 어려운 십이연기의 가르침을 사리뿟따 스님께서는 '세 가지 회전'으로 간략하게 설명하셨다고 나옵니다. 그 가르침을 바탕으로 윤회의 구조를 살펴보겠습니다.

사리뿟다 스님의 세 가지 회전으로 십이연기의 구조를 보면 태어남을 의미하는 것은 '의식'과 '태어남'입니다. 여기서 의식은 이 세상에 태어날 때 최초로 일어나는 마음인 '재생연결의식'을 말합니다. 그러면 의식과 태어남은 왜 일어납니까? 십이연기의 구조에서 보면 '의도적 행위'와 '존재'가 있기 때문입니다. 의도적 행위와 존재는 업과 같은 개념으로 이해해도 무방합니다. 그렇다면 의도적 행위와 존재는 왜 일어납니까? '무명'과 '갈애'와 '취착'이 있기 때문입니다. 정리해 보면 무명, 갈애, 취착과 같은 오염원[kilesa]

제1부. 팔정도

이 있으므로 의도적 행위와 존재, 즉 업[kamma]이 일어납니다. 그리고 업이 있으므로 의식과 태어남이라고 하는 태어남의 결과[vipāka]가 일어납니다.

　요약하면 오염원이 있으므로 업이 일어나고, 업이 있으므로 태어남의 결과가 일어납니다. 다시 태어남이 있으면 오염원이 있고, 오염원이 있으면 업이 일어나며, 업이 있으면 태어남이라는 결과가 있는 등 끊임없이 회전합니다. 사리뿟따 스님은 끊임없이 돌고 도는 과정을 세 가지 회전, 즉 '오염원의 회전', '업의 회전', '결과의 회전'이라고 설하신 것입니다. 세 가지 회전은 부처님이 말씀하신 십이연기와 같은 내용입니다. 그러면 세 가지 회전에 대해 좀더 자세히 알아보겠습니다.

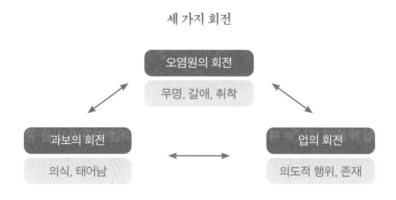

세 가지 회전

오염원의 회전

오염원은 십이연기 중에서 무명과 갈애, 취착을 말합니다. 오염원과 같은 해로운 마음에 대해서는 제1부 6장에서 설명했으므로 여기에서는 생략하겠습니다. 다만 무명은 어리석음을, 갈애는 탐욕을 의미하고, 취착은 갈애가 강해진 마음 상태임만 이해하면 됩니다.

더불어 불교에서는 해로운 마음과 유익한 마음의 의도를 '업'이라 한다는 점을 상기하십시오. 사람들이 오염원에 압도되어 오염원의 노예가 되면 장애, 즉 감각적 욕망, 성냄, 해태와 혼침, 들뜸과 후회, 의심과 함께하는 해로운 의도, 즉 해로운 업이 일어납니다. 반면에 오염원의 위험성을 이해하고 그것을 극복하려고 노력하면 보시, 계율, 바른 기억, 바른 삼매와 지혜, 자비 등과 함께하는 유익한 의도, 즉 유익한 업이 일어납니다. 이처럼 오염원을 조건으로 해로운 업이나 유익한 업이 일어납니다. 한마디로 오염원은 업의 원인이 됩니다. 이것은 오염원의 회전 때문에 업의 회전이 있음을 의미합니다.

업의 회전

업의 회전은 십이연기에서 의도적 행위와 존재를 말하며 업과 같은 의미입니다. 그러면 업에 대하여 조금 더 자세히 알아봅시다.

업은 해로운 마음과 유익한 마음의 의도라고 했습니다. 다시 말하면 몸과 말과 마음으로 짓는 의도적 행위를 말합니다. 그리하여 해로운 의도는 '해로운 업'이라 하고, 유익한 의도는 '유익한 업'이라 합니다.

업을 제대로 이해하기 위해서는 업의 잠재력인 '업력業力'을 이해해야 합니다. 업력은 적당한 조건이 형성되면 업의 결과를 일으키는 잠재적인 가능성을 말합니다. 업은 해롭거나 유익한 마음의 의도이므로 순간적으로 일어났다가 사라집니다. 하지만 업의 잠재력은 남아 있습니다. 내가 어떤 업을 지었는데 지금 결과를 맺지 않았다고 그 업의 가능성마저 사라진 것은 아닙니다. 단지 적당한 조건을 만나지 못해 아직 결과를 맺지 않았을 뿐 결과를 맺을 가능성마저 없어진 것은 아니라는 의미입니다. 우리가 지은 업은 순간적으로 사라지지만 업력, 즉 업이 결과를 맺을 가능성은 여전히 남아 있습니다.

예를 들어 내가 과거에 어떤 사람을 몹시 괴롭혔다고 합시다. 그때 지은 해로운 업은 이미 사라졌습니다. 그런데 십 년쯤 지나 어느 회사에 취직하려고 갔는데 내가 괴롭혔던 사람이 면접관으로 앉아 있습니다. 이 경우 내가 지은 업은 벌써 십 년 전에 사라졌지만, 인연이 성숙하여 면접할 때 과거에 저지른 해로운 업의 결과가 나타난 것입니다. 이와 같은 업의 잠재력을 업력이라 합니다. 업의 잠재력은 완전한 깨달음을 얻어 열반을 실현하기까지는 사라지지 않습니다.

목갈라나 스님의 예를 봅시다. 목갈라나 스님은 외도外道의 사람들에게 맞아 온몸의 뼈가 부서져 돌아가셨습니다. 목갈라나 스님은 부처님의 상수제자로 사리뿟따 스님과 더불어 가장 뛰어난 두 제자로 불렸습니다. 그렇게 위대한 분이 외도의 사람들에게 맞아 죽었다는 것은 이상하게 들릴 수 있을 것입니다. 그러나 그것은 목갈라나 스님이 아주 오랜 전생에 부모님을 때려죽인 해로운 업의 결과였다고 합니다.

오랜 전생에 그의 부모님은 시각 장애인이었습니다. 그는 부모님을 모시고 살다가 나이가 들어 결혼했는데, 아내가 차츰 시각 장애인인 시부모님을 미워하기 시작했습니다. 결국 노망이 든 것처럼 꾸며서 시부모님을 버리자고 남편을 설득합니다. 아내의 꼬임에 넘어간 전생의 목갈라나 스님은 결국 부모님을 산속에 데려가 마치 강도가 나타난 것처럼 위장하여 부모님을 때려죽였습니다. 부모를 죽인 극도로 나쁜 해로운 업으로 인해 그는 바로 다음 생에 무간지옥無間地獄에 떨어져 오랜 세월 동안 고통을 받았습니다. 그렇게 무간지옥에서 긴 세월 고통을 받았지만, 아직도 그 해로운 업의 결과가 끝나지 않아 아라한이 된 마지막 생에까지 맞아서 죽은 것입니다. 이처럼 업 자체는 오래전에 이미 사라졌어도 업의 가능성은 남아 결과를 생산합니다. 그러므로 비록 사소한 해로운 업이라 할지라도 두려워해야 합니다.

윤회와 업

불교에서는 세상을 욕계, 색계, 무색계로 나눕니다.

욕계는 감각적 욕망이 주된 존재들의 세상으로 지옥, 축생, 아귀와 같이 괴로움이 많은 악처와 인간, 천상과 같은 행복이 많은 선처로 나뉩니다.

한편 색계는 미세한 물질로 이루어진 존재들의 세상이고, 무색계는 물질이 없는 존재들의 세상을 말하는데 이들은 선처에 해당합니다.

이 세 가지 세상 중에 어느 세상에 태어나게 하느냐에 따라 업은 욕계 해로운 업, 욕계 유익한 업, 색계 유익한 업, 무색계 유익한 업으로 나눌 수 있습니다.

지옥, 아귀, 축생에 태어나게 하는 업을 '욕계의 해로운 업'이라고 하는데 탐욕, 성냄, 사견, 자만 등과 함께하는 의도를 말합니다. 또 인간이나 욕계 천상에 태어나게 하는 업은 '욕계의 유익한 업'이라고 하는데 보시, 계율, 바른 삼매, 자비, 평온, 지혜 등과 함께하는 의도를 말합니다.

나아가 중도 수행을 통해 몰입 삼매인 색계 선정, 즉 색계 초선, 색계 이선, 색계 삼선, 색계 사선을 얻을 수 있는데 색계 선정은 색계 세상에 태어나는 조건이 됩니다. 그래서 색계 선정과 함께 일어나는 의도를 '색계 유익한 업'이라고 합니다. 여기서 주의할 것은 중도 수행을 통해 색계 선정을 얻기 전까지 닦게 되는 지혜, 삼매, 평온 등과 함께하는 의도는 욕계 유익한 업이라는 점입니다. 그리고 중도 수행을 통해 네 가지 무색계 선정, 즉 공무변처, 식무변처, 무소유처, 비상비비상처를 얻을 수 있는데 무색계 선정은 무색계 존재로 태어나는 조건이 됩니다. 그래서 무색계 선정과 함께 일어나는 의도를 '무색계 유익한 업'이라고 합니다.

결과의 회전

결과의 회전은 십이연기에서 의식과 태어남을 말하는데 이들은 업에 따라 다르게 나타납니다. 즉 유익한 업은 좋은 결과를 낳고, 해로운 업은 나쁜 결과를 낳습니다. 유익한 업을 지었는데 좋지 않은 결과가 일어난다거나, 해로운 업을 지었는데 좋은 결과가 일어나는 일은 있을 수 없습니다. 유익한 업을 지으면 인간으로, 혹은 천상계의 선처에 태어나고, 해로운 업을 지으면 지옥, 아귀, 축생의 악처에 태어납니다. 또한 유익한 업을 지으면 부잣집에 태어나거나, 수명이 길거나 건강하게 태어나거나, 잘생기게 태어나거나, 좋은 부모를 만나는 등의 좋은 결과가 나타납니다. 해로운 업을 지으면 가난하게 태어나거나, 수명이 짧거나 건강하지 않게 태어나거나, 나쁜 부모를 만나는 등의 나쁜 결과가 나타납니다.

출가한 스님 중에도 복이 많고 적은 차이가 있을 수 있습니다. 어떤 스님은 자신이 어떤 절에 수행하러 들어가기만 하면 그 절의 공양주가 도망을 가더라고 합니다. 반농담으로 한 말이지만, 실제로 복이 적은 사람은 수행에 장애가 생길 수 있습니다. 복을 많이 지은 사람은 어디서 무슨 일을 하든지 복력福力이 지원해 줍니다. 아무리 수행하고 싶어도 전생에 지어 놓은 유익한 업이 없어 복의 힘이 약하면 장애가 많습니다. 수행하고 싶어도 스승, 수행 장소, 도반 등의 조건이 갖추어지지 않는다면 수행하기 힘듭니다. 따라서 수행자도 공덕을 쌓는 일이 중요합니다. 수행에만 관심을 기울이고 공덕 짓기를 등한시하는 태도는 바람직하다고 할 수 없습니다.

앞서 유익한 업은 마음의 유익한 의도[cetanā]이고, 해로운 업은 마음의 해로운 의도라고 했습니다. 의도는 심리 작용, 즉 형성무더기 중의 하나로서 형성 무더기는 영원하지 않고 무상합니다.

업을 짓는다는 것은 유익하거나 해로운 마음의 의도가 일어났다가 사라지는 것을 뜻합니다. 그런데 무상한 것에는 실체가 없으므로 업도 실체가 없습니다. 단지 적당한 조건을 따라 유익한 의도가 일어나면 유익한 업이 되고, 해로운 의도가 일어나면 해로운 업이 될 뿐입니다. 그러므로 업을 짓는 주체나 자아가 있는 것은 아닙니다. 다시 말하면 업을 짓는 자가 없다는 뜻입니다.

업의 결과도 마찬가지입니다. 업을 지으면 즉시 결과가 일어나기도 하고, 업은 사라졌지만 그 업력이 남아 적당한 조건이 갖추어졌을 때 결과가 일어날 수도 있습니다. 이것은 업의 결과도 조건따라 일어날 뿐, 무상하고 실체가 없음을 의미합니다. 다시 말하면 업을 받는 자가 없다는 뜻입니다.

결론적으로 업을 짓는 자나 업을 받는 자는 없습니다. 업이나 업의 결과는 조건을 따라 일어나고 사라지는 현상일 뿐이지 '나의 것, 나, 나의 자아'라고 할 만한 실체는 없다는 말입니다. 업을 이해하려면 이를 잘 이해하셔야 합니다.

업은 숙명론이 아니다

앞에서 업은 사라지지만 업의 가능성은 남아 있다고 말씀드렸습니다. 나는 지금까지 해로운 업을 많이 지었는데 어떻게 해야 하나 걱정이 된다면 이에 대한 부처님의 좋은 법문이 있습니다.

부처님께서는 업이 기계적으로 단순하게 작용하는 것이 아니라 상호관계 속에서 작용한다고 말씀하셨습니다. 『앙굿따라 니까야』의 「소금 덩이 경」에 보면 업의 관계에 대한 좋은 비유가 있습니다. 소금 한 주먹을 작은 그릇의 물에 넣는다면 그 물은 매우 짜질 것입니다. 그런데 소금 한 주먹을 한강에 집어넣는다면 그 물은 짜지지 않을 것입니다. 여기서 소금은 해로운 업을, 물은 유익한 업을 말합니다. 유익한 업이 별로 없는 사람에게는 사소한 해로운 업을 짓더라도 나쁜 결과가 크게 일어날 수 있습니다. 마치 소금 한 줌에 그릇 속의 물이 짜지는 것과 마찬가지입니다. 그러나 유익한 업이 아주 많은 사람은 해로운 업을 조금 지었더라도 그 업의 결과가 매우 나쁘게 나타나지는 않습니다. 마치 소금 한 줌으로 강물이 짜지지 않듯이 말입니다.

해로운 업을 지었더라도 유익한 업이 많으면 나쁜 결과가 나타나는 것을 막아 줄 수도 있습니다. 예를 들어 팔이 잘릴 정도로 나쁜 해로운 업을 저질렀더라도, 이후에 유익한 업을 열심히 지으면 팔에 상처만 나고 지나갈 수도 있다는 말입니다. 이것은 같은 업이 기계적으로 같은 결과를 가져오는 것이 아님을 의미합니다. 다시 말해 업들 사이의 상호관계 속에서 업의 결과가 일어난다는 것입니다. 그러므로 내가 해로운 업을 많이 지었다고 생각된다면 한시라도 빨리 참회하고, 지금부터나마 보시하고, 계율을 지키며 삼매와 지혜를 닦는 등 유익한 업을 열심히 지으십시오. 유익한 업이 강물처럼 불어난다면 소금 한 주먹이 강물을 짜게 할 수 없는 것처럼 해로운 업도 무력하게 할 수 있습니다.

지금까지 전한바, A라는 업은 무조건 B라는 결과로 나타나는 것이 아닙니다. 똑같은 업을 지었다 하더라도 다른 입들과의 상호 관계 속에서 결과가 생겨납니다. 이렇게 업은 숙명론과는 전혀 다르다는 것을 이해해야 합니다.

우리는 업을 너무 기계적으로 해석하는 경우가 많습니다. 흔히 차를 타고 가다가 사고로 죽으면 전생의 업 때문이라고 말하곤 하는데, 업 때문일 수도 있지만, 졸음운전 같은 현재의 부주의가 원인일 수도 있습니다. 다시 말해 과거의 원인도 있지만, 현재의 원인도 작용하고 있다는 것입니다. 모든 것을 전생의 업 탓으로 돌리는 것은 불교를 잘못 이해하는 것입니다. 과거의 업이라는 것은 아주 중요한 조건이긴 하지만 모든 현상을 결정짓고 설명해 주는 절대적인 조건은 아닙니다. 그러므로 부처님께서 여러 원인이 결합해 결과가 일어난다고 설하셨음을 기억해야 합니다. 다만 현생이 끝나고 다음 생에 다시 태어날 때는 자신이 지은 업이 결정적인 역할을 합니다.

죽음 직전에 일어나는 업이 중요하다

초기불교에서는 죽음 직전에 일어나는 업이 다음 생을 결정한다고 말합니다. 죽음 직전에 다다르면 이전에 지은 수많은 업 가운데 가장 강한 업이 나타나서 다음 생을 결정하는 '생산업'이 되는 것입니다. 죽음 직전에 생산업이 나타나는 방식은 세 가지가 있습니다. 업이 바로 나타날 수도 있고, 업의 표상[kamma-nimitta], 즉 업을 지을 때의 장면이나 도구 등이 나타날 수도 있고, 태어날 곳의 표상[gati-nimitta], 즉 자신이 태어날 곳의 모습이 나타날 수도 있습니다. 어떤 형태로 나타나든지 이때 나타나는 생산업에 따라 태어날 곳이 결정됩니다.

『법구경 주석서』에 이런 이야기가 있습니다. 담미까라는 남자가 평소에 보시도 많이 하고, 계율도 철저히 지키며, 수행도 열심히 했습니다. 그렇게 시간이 흘러 이분이 죽을 때가 되니 천상의 수레가 여러 대 나타나서 서로 모셔 가려고 했다고 합니다. 평생 유익한 업을 많이 지은 분이라 죽음 직전에 자신이 태어날 곳인 천상의 수레가 보인 것입니다. 자신이 태어날 곳을 결정하는 생산업이 태어날 곳의 표상으로 나타난 것입니다. 이런 경우는 더없이 편안한 마음으로 죽어, 마치 잠을 자고 일어난 것처럼 행복이 많은 곳인 천상에 태어난다고 합니다.

반대의 예를 들어봅시다. 부처님 당시에 기원정사 근처에 살았던 쭌다라는 백정이 있었습니다. 그는 단 한 번도 부처님 법문을 듣거나 보시를 하는 등의 유익한 업을 지은 적이 없었습니다. 대신 평생 돼지를 잡아 주는 것으로 먹고 살았는데, 돼지를 잡을 때도 고기가 부드러워지라고 항상 모난 몽둥이로 때려서 죽였습니다. 더구나 살아 있는 돼지 주둥이에 뜨거운 물을 부어 내장을 씻어내

죽이는 등의 악행을 저질렀습니다.

죽을 때가 가까워지자 그는 손발이 돼지처럼 오그라들어 제대로 걷지 못한 채 네 발로 기어 다녔고, 돼지가 죽을 때처럼 꽥꽥 소리를 질렀습니다. 그리고 그의 마음에는 지옥의 불길이 계속 떠올랐다고 합니다. 평생 지은 해로운 업이 너무 강력했으므로 죽기 며칠 전부터 자신이 태어날 곳의 모습이 마음에 떠오른 것입니다. 쭌다의 경우도 생산업이 태어날 곳의 표상으로 나타난 것입니다. 결국 그는 지옥에 태어나 셀 수 없는 세월 동안 고통을 받게 되었다고 합니다.

평생 지은 업은 죽음 직전에 총정리가 되어 자신이 지은 업 가운데 가장 강력하고 뚜렷한 업이 생산업으로 나타나 다음 생을 생산합니다. 일반적으로 유익한 업을 많이 지은 사람은 죽음 직전에 자신이 지은 유익한 업이 나타나거나 업의 표상, 즉 자신이 보시할 때의 모습이나 좌선하는 모습, 또는 태어날 곳의 표상, 즉 천상 세계가 보이거나, 어머니의 자궁 등이 보입니다. 이들은 천상의 선처나 인간계에 태어날 것을 암시하는 것입니다. 그래서 편안한 마음으로 죽음을 맞이할 수가 있습니다.

반면에 해로운 업을 많이 지은 사람은 죽음 직전에 자신이 지은 해로운 업이 나타나거나 업의 표상, 즉 살생할 때 사용한 칼이나 도둑질하는 모습, 또는 태어날 곳의 표상, 즉 축생으로 살아갈 들판이 보이거나 지옥의 불길 등이 보인다고 합니다. 이는 지옥, 아귀, 축생 같은 악처에 태어날 것을 암시하는 것입니다. 그래서 매우 불안하고 괴로운 마음으로 죽음을 맞이하게 됩니다.

유익한 업을 많이 지었는지 해로운 업을 많이 지었는지가 뚜렷하지 않을 때는 죽음 직전에 유익한 업과 해로운 업이 서로 교차하면서 나타납니다. 이럴 때는 정신을 똑바로 차려 유익한 업이 작용할 수 있도록 그것에 주의를 기울이면 인간이나 천상 등의 선처에 태어날 수 있습니다. 물론 이것은 평소에 수행을 많이 해야 가능한 일임을 주의해야 합니다.

지금까지 설명한 것을 종합해 보면, 무명, 갈애와 취착의 오염원으로 인해 해로운 업이나 유익한 업을 짓는다고 했습니다. 이 오염원의 회전으로 업의 회전이 일어나는데, 죽음 직전 이들 중 가장 강력한 업이 생산업이 되어 다음 생에 태어난다고 했습니다. 결과의 회전이 일어나는 것입니다. 다음 생에 몸을 받았을 때 오염원이 있으면 다시 업을 짓게 되고, 그렇게 되면 또다시 태어납니다. 이같이 끊임없이 윤회하는 과정을 설명한 것이 세 가지 회전, 즉 오염원의 회전, 업의 회전, 결과의 회전입니다. 그리고 이 세 가지 회전을 좀 더 상세하게 설한 것이 십이연기입니다.

십이연기의 역관逆觀: 윤회의 소멸

그러면 어떻게 해야 윤회의 괴로움을 소멸할 수 있을까요? 이미 답은 나와 있습니다. 앞서 태어남은 업 때문이고, 업의 원인은 오염원 때문이라고 했습니다. 다시 말해 오염원, 즉 무명과 갈애, 취착을 조건으로 업이 일어나고, 업을 조건으로 태어남이라는 결과가 일어납니다. 따라서 무명과 갈애, 취착이 소멸하면 업이 소멸하고, 업이 소멸하면 태어남도 소멸합니다. 결론적으로 윤회를 소멸하려면 오염원을 버리면 됩니다. 오염원의 회전이 사라지면 업의 회전이 사라지고, 업의 회전이 사라지면 결과의 회전도 사라지게 됩니다. 즉 열반을 실현하는 것입니다.

십이연기에서도 마찬가지입니다. 부처님께서 '무명이 있으면 의도적 행위가, 의도적 행위가 있으면 의식이 … 존재가 있으면 태어남이, 태어남이 있으면 늙음과 죽음이 일어난다.'라는 식으로 십이연기의 요소의 일어남을 설한 가르침이 십이연기의 순관입니다. 이처럼 무명, 갈애와 취착이 있으면 태어남이 있고, 태어남은 다섯 무더기가 형성되는 것이고, 다섯 무더기는 괴로움이므로 태어남이 있으면 곧 괴로움이 일어납니다. 이같이 무명, 갈애, 취착을 조건으로 괴로움이 일어남을 천명한 진리가 괴로움의 일어남의 성스러운 진리인 집성제集聖諦입니다.

역으로 '무명이 사라지면 의도적 행위가 사라지고, 의도적 행위가 사라지면 의식이 사라지고 … 존재가 사라지면 태어남이 사라지고, 태어남이 사라지면 늙음과 죽음이 사라진다.'라고 십이연기의 요소의 사라짐을 설한 것이 십이연기의 역관逆觀입니다. 다시 말해서 무명, 갈애와 취착이 소멸하면 결국 태어남과 늙음·죽음이 소멸하여 윤회의 수레바퀴가 완전히 부수어져 완전한 행복인 열반을 실현하게 됩니다. 이처럼 무명, 갈애와 취착의 소멸이 괴로움의 소멸이라는 진리가 괴로움의 소멸의 성스러운 진리인 멸성제滅聖諦입니다.

이상을 정리하면 무명, 갈애와 취착을 조건으로 괴로움이 일어난다는 진리가 집성제입니다. 다시 말하면 무명, 갈애와 취착이 있으므로 업을 짓게 되고, 업이 있으므로 태어남이 있고, 다섯 무더기가 형성되고, 괴로움이 있는 것입니다. 그러므로 집성제인 무명과 갈애와 취착을 버리면 업이 소멸하고, 업이 소멸하면 업의 결과로 태어남이 소멸하고, 다섯 무더기가 형성되지 않고, 괴로움이 소멸해 열반을 실현하는 것입니다. 따라서 불교의 수행은 집성제를 버려서 멸성제를 실현하기 위한 수행이고, 그것은 괴로움의 소멸로 인도하는 도 닦음의 성스러운 진리인 도성제道聖諦를 닦음으로써 실현됩니다. 여기에서 도성제는 팔정도를 의미합니다.

9장.
팔정도

보통 수행자들은 양극단, 즉 감각적 욕망에 대한 탐닉과 자신을 학대하는 고행에 빠지기 쉽습니다. 그러나 부처님께서는 양극단을 극복하고 중도, 즉 팔정도의 길을 찾았습니다. 이와 같은 중도를 닦음으로써 갈애를 소멸하고 괴로움을 소멸하신 것입니다. 이것이 바로 괴로움의 소멸로 인도하는 도 닦음의 성스러운 진리인 도성제, 곧 팔정도입니다. 그래서 불교 수행을 제대로 이해하기 위해서는 이 팔정도가 무엇인가에 대해 확실히 이해해야 합니다. 매우 중요한 수행 지침 경전인『디가 니까야』「대념처경大念處經」에서 설한 내용을 근거로 하여 팔정도의 개요를 간단히 살펴보겠습니다.

　여덟 가지 구성 요소로 이루어진 팔정도는 계戒·정定·혜慧의 세 그룹으로 묶어 볼 수 있습니다. 먼저 바른 견해와 바른 사유는 지혜[paññā, 慧]에 해당하고, 바른 말·바른 행위·바른 생계는 계율[sīla, 戒], 바른 정진·바른 기억·바른 삼매는 삼매[samādhi, 定]에 해당합니다. 그런데 부처님께서는 팔정도를 전하시며 어떤 이유로 지혜를 먼저 이야기하셨을까요? 이것은 상당히 큰 의미를 지닙니다. 수행의 순서로 보면 '계, 정, 혜'라고 생각할 수 있지만, 수행의 방향성을 잡기 위해서는 지혜가 우선해야 하기 때문입니다. 그러면 팔정도에 대하여 하나하나 살펴보겠습니다.

바른 견해

팔정도의 첫 번째 요소는 바른 견해[sammā-diṭṭhi, 正見]입니다. 「대념처경」을 비롯해 많은 경전을 보면 다음과 같은 내용이 나옵니다.

> "바른 견해는 사성제에 대한 지혜이다. 즉 괴로움이라는 진리[苦聖諦]에 대한 지혜, 괴로움의 일어남의 진리[集聖諦]에 대한 지혜, 괴로움의 소멸의 진리[滅聖諦]에 대한 지혜, 괴로움의 소멸로 인도하는 도 닦음의 진리[道聖諦]에 대한 지혜를 말한다."

그러니 사성제를 이해하지 못한다는 것은 바른 견해가 확립되지 않았음을 의미합니다. 먼저 바른 견해를 바로 세워서 수행의 바른 방향성과 바른 방법을 이해하지 못하면 올바른 수행이 되기 어렵습니다. 처음부터 바른 견해를 완벽하게 터득할 수는 없지만 지식으로라도 이해를 키우고, 그 바른 견해를 바탕으로 계율을 지키며 삼매를 닦아야 궁극적으로는 깨달음의 지혜가 생깁니다. 즉 바른 견해를 완성하여 괴로움의 소멸을 실현하는 것이 올바른 수행의 과정입니다. 따라서 바른 견해는 수행의 출발점이자 목적지라고 할 수 있습니다.

그러면 사성제에 대하여 앞서 설명한 내용을 토대로 간단히 정리해 보겠습니다.

괴로움의 성스러운 진리: 고성제

고성제는 존재의 실상은 괴로움이라는 진리입니다.

모든 존재는 행복을 원하지만 세상에는 많은 괴로움이 있습니다. 부처님께서는 삶 속의 대표적인 괴로움을 여덟 가지로 설하셨습니다. 먼저 생·로·병·사의 네 가지 괴로움, 즉 태어나는 괴로움[生苦], 늙어 가는 괴로움[老苦], 병으로 인한 괴로움[病苦], 죽는 괴로움[死苦]입니다. 이는 가장 근원적인 괴로움이라고 할 수 있습니다. 아무리 큰 권력이 있고, 명예와 재산이 있더라도 이 네 가지 괴로움은 피할 수 없습니다.

다음은 가족이나 연인과 같이 사랑하는 사람과 헤어지는 괴로움[愛別離苦]입니다. 역으로 싫은 사람과 만나는 괴로움[怨憎會苦]도 부처님께서 말씀하신 대표적인 괴로움입니다.

한편 돈이나 명예, 권력 등 원하는 바를 얻지 못하는 것도 괴로움[求不得苦]입니다. 사실 세상에는 원하는 바를 이루는 경우보다 이루지 못하는 경우가 훨씬 더 많습니다. 마지막으로 슬픔, 비탄, 탄식, 절망, 육체적 괴로움, 정신적 괴로움 등의 온갖 괴로운 감정이 번성하는 괴로움[五蘊盛苦]입니다. 이상 여덟 가지를 '팔고八苦'라고 합니다.

　사자에게 돌을 던지면 사자는 돌을 쫓아가는 것이 아니라 돌을 던진 사람을 쫓아가 그 사람을 문다고 합니다. 그와 마찬가지로 지혜로운 사람은 현상을 쫓는 것이 아니라 현상의 원인을 파악합니다. 부처님도 삶의 괴로움을 겪으면서 그것에 빠지고 현혹된 것이 아니라 괴로움의 원인이 무엇인지를 파악하셨습니다. 그래서 부처님께서는 이러한 괴로움들이 일어나는 원인을 존재가 태어나서 물질과 정신 또는 몸과 마음이 형성되었기 때문이라고 꿰뚫어 보셨습니다. 만약 태어나지 않았다면, 몸과 마음이 생기지 않았다면 괴로움도 없을 것입니다. 왜냐하면 몸과 마음이 없다면 육체적 괴로움과 정신적 괴로움이 일어날 토대가 없기 때문입니다. 다시 말하면 태어났기 때문에 괴로움이 있는 것이며, 태어난 이상 생·로·병·사 등의 여덟 가지 괴로움을 피할 수 없다는 뜻입니다.

　존재의 실상인 몸과 마음은 물질과 정신, 즉 다섯 무더기라고 할 수 있습니다. 그런데 여덟 가지 괴로움이 일어나려면 존재, 즉 물질과 정신 또는 다섯 무더기가 있어야 합니다. 다섯 무더기가 있으면 여덟 가지 괴로움이 있으므로 다섯 무더기 자체에 괴로움의 속성이 있습니다. 이처럼 고성제는 존재의 실상인 다섯 무더기 자체가 괴로움임을 천명한 진리입니다.

괴로움의 일어남의 성스러운 진리: 집성제

다음은 괴로움의 일어남의 진리인 집성제입니다.

부처님께서는 괴로움이 일어나는 원인, 즉 태어남의 원인을 한마디로 갈애[taṇhā, 渴愛], 즉 탐욕이라고 말씀하셨습니다. 더 나아가 갈애는 진리를 모르는 무명, 즉 어리석음을 조건으로 일어난다고 설하셨습니다. 다시 말해서 존재의 실상인 다섯 무더기는 무상한데 영원하다고 잘못 알고, 괴로움인데 행복이라고 잘못 알고, 무아인데 자아가 있다고 잘못 아는 어리석음으로 인해 다섯 무더기가 영원하고 행복이고 나의 것, 나, 나의 자아라고 집착하는 갈애가 일어난다는 것입니다. 그래서 괴로움의 원인을 무명과 갈애라고 말하기도 합니다.

덧붙여 성냄은 탐욕과 서로 밀접한 관련이 있습니다. 원하는 것이 있을 때 그것이 이루어지지 않으면 성냄이 일어납니다. 성냄이 일어나면 성냄으로 인한 괴로움을 버리고 싶다는 욕망이 다시 일어납니다. 이처럼 탐욕이 있으면 성냄이 일어나고, 성냄이 있으면 탐욕이 일어납니다. 그래서 탐욕과 성냄은 서로 의지합니다.

괴로움의 원인인 갈애에는 대표적으로 세 가지 형태가 있습니다. 감각적 욕망에 대한 갈애, 존재에 대한 갈애, 비존재에 대한 갈애가 그것입니다.

음식, 잠, 명예, 재산, 성적 쾌락을 추구하는 갈애가 '감각적 욕망에 대한 갈애'입니다. '존재에 대한 갈애'는 '나'라는 존재가 영원히 존재하기를 바라는 갈애를 말합니다. 살아 있는 존재에게 영원히 존재하고 싶은 욕망은 가장 근원적이므로 존재에 대한 욕망은 완전한 깨달음을 얻었을 때만 사라질 수 있습니다.

'비존재에 대한 갈애'는 다시는 태어나지 않고 사라져 버리고 싶은 욕망입니다. 갈애를 완전히 소멸한 아라한이 되면 다시 태어나지 않고 윤회를 끝낼 수 있습니다. 하지만 갈애가 남아 있는 상태에서는 태어나고 싶지 않다고 갈망한다 해서 태어나지 않는 것이 아닙니다.

부처님께서 설하신 연기의 가르침에 따르면 갈애가 남아 있는 한 다시 태어날 수밖에 없습니다. 또한 앞서 이야기한바 유익한 업을 조건으로 선처에 태어나거나 해로운 업을 조건으로 악처에 태어납니다. 그래서 갈애가 남아 있으면서 태어나고 싶지 않다고 열망하는 것은 실제 실현될 수 없는 갈망일 뿐이므로 비존재에 대한 갈애라고 합니다.

비존재에 대한 갈애의 대표적인 예가 자살입니다. 요즘 많은 사람들이 현생의 고통에서 벗어나는 방법으로 죽음을 선택합니다. 그런데 삶의 고통이 크다는 이유로 자살하는 경우 현재의 삶을 싫어하는 성냄이 그 바탕이 됩니다. 성냄을 바탕으로 죽음을 맞이하면 악처에 태어날 가능성이 짙습니다. 현실의 괴로움에서 벗어나고자 자살을 했는데 결국 지옥이나 축생 등의 악처에 태어난다면 오히려 현재보다 더 큰 괴로움을 겪게 될 것입니다. 그래서 자살은 바람직하지 않은 일이라 할 수 있습니다.

갈애를 좀 더 세분화하여 108가지로 분류하기도 합니다. '백

팔번뇌'라는 말을 들어보셨을 것입니다. 그것은 바로 108가지 갈애에서 온 이야기입니다. 먼저 형상, 소리, 냄새, 맛, 감촉, 법의 여섯 가지 대상에 대한 갈애가 있습니다. 다시 말하면 형상에 대한 갈애, 소리에 대한 갈애, 냄새에 대한 갈애, 맛에 대한 갈애, 감촉에 대한 갈애, 현상들에 대한 길애 등 여섯 가지 송류의 갈애가 있습니다. 그리고 감각적 욕망에 대한 갈애, 존재에 대한 갈애, 비존재에 대한 갈애의 세 가지, 과거에 대한 갈애, 현재에 대한 갈애, 미래에 대한 갈애의 세 가지, 자신에 대한 갈애, 다른 존재에 대한 갈애의 두 가지가 있습니다. 이를 종합하면 6×3×3×2=108, 이렇게 해서 108가지의 번뇌가 됩니다.

갈애가 있으면 유익한 행위나 해로운 행위를 짓게 됩니다. 갈애에 휩쓸려 갈애의 노예가 되면 해로운 행위가 일어나고, 갈애의 위험성을 통찰하여 갈애를 멀리하고 버리고자 노력하면 유익한 행위가 일어납니다. 그리고 이때 생긴 유익한 업이나 해로운 업을 조건으로 다시 태어납니다. 이처럼 갈애를 조건으로 유익한 업이나 해로운 업이 생기고, 그 업을 조건으로 다시 태어납니다. 그런데 태어난다는 것은 물질과 정신 또는 다섯 무더기가 형성됨을 의미하고, 다섯 무더기는 괴로움의 속성이 있습니다. 그러므로 갈애를 조건으로 괴로움이 일어납니다. 그런데 갈애는 집성제이고, 다섯 무더기 자체가 괴로움이라는 진리가 고성제이므로, 집성제라는 원인에 의해 고성제라는 결과가 있다고 말할 수 있습니다.

괴로움의 소멸의 성스러운 진리: 멸성제

멸성제는 괴로움의 일어남의 진리인 갈애가 남김없이 소멸하고, 버려지고, 놓아진 상태를 말합니다. 갈애가 남김없이 소멸하면 태어남이 소멸하므로 모든 괴로움도 소멸합니다. 이렇게 괴로움이 완전히 소멸한 상태인 열반이 멸성제입니다.

괴로움의 소멸로 인도하는 도 닦음: 도성제

도성제는 괴로움의 소멸에 이르는 도 닦음의 성스러운 진리로서 이는 곧 팔정도입니다. 팔정도는 바른 견해와 청정한 계를 기반으로 바른 삼매를 닦고, 바른 삼매를 기반으로 깨달음의 지혜를 계발하여 괴로움을 소멸하는 수행입니다. 이와 같은 팔정도의 실천을 통해 괴로움의 소멸인 멸성제, 즉 열반을 실현하게 되는 것입니다 (팔정도를 기반으로 하는 구체적인 수행 방법인 중도 수행에 대하여는 제2부에서 자세히 공부해 나갈 것입니다).

지금까지 사성제에 대하여 간단히 살펴보았습니다. 이와 같은 사성제에 대한 지혜가 바른 견해임을 명심해야 합니다.

바른 사유

앞서 바른 견해는 사성제에 대한 지혜라고 했습니다. 이는 달리 말하면 유익함[善]과 해로움[不善]을 구별하는 지혜라고 할 수 있습니다. 해로운 마음은 괴로움이 일어나게 하는 마음(집성제)인데 탐욕, 자만, 사견, 성냄, 어리석음 등과 함께하는 마음을 말합니다. 유익한 마음은 괴로움의 소멸로 인도하는 마음(도성제)인데, 지혜와 바른 기억, 바른 삼매, 평온, 사비심 등과 함께하는 마음을 말합니다. 이같이 유익함과 해로움을 구분한다는 것은 결국 도성제와 집성제를 이해한다는 뜻이고, 사성제의 프레임으로 세상을 본다는 의미입니다. 이와 같은 사성제의 관점, 즉 바른 견해를 바탕으로 생각하는 것이 바른 사유[sammā-saṅkappa, 正思惟]입니다.

그러면 바른 견해를 바탕으로 생각한다는 것은 무엇을 의미할까요? 바른 견해의 틀에서는 탐욕과 성냄과 남을 해치려는 마음은 해로운 마음이므로 이들을 바탕으로 생각하면 그릇된 사유가 됩니다. 그릇된 사유는 우리 삶에 전혀 이익이 되지 않는 생각으로 괴로움의 원인이 됩니다. 하지만 바른 견해의 관점에서 탐욕이 없고, 성냄이 없고, 남을 해치지 않으려는 마음은 유익한 마음이므로 이들을 기반으로 생각하면 바른 사유가 됩니다. 그래서 부처님께서는 탐욕 없음에 관한 생각, 성냄 없음에 관한 생각, 남을 해치지 않음에 관한 생각이 바른 사유라고 설하셨습니다.

앞서 언급했듯이 바른 견해와 바른 사유는 계·정·혜의 삼학三學 중 지혜에 해당한다고 했습니다. 그 이유는 다음과 같습니다.

먼저 바른 견해는 사성제에 대한 지혜를 뜻하므로, 바른 견해란 사성제를 통찰한 후에 사성제의 관점으로 보는 견해를 의미합니다. 그러므로 바른 견해를 기반으로 현재의 물질과 정신 현상을 알아차리는 노력을 기울이면 물질과 정신 현상에 대한 바른 앎 또는 직관지를 계발할 수 있습니다. 이때 생긴 직관지를 바른 사유를 통해 숙고하고 조사함으로써 더 깊고 예리한 사성제에 대한 지혜, 법의 조사, 반조지, 바른 견해를 계발할 수 있습니다. 그러면 다시 이때 생긴 사성제에 대한 지혜, 바른 견해를 기반으로 알아차림을 실천하여 물질과 정신에 대한 더 성숙한 바른 앎 또는 직관지를 계발할 수 있습니다. 이와 같은 과정을 반복함으로써 바른 견해, 즉 사성제에 대한 지혜, 즉 직관지와 반조지가 성숙하고 예리해지며, 그것을 잊지 않는 바른 기억도 점차 확립됩니다. 이러한 이유로 바른 견해와 바른 사유를 지혜와 대응시키는 것입니다.

불교 수행은 한마디로 탐욕, 성냄, 어리석음을 제거해 나가는 과정입니다. 그런데 매일같이 절에 다니면서도 탐욕과 성냄이 죽 끓듯 하고, 탐욕과 성냄을 바탕으로 한 생각을 일삼는다면 올바른 불자라고 할 수 없습니다. 올바른 불자라면 바른 견해를 기반으로 행주좌와行住坐臥 언제나 물질과 정신 또는 몸과 마음을 알아차리려고 노력해야 합니다. 이와 같은 알아차림을 통해 물질과 정신에 대한 바른 앎과 바른 기억을 계발하여 탐욕, 성냄, 어리석음을 버려서 괴로움을 소멸하고 열반을 실현하는 것이 올바른 불자의 삶이라 할 수 있습니다.

바른 말, 바른 행위, 바른 생계

바른 견해와 바른 사유를 갖추었다면 계율을 잘 지켜야 합니다. 부처님께서는 수행의 출발점이 바른 견해와 청정한 계율이라고 말씀하셨습니다. 유익함과 해로움을 구분하는 지혜, 즉 바른 견해를 갖추었다면 기본적으로 말과 행동을 함부로 해서는 안 됩니다. 다시 말해 바른 말[正語]과 바른 행위[正業]를 실천해야 합니다.

또한 세상에 살면서 가장 절실한 문제 중의 하나가 생계를 유지하는 일입니다. 그런데 내가 먹고살자고 남에게 해를 끼쳐서는 안 됩니다. 그러므로 정당한 방법으로 생계를 유지하는 바른 생계[正命]를 실천해야 합니다. 그러면 바른 말, 바른 행위, 바른 생계에 대하여 좀 더 자세히 알아보겠습니다.

바른 말[sammā-vācā, 正語]은 거짓말, 이간질하는 말, 남의 가슴에 비수를 꽂는 거친 말, 아무 의미 없는 쓸데없는 말을 삼가는 것입니다. 거짓말을 버리고 진실한 말, 이간질하는 말을 버리고 화합시키는 말, 거친 말을 버리고 친절한 말, 쓸데없는 말을 버리고 법담을 하는 것이 바른 말입니다. 부처님께서는 법담, 즉 진리에 관한 대화가 아니면 차라리 침묵하라고 하셨습니다.

바른 행위[sammā-kammanta, 正業]는 살생과 도둑질, 삿된 음행을 삼가는 것입니다. 살아 있는 생명을 함부로 죽이거나 남이 주지 않은 것을 가지는 일은 하지 말아야 합니다. 또한 한 명의 배우자 외에 다른 이성과 성관계를 갖는 삿된 음행을 해선 안 됩니다.

바른 생계[sammā-ājīvā, 正命]는 사람을 사고파는 인신매매나 무기 거래, 술이나 마약 심지어 독약을 판다든가, 사기를 치는 것 등의 일을 통하여 생계를 유지하지 않고 정당한 방법으로 유지해야 함을 뜻합니다. 내가 풍족하게 먹고 잘살기 위해 다른 사람의 삶을 고통에 빠뜨리는 일은 하지 말라는 것입니다. 물고기를 잡거나 소·돼지 등을 도살하는 것처럼 살생하는 직업도 좋지 않습니다. 수행자라면 이런 직업은 피하는 것이 좋습니다.

이렇게 바르게 말하고, 바르게 행동하고, 바르게 생계를 유지하는 것은 계율에 해당합니다. 계율을 잘 지키면 지혜로운 사람에게 비난받을 일은 저지르지 않고, 악처에 떨어질 정도의 해로운 업은 짓지 않게 됩니다. 일상생활에서 이 세 가지 계만 염두에 두고 잘 지켜도 지옥, 아귀, 축생 등의 악처에 태어날 일은 없다는 것입니다.

더욱이 계율을 잘 지키며 살아가면 우리 마음에 후회가 없어집니다. 후회가 없어지면 마음이 안정되고, 안정된 마음은 삼매를 계발하는 수행의 좋은 토대가 됩니다. 바른 견해와 바른 사유가 수행의 방향성을 제시하는 것이라고 한다면, 바른 말, 바른 행위, 바른 생계는 수행의 기초이자 토대라고 할 수 있습니다.

바른 정진

불교에서 말하는 본격적인 수행은 지혜를 계발하는 수행인 위빠
사나 삼매를 계발하는 수행인 사마타를 의미합니다. 앞에서 수행
의 토대에 해당하는 계율과 지혜에 대해 살펴봤으니, 이제 삼매에
해당하는 바른 정진, 바른 기억, 바른 삼매에 관해서 설명하겠습니
다.

　　바른 정진[sammā-vāyāma, 正精進]은 한마디로 해로움[不善]을
버리고 유익함[善]을 계발하는 노력을 말합니다. 다시 말해서 이미
일어난 해로운 마음은 버리고, 아직 일어나지 않은 해로운 마음은
일어나지 않도록 하며, 이미 일어난 유익한 마음은 더욱 늘리고,
아직 일어나지 않은 유익한 마음은 일어나게 하는 노력하는 것입
니다.

　　그런데 유익함이 무엇이고, 해로움이 무엇인지 알지 못하면
바른 정진을 할 수 없습니다. 그래서 바른 견해가 없으면 바른 정
진 자체가 불가능하다고 말하는 것입니다. 어떤 마음이 유익한 마
음인지, 어떤 마음이 해로운 마음인지를 구분하는 바른 견해가 있
어야 해로운 마음을 버리고, 유익한 마음을 계발하는 바른 정진을
할 수 있습니다. 바르게 정진하는 구체적인 수행 방법은 붓다의 호
흡 수행, 걷기 수행, 일상 수행 등이 있습니다(이들에 대하여는 제2부에
서 좀 더 자세히 설명하겠습니다).

바른 기억

바른 기억[sammā-sati, 正念]은 바른 앎을 잊지 않고 기억하는 것입니다. 바른 기억이란 해로운 마음을 버리고 유익한 마음을 계발하려 노력하는 바른 정진을 통해 생긴 바른 앎[sampajañña, 正知] 또는 지혜를 잊지 않고 기억하는 것으로, 이를 계발하기 위해서는 몸[身], 느낌[受], 마음[心], 법[法]을 있는 그대로 관찰하는 알아차림 수행을 해야 합니다. 여기에서 법은 좁게는 다섯 장애와 일곱 가지 깨달음의 구성 요소를 말하고, 넓게는 다섯 무더기 전체를 말합니다. 알아차림을 통하여 해로운 마음이 일어날 때 그것을 즉시 알아차리고, 해로운 마음의 위험성을 통찰하거나 그것의 대상이 무상하고 괴로움이며 무아임을 통찰하면 해로운 마음을 버릴 수 있습니다. 예를 들어 탐욕이 일어났을 때 탐욕을 알아차리고, 탐욕의 위험성을 통찰하거나 집착하는 대상이 무상하고, 괴로움이며, 무아이므로 집착할 만한 가치가 없음을 이해하면 탐욕을 버릴 수 있습니다.

이와 같은 알아차림을 통해 몸, 느낌, 마음, 법에 대한 욕망이나 성냄이 버려지고 이들에 대한 바른 앎이 계발됩니다. 그런데 몸, 느낌, 마음, 법은 한마디로 물질과 정신 또는 다섯 무더기이므로 결국 몸, 느낌, 마음, 법에 대한 바른 앎은 다섯 무더기에 대한 바른 앎이라 할 수 있습니다. 이때 계발된 바른 앎을 잊지 않는 심리 작용이 바로 바른 기억입니다.

알아차림을 일상생활 속에서 언제나 실천하는 일은 매우 중요합니다. 앉아서 좌선하는 것만이 수행이라고 생각한다면 일상생활에서는 감각적 욕망이나 성냄 등의 해로운 마음들이 계속 일어날 것입니다. 마치 구멍 난 항아리에는 물을 담아도 다 새 버리듯 좌선 자세에서 아무리 유익한 마음을 계발한다고 하더라도 일상 속에서 해로운 마음들이 번성한다면 유익한 마음을 다 사라지게 할 것입니다. 그래서 행주좌와 항상 알아차림을 유지하려고 정진하는 것이 중요합니다.

일상 속에서 알아차림을 잘 유지하는 것은 우리 삶 속에서 항상 바른 견해, 즉 사성제에 대한 지혜 또는 바른 앎에 대한 바른 기억이 확립되도록 하는 데도 결정적 역할을 합니다. 행주좌와 언제나 알아차림이 잘 유지되면 탐욕이나 성냄 등이 없이 몸, 느낌, 마음, 법 또는 다섯 무더기를 있는 그대로 통찰하는 바른 앎이 생기고, 더불어 그것을 잊지 않는 바른 기억도 함께 계발됩니다. 역으로 바른 기억이 있으면 몸, 느낌, 마음, 법에 대하여 지혜롭게 마음을 기울일 수 있으므로 그들에 대한 더 깊고 예리한 바른 앎이 생깁니다. 이렇게 바른 앎이 있으면 바른 기억이 함께 있고, 바른 기억이 있으면 바른 앎이 함께 있으므로 바른 앎과 바른 기억은 불가분의 관계라고 할 수 있습니다. 이렇게 몸, 느낌, 마음, 법에 관한 알아차림을 통해서 생긴 바른 앎을 행주좌와 언제나 잊지 않고 체득된 상태를 '바른 기억이 확립[sati-paṭṭhāna]되었다' 또는 '바른 기억이 현전한다'고 말합니다.

바른 삼매

바른 삼매[sammā-samādhi, 正定]는 앞서 설명했듯이 바른 견해를 기반으로 계발된 삼매를 말합니다. 바른 삼매를 얻고자 한다면 일상생활에서 걸어가거나, 서 있거나, 앉아 있거나, 누워 있거나 어떤 자세에서 어떤 행위를 하더라도 현재의 몸을 기본 대상으로 삼아 알아차리면서 해로운 심리 작용, 특히 장애를 버리고, 유익한 심리 작용, 특히 깨달음의 구성 요소가 생기도록 바르게 정진함으로써 지혜와 바른 기억을 계발해야 합니다.

예를 들어 좌선 자세에서는 호흡 수행을 통해 들숨과 날숨을 알아차리면서 장애를 버리고 깨달음의 구성 요소가 생기도록 바르게 정진합니다. 또 걷기 수행이나 일상 수행에서는 걷거나, 서 있거나, 음식을 먹거나, 일하는 등의 현재 몸을 알아차리면서 장애를 버리고 깨달음의 구성 요소가 생기도록 바르게 정진합니다. 이렇게 바른 정진을 실천함으로써 지혜와 그것을 잊지 않는 바른 기억이 확립되어 해로운 마음은 버려지고 유익한 마음만이 이어지게 됩니다. 특히 좌선에서 호흡 수행을 바르게 정진함으로써 지혜와 바른 기억이 확립되면 감각적 욕망, 성냄 등의 장애는 버려지고 숨만을 알아차리는 유익한 마음만이 이어지게 됩니다. 이때의 마음은 감각적 욕망, 성냄 등의 장애가 사라졌으므로 장애를 떨쳐 버림으로 인해 생긴 벗어남의 행복 또는 출리의 행복이 마음에 충만하게 됩니다. 그러면 숨을 알아차리는 것이 행복해지므로 오랜 시간 숨만을 알아차리며 머물 수 있게 됩니다.

　더구나 지혜와 바른 기억을 통해 장애가 버려지면 오염된 마음이 청정해지면서 마음이 밝아지고 빛나게 되는데 이를 '지혜의 빛'이라 합니다. 이런 지혜의 빛은 장애가 철저히 버려질수록 더 밝고, 깨끗하며, 뚜렷하게 빛납니다. 그러면 알아차림의 대상이 숨 대신에 뚜렷하게 밝아진 지혜의 빛으로 바뀌게 되는데 이때의 지혜의 빛을 '숨의 표상[nimitta]'이라고 합니다. 이러한 숨의 표상은 장애가 철저히 버려질수록 안정되고 밝아지는데 이렇게 된 후에는 숨 대신 숨의 표상만을 알아차리면 됩니다.

　장애를 내려놓는 지혜와 바른 기억이 강해질수록 장애는 더 철저히 버려지고 마음은 벗어남의 행복으로 더 충만해집니다. 이렇게 지혜와 바른 기억이 충분히 계발되어 장애를 철저히 내려놓게 되면 숨의 표상만을 알아차리는 것이 너무 행복해져서 오랜 시간 행복하게 숨의 표상에 완전히 몰입해 머물 수 있게 됩니다. 이런 마음 상태를 '색계 초선'이라 합니다. 색계 초선에 들었을 때는 시간과 공간을 느낄 수 없고, 소리를 듣거나 몸의 감각을 느끼지 못하며, 오직 숨의 표상만을 알 뿐입니다. 색계 초선을 얻은 수행자는 색계 이선, 색계 삼선, 색계 사선으로, 더 깊고 고요한 선정으로 나아갈 수 있습니다(선정에 대하여는 제2부 6장을 참고하시기 바랍니다). 이와 같은 네 가지 선정, 즉 색계 초선, 색계 이선, 색계 삼선, 색계 사선을 바른 삼매라고 합니다.

　정리하면 바른 견해를 기반으로 바른 정진이 가능하고, 바른 정진을 통해 바른 기억이 생기며, 바른 기억이 생기면 바른 삼매가 생깁니다. 이런 이유로 바른 정진, 바른 기억, 바른 삼매의 세 가지가 삼학 중에 삼매에 대응되는 것입니다.

팔정도와 십정도

팔정도에서 앞의 일곱 구성 요소를 필수적으로 갖춘 바른 삼매는 바른 지혜의 기반이 됩니다. 바른 삼매, 즉 네 가지 선정은 매우 청정하고 또렷하며, 고요하고 집중된 마음 상태입니다. 경전에서는 선정에서 출정했을 때의 마음을 오염원이 없고 청정하고 깨끗하고 밝고 부드럽고 적합하고 흔들림이 없고 안정된 상태라고 설명합니다. 이런 마음 상태에서는 세상을 보는 눈이 달라집니다. 편견이나 고정관념에 얽매이지 않고 현상을 있는 그대로 통찰할 수 있습니다. 마치 깨끗하고 고요한 물에 사물이 있는 그대로 비치는 것과 같습니다.

선정에서 출정한 후에 선정에 들어 있을 때의 '자기 존재'의 실상을 조사해 보면 자기 존재는 '숨의 표상을 아는 마음'과 '그 마음이 의지하고 있는 몸'의 결합일 뿐이며, 즉 물질과 정신의 결합임을 꿰뚫어 알 수 있습니다. 더 나아가 그것들은 조건에 의해 형성되었으므로 무상하고, 무상한 것은 불안정하고 불만족스러우므로 괴로움이며, 무상하고 괴로움인 것은 내 마음대로 통제할 수 없으므로 나의 것, 나, 나의 자아가 아니어서 무아입니다. 한마디로 선정에 들어 있던 자기 존재의 실상은 물질과 정신일 뿐이며, 그것들은 무상하고, 괴로움이며, 무아임을, 특히 괴로움임을 통찰하게 됩니다. 이것은 괴로움의 성스러운 진리인 고성제에 대한 통찰을 의미합니다.

이렇게 고성제를 통찰하게 되면 세상이나 존재에 대한 갈애에서 멀어지는 '염오厭惡의 지혜'가 일어납니다. 염오의 지혜가 성숙하면 이욕離欲의 지혜 또는 바른 지혜[sammā-ñāṇa]가 일어나서 갈애가 완전히 소멸합니다. 이렇게 고성제를 철저히 알면 집성제인 갈애가 버려집니다. 그러면 갈애가 완전히 소멸한 열반이 실현되어 모든 괴로움이 소멸하게 됩니다. 이렇게 집성제가 버려지면 멸성제가 실현됩니다. 이것이 '바른 해탈[sammā-vimutti]'입니다. 이처럼 괴로움의 소멸로 인도하는 도 닦음의 성스러운 진리인 도성제, 즉 팔정도 또는 중도를 닦음으로써 바른 지혜와 바른 해탈이 생깁니다. 바른 견해와 청정한 계율을 기반으로 바른 삼매를 계발하고, 바른 삼매를 기반으로 바른 지혜를 계발함으로써 바른 해탈이 실현되는 것입니다. 종합하면, 도성제를 닦으면 고성제를 철저히 알게 되고, 집성제는 버려지며, 멸성제는 실현됩니다.

이상을 정리하면 처음 수행을 시작할 때는 바른 견해를 기반으로 수행의 방향성을 분명히 합니다. 이를 기반으로 팔정도를 열심히 실천하면 바른 삼매, 즉 선정에 들 수 있습니다. 이때 선정에서 출정한 후의 '선정을 이루고 있는 다섯 무더기'에 대한 반조를 통해서 깨달음의 지혜인 바른 지혜가 생깁니다. 바른 지혜가 생기면 모든 해로운 마음이 완전히 버려지게 되는데 이를 바른 해탈이라고 합니다. 지금까지 설명한 팔정도에 바른 지혜와 바른 해탈을 보태어 '십정도十正道'라 부르기도 합니다. 십정도는 팔정도를 열심히 닦음으로써 팔정도가 완성된 상태에 대한 다른 표현이라고 할 수 있습니다. 그래서 십정도는 탐욕, 성냄, 어리석음을 완전히 제거하고 괴로움의 소멸을 실현한 아라한에게만 해당하는 표현임을 기억해야 합니다.

제2부

이해하고
내려놓기

1장.
이해하고 내려놓기

불교 수행의 목적은 괴로움을 소멸하는 것이라 하였습니다. 이를 위해서는 괴로움의 소멸로 인도하는 도 닦음인 팔정도를 닦아야 함도 공부하였습니다. 이때 바른 견해와 청정한 계율은 수행의 출발점임을 잊지 말아야 합니다.

바른 견해와 청정한 계율

'바른 견해'란 무엇입니까? 잘 아시다시피 괴로움과 괴로움의 소멸에 대한 가르침인 사성제의 지혜를 말합니다. 다시 말해서 괴로움의 성스러운 진리인 고성제, 괴로움의 일어남의 성스러운 진리인 집성제, 괴로움의 소멸의 성스러운 진리인 멸성제, 괴로움의 소멸로 인도하는 도 닦음의 성스러운 진리인 도성제에 대한 지혜입니다.

사성제는 수행의 올바른 방향과 올바른 방법을 분명하게 드러내므로 수행의 출발점이자 목적지라고 할 수 있습니다. 물론 연기법에 대한 지혜, 유익함[善]과 해로움[不善]을 구분하는 지혜도 바른 견해라고 할 수 있지만 이들은 모두 사성제의 지혜에 내포되므로 한마디로 바른 견해는 곧 사성제에 대한 지혜라고 할 수 있습니다.

이러한 바른 견해는 바른 사유로 더 깊고 예리하게 성장할 수 있다고 하였습니다. 바른 사유를 통해 조사의 지혜, 법의 조사, 반조의 지혜 등이 계발되고, 이를 통해 바른 견해는 더욱 성숙하게 되는 것입니다. 그러므로 바른 견해에는 이미 바른 사유가 내포되어 있다고 보는 것이 바람직합니다.

바른 견해를 갖춘다는 것은 사성제의 관점으로 세상을 이해하는 것입니다. 요즘 말로 하면 사성제의 프레임으로 세상을 본다고 할 수 있을 것입니다. 이렇게 사성제의 관점으로 세상을 보면 존재의 실상인 물질과 정신은 조건에 의지해서 형성되었으므로 무상하고, 괴로움이며, 무아이고, 해로운 마음을 조건으로 괴로움이 일어나며, 해로운 마음의 소멸이 곧 괴로움의 소멸이고, 팔정도가 괴로움의 소멸로 인도하는 도 닦음이라고 이해하게 됩니다.

또한 사성제의 관점으로 이해하면 괴로움의 원인은 바깥에 있는 대상이 아니라 자신의 마음에서 일어나는 탐욕, 성냄, 어리석음임을 알게 됩니다. 그래서 마음 밖에서 행복을 얻고자 하는 것을 포기하고, 자신의 마음에 있는 어리석음, 탐욕, 성냄을 버림으로써 행복을 실현하려는 방향으로 인식이 전환됩니다. 이러한 인식의 전환은 팔정도 수행의 바른 방향성을 제공해 주므로 매우 중요합니다. 바른 견해가 없이 수행하는 것은 나침반도, 지도도 없이 아직 가 보지 않은 길을 가는 것과 같습니다.

'청정한 계율'은 오계, 비구계比丘戒 등의 계율을 잘 지키는 것을 말합니다.

오계는 불자들이 지켜야 할 다섯 가지 덕목을 말합니다. 살생하지 않고, 남이 주지 않은 것을 갖지 않고, 삿된 음행을 하지 않고, 거짓말을 하지 않고, 술 마시는 것을 삼가는 것이 바로 오계입니다. 한편 출가한 비구 스님들에게는 이백오십 가지의 계율이 있고, 비구니 스님들에게는 삼백사십팔 가지의 계율이 있습니다.

팔정도 가운데는 바른 말, 바른 행위, 바른 생계가 계율에 해당한다 하였습니다. 바른 말은 거짓말, 거친 말, 남을 속이고 이간질하는 말, 쓸데없는 말을 삼가고, 진실한 말, 친절한 말, 화합시키는 말을 하며, 진리에 관해 대화하는 것을 말합니다. 바른 행위는 살생이나 도둑질, 삿된 음행 등을 삼가는 것을 뜻합니다. 바른 생계는 남에게 해가 되는 방식으로 생계를 유지하지 않는 것입니다. 대표적으로 술이나 마약 또는 무기를 파는 일, 인신매매, 독약을 파는 일 등으로 생계를 유지하지 않는 것입니다.

이와 같은 계율을 잘 지키면 후회하는 일이 없어 마음을 안정시켜줍니다. 그래서 계율을 청정하게 지키는 일은 불교의 수행에서 아주 중요한 토대가 됩니다. 마치 건물을 지을 때 기초공사가 튼튼해야 하는 것처럼.

이해하고 내려놓기

바른 견해와 청정한 계율을 갖추었다면 해로운 마음들을 버리고 유익한 마음을 계발하기 위해 애쓰고 노력하는 바른 정진을 실천해야 합니다. 이때 중요한 것은 해로운 마음을 버리는 수단이 '지혜'라는 점입니다. 지혜 없이 해로운 마음을 버리려고 하면 그것을 억누르거나 분출하는 방식으로 작용하기 쉽습니다. 그러면 해로운 마음이 내려놓아지지 않고 오히려 커지고 증가할 수 있습니다.

예를 들어 화가 날 때 화를 억누르면 말이나 행동으로 표출되지 않을 뿐 실제로 화가 멈추어진 것은 아닙니다. 또 화를 분출하면 불타는 나무에 기름을 붓듯 화는 더 커지고 증가합니다. 이렇게 해로운 마음을 억누르거나 분출하는 방식으로 어리석게 대응하면 해로운 마음은 버려지지 않고 오히려 증가할 수 있습니다.

하지만 집착하거나 싫어하는 마음이 없이 해로운 마음을 있는 그대로 알아차려 그것의 해로움, 일어남의 원인, 버리는 방법 등에 대한 지혜를 계발하는 방식으로 대응하면 해로운 마음을 통해 지혜 또는 바른 앎과 그것을 잊지 않는 바른 기억을 계발할 수 있습니다. 나아가 바른 앎과 바른 기억을 통해 해로운 마음의 유해함, 버리는 방법 등을 깊이 이해함으로써 해로운 마음을 자연스럽게 내려놓을 수 있습니다. 이처럼 해로운 마음에 대한 바른 앎과 바른 기억을 통해 해로운 마음을 버리는 것을 '이해하고 내려놓기'라고 할 수 있습니다.

해로운 마음을 내려놓기 위한 수단으로서 대표적인 지혜가 바로 '해로움을 아는 지혜'입니다. 만약 사람들에게 독약을 주면서 먹으라고 하면 아무도 먹으려 하지 않을 것입니다. 독약을 먹으면 죽는다는 사실을 너무나 잘 알기 때문입니다. 마찬가지로 탐욕, 성냄, 어리석음을 뿌리로 하는 해로운 마음이 독약처럼 위험하다는 사실을 분명히 이해하고 바르게 기억하는 사람은 그것들을 멀리하고 버리려 할 것입니다. 실제로 부처님께서는 탐욕, 성냄, 어리석음을 마음의 독약이라고 설하셨습니다. 이를 분명히 이해하고 바르게 기억하면 해로운 마음은 자연스럽게 내려놓아집니다.

화가 났을 때를 예로 들어 봅시다. 화가 날 때 그것에 집착하거나 싫어하지 않고 단지 '화가 일어났구나.'라고 알아차리고, 화는 자신과 남을 괴롭게 하는 아주 해로운 마음임을 통찰하는 지혜와 그것을 잊지 않는 바른 기억이 있으면 화는 자연스럽게 내려놓아지게 됩니다.

이처럼 해로운 마음에 대하여 지혜롭게 대응하면 해로운 마음 자체는 장애이지만, 그것을 통해 바른 앎과 바른 기억이 계발되므로 오히려 수행의 디딤돌이 될 수 있습니다.

이상에서 살펴보았듯이 해로운 마음은 억누르거나 분출하는 방식으로는 버려지지 않습니다. 해로운 마음의 특성과 원인, 버리는 방법 등에 대한 분명한 지혜 또는 바른 앎과 그것을 잊지 않는 바른 기억을 계발함으로써 버려질 수 있습니다. 이렇게 이해하고 내려놓아야 합니다. 그래서 해로운 마음을 버리려면 바른 정진을 통해 바른 앎과 바른 기억을 계발해야만 하는 것입니다.

그런데 바른 앎이 있어야 바른 기억이 있으므로 바른 기억이 있다는 말은 바른 앎 또는 지혜가 있다는 의미가 됩니다. 이런 이유로 해로운 마음을 버리려면 간단하게 바른 정진을 통해 바른 기억을 계발해야 한다고 말할 수 있습니다. 그렇다면 바른 기억을 계발하기 위해서는 어떤 수행 방법으로 정진해야 할까요? 그것은 '알아차림'입니다.

알아차림을 통해 바른 기억이 계발된다

알아차림[anupassī, 隨觀]은 '아누빳시anupassī'의 번역입니다. anupassī 는 문자적인 의미로는 '따라서[along] 보는[looking at]'이라는 뜻입니다. 자신에게 일어나는 몸과 마음의 현상들을 따라서 '알아차리거나 관찰한다'는 의미로 이해할 수 있습니다. 그래서 anupassī를 '알아차림', '관찰'로 번역한 것입니다. 중국에서는 문자 그대로 '수관隨觀'으로 번역했습니다. 이 책에서는 주로 '알아차림'이란 용어를 사용하겠습니다.

불교에서 말하는 알아차림을 좀 더 분명하게 이해하기 위해서 부처님의 가르침을 살펴봅시다. 알아차림을 통해 바른 기억을 닦는 수행의 지침서라고 할 수 있는 『디가 니까야』「대념처경」에 보면 다음과 같이 설하고 있습니다.

"몸[身]에서 몸을 알아차리며 머문다. 세상에 대한 욕망과 성냄을 버리면서 열심히 정진하고 바르게 알고 바르게 기억하며 머문다. 느낌[受]에서 느낌을 알아차리며 머문다. 세상에 대한 욕망과 성냄을 버리면서 열심히 정진하고 바르게 알고 바르게 기억하며 머문다. 마음[心]에서 마음을 알아차리며 머문다. 세상에 대한 욕망과 성냄을 버리면서 열심히 정진하고 바르게 알고 바르게 기억하며 머문다. 법[法]에서 법을 알아차리며 머문다. 세상에 대한 욕망과 성냄을 버리면서 열심히 정진하고 바르게 알고 바르게 기억하며 머문다."

이 경전에서는 몇 가지 중요한 사실을 드러내고 있습니다.

첫째, 알아차림의 대상은 물질, 느낌, 마음, 법이라는 점입니다. 알아차림을 잘 닦기 위해서는 알아차림의 대상을 분명히 알아야 합니다. 부처님께서는 「대념처경」에서 알아차림의 대상을 네가지, 즉 신身, 수受, 심心, 법法으로 나누어 분명하게 드러내셨습니다.

여기서 '신'은 사람의 몸이나 물질을 의미하며 앞서 배운 다섯 무더기 중 물질 무더기에 해당합니다. '수'는 느낌을 뜻하며 다섯 무더기 중에 느낌 무더기, '심'은 마음을 말하고 마음과 의식은 동의어이므로 다섯 무더기 중에서 의식 무더기에 해당합니다. 마지막으로 '법'은 장애와 같은 해로운 심리 작용이나 깨달음의 구성 요소와 같은 유익한 심리 작용 등을 말합니다. 법은 좁은 의미로 유익한 심리 작용과 해로운 심리 작용을 포함하는 형성 무더기를 말하지만, 넓은 의미로는 다섯 무더기 전체를 말합니다.

그래서 몸, 느낌, 마음, 법이라는 네 가지 대상을 알아차린다는 것은 한마디로 '몸과 마음' 또는 '물질과 정신' 또는 '다섯 무더기'를 알아차리는 것이므로, 알아차림의 대상은 간략하게 '물질과 정신' 또는 '몸과 마음'이라고 할 수 있습니다.

나아가 부처님께서는 존재의 실상이 다섯 무더기 또는 물질과 정신이라고 설하셨으므로 물질과 정신을 알아차리는 수행은 '존재의 실상을 이해하는 수행'이라 할 수 있습니다. 모든 괴로움은 존재로부터 발생하므로 존재의 실상을 꿰뚫어 알아야 괴로움에서 벗어날 수 있습니다. 이를 위해서는 존재의 실상인 물질과 정신을 거듭거듭 알아차리는 수행이 필요합니다. 이를 통해 물질과 정신 자체가 괴로움이고, 갈애를 조건으로 물질과 정신, 즉 괴로움이 일어나며, 갈애의 소멸이 곧 괴로움의 소멸이고, 갈애의 소멸로 인도하는 도 닦음이 팔정도임을 꿰뚫어 알 수 있습니다. 이러한 이유로 물질과 정신이 알아차림의 대상인 것입니다.

둘째, 장애 없이 알아차려야 한다는 점입니다. 위의 인용문에서 "세상에 대한 욕망과 성냄을 버리면서"라는 구절을 생각해 봅시다. 여기에서 "세상"은 몸, 느낌, 마음, 법의 네 가지 대상, 즉 물질과 정신을 의미하고, "욕망과 성냄을 버리면서"라는 구절은 욕망과 성냄 등의 장애를 버리고 알아차려야 한다는 점을 드러내고 있습니다.

　물질과 정신 현상을 알아차릴 때 욕망이 있으면 현상의 원하는 측면만 보려고 하고, 성냄이 있으면 싫어하는 측면만 보려고 하므로 대상을 편견이 없이 객관적으로 볼 수 없습니다. 또 해태와 혼침이 있으면 마음이 멍하고, 게으르며, 무기력한 상태가 되어 알아차림의 대상을 놓치게 됩니다. 이렇게 알아차림을 할 때 욕망과 성냄, 해태와 혼침 등의 장애가 있으면 물질과 정신 현상을 있는 그대로 알아차릴 수 없습니다. 반면에 장애가 없으면 물질과 정신 또는 몸과 마음의 현상을 집착하거나 싫어하는 마음이 없이 또렷또렷하게 있는 그대로 알아차릴 수 있습니다. 그로 인해 물질과 정신에서 한 걸음 떨어져 평온한 마음으로 ‘단지 물질이 일어났구나.’, ‘정신이 일어났구나.’라고 객관화해 알아차릴 수 있습니다. 이렇게 해야 물질과 정신 현상의 실상을 꿰뚫어 아는 지혜가 생길 수 있습니다.

　셋째, 알아차림을 통해 바른 앎과 바른 기억이 생긴다는 점입니다. “열심히 정진하고 바르게 알고 바르게 기억하며 머문다”라는 구절에서 “열심히 정진하고”는 행주좌와 언제나 몸과 마음의 현상을 알아차리기 위해 열심히 노력하라는 의미이고, “바르게 알고 바르게 기억하며 머문다”라는 구절은 알아차림을 열심히 정진하면 바른 앎과 바른 기억을 확립할 수 있다는 의미입니다.

　앞서 설명했듯이 알아차림은 욕망이나 성냄 등의 장애가 없이 물질과 정신의 현상을 관찰하는 수행이므로 알아차림을 통해 현상에 대한 표면적인 이해뿐만 아니라 현상의 실상에 대한 지혜가 생깁니다. 우리는 보통 어떤 사람을 볼 때 선입견을 갖고 바라봅니다. 자기 나름대로 그 사람에 대한 이미지를 만들고, 그 이미지를 실제라고 생각하면서 보기 마련입니다. 즉 개념, 언어, 고정관념에 상당히 많이 좌우된다고 말할 수 있습니다. 하지만 알아차림을 통해 대상을 집착이나 싫어함이 없이 있는 그대로 바라본다면, 고정관념이나 세속적 통념에 얽매이거나 피상적인 이해에 머물지 않고 대상의 본질적인 속성을 통찰할 수 있습니다.

예를 들어 우리가 평소에 컵을 볼 때 그냥 컵이라고 습관적으로 생각하고 컵이 마음에 들면 좋아하고, 그렇지 않으면 싫어합니다. 하지만 컵에 집착하거나 싫어하지 않고 있는 그대로 알아차리면 컵에 대한 피상적인 이해에 머무르지 않고 컵의 실상은 물질이고, 그것은 변형되는 것이므로 무상함을 꿰뚫어 알 수 있습니다.

다른 예로 몸에서 일어나는 통증에 대해 싫어하고 불만스러운 마음이 일어났을 때 그것에 압도당하지 않고 단지 '성냄이 일어났구나.'라고 있는 그대로 알아차릴 수 있습니다. 그러면 싫어하고 불만스러워하는 마음의 실상은 성냄일 뿐이고, 그것은 괴로움이 일어나게 하는 해로운 마음임을 통찰할 수 있습니다. 이렇게 알아차림을 통해 현상의 실상이나 본질을 깊이 통찰하는 지혜를 계발할 수 있습니다.

이러한 지혜는 앞서 언급한 직관지와 반조지로 크게 나눌 수 있습니다. 몸과 마음을 알아차릴 때 집착하거나 싫어하는 마음 없이 몸과 마음의 실상을 있는 그대로 꿰뚫어 봄으로써 그것들에 대한 바른 앎 또는 지혜가 계발된다고 하였습니다. 이때 계발된 바른 앎은 이론적인 것이 아니라 실제 자신의 삶에서 일어나는 물질과 정신에 대한 직접적인 지혜이고, 체험적인 바른 앎으로서 이때 생긴 바른 앎을 바로 직관지 또는 직접지直接智라 합니다.

더불어 알아차림을 실천할 때 생긴 바른 앎을 잊지 않으려고 노력하는 과정에서 바른 기억이 계발된다고 하였습니다. 역으로 바른 기억이 있다는 것은 이미 생긴 바른 앎들을 기억하고 있음을 의미합니다. 이처럼 알아차림을 통해 바른 앎과 바른 기억이 계발되며, 이들은 서로 의지합니다. 그리고 알아차림을 통해 바른 기억이 풍부해지면 이미 계발된 바른 앎들을 기억해내어 그것들의 특성, 조건, 계발하는 방법 등을 숙고하고 조사함으로써 더 깊고 예리한 바른 앎을 계발할 수 있습니다. 이렇게 계발된 지혜가 조사지, 법의 조사, 반조지입니다. 직관지와 마찬가지로 반조지와 더불어 이를 잊지 않는 바른 기억도 계발됩니다. 이와 같은 반조지와 바른 기억이 계발되면 물질과 정신 현상을 알아차릴 때 더 깊고 예리한 직관지가 생기게 됩니다. 이처럼 직관지와 반조지는 서로 도우며 지혜가 더 깊고 예리하게 성장할 수 있도록 합니다. 이 지혜의 성장에 대해서 좀 더 자세히 살펴봅시다.

먼저 알아차림을 실천하면 물질과 정신에 대한 바른 앎과 바른 기억이 생깁니다. 그러면 바른 기억을 기반으로 물질과 정신이 왜 일어나는지 그 원인에 대하여 숙고하고 조사함으로써 모든 물질과 정신 현상은 조건을 의지해서 일어난다는 연기에 대한 바른 앎과 바른 기억이 생깁니다. 그러면 물질과 정신은 조건을 의지해서 형성된 법이므로 그것들은 조건이 없어지면 소멸하기 마련임을 꿰뚫어 알 수 있습니다. 그래서 물질과 정신은 무상하고, 무상인 것은 불확실하고 불만족스러우므로 괴로움이며, 무상하고 괴로움인 것은 내 마음대로 통제할 수 없고 고정불변하는 실체가 없으므로 무아라는 지혜가 생깁니다. 이렇게 연기에 대한 바른 앎과 바른 기억을 통해 물질과 정신은 무상하고, 괴로움이며, 무아라는 삼법인의 바른 앎과 바른 기억이 생깁니다.

그런데 세상과 존재에 대한 탐욕, 즉 물질과 정신에 대한 탐욕은 그것들이 '영원하고 행복이고 나의 것, 나, 나의 자아'라고 잘못 아는 어리석음을 조건으로 일어납니다. 그래서 삼법인에 대한 바른 앎과 바른 기억이 생기면 물질과 정신에 관한 어리석음이 빛바래고, 어리석음이 빛바래면 물질과 정신이 집착할만한 가치가 없다는 것을 통찰하고 멀리하는 염오의 지혜(바른 앎)와 바른 기억이 생겨 물질과 정신에 대한 탐욕이 더욱 빛바래게 됩니다. 더 나아가 염오의 지혜와 바른 기억이 훨씬 더 강해지면 궁극적으로 탐욕을 완전히 소멸하는 이욕의 지혜(바른 앎)가 생기고, 그 지혜를 행주좌와 언제나 잊지 않는 바른 기억이 완전하게 확립됩니다. 이런 상태를 '바른 기억의 현전' 또는 '바른 기억의 확립'이라고 합니다.

바른 기억이 확립되면 행주좌와 언제나 지혜가 현전하게 되므로 탐욕, 성냄, 어리석음 등의 해로운 마음을 완전히 제거·소멸하고 내려놓을 수 있습니다. 이것이 앞서 설명한 '이해하고 내려놓기'의 완성입니다. 다시 말해서 바른 앎과 바른 기억을 통해서(이해하고) 해로운 마음을 완전하게 내려놓고(내려놓기) 괴로움을 소멸하는 것이 알아차림을 실천하는 가장 중요한 목적입니다.

바른 기억을 통해 바른 삼매가 계발된다

앞서 바른 정진을 통해 알아차림을 닦으면 바른 앎과 바른 기억이 계발된다고 했습니다. 그런데 알아차림을 닦을 때는 가장 뚜렷하고 알아차리기 쉬운 대상인 몸을 기본 대상으로 삼아 알아차림을 실천하는 것이 바람직합니다. 좀 더 구체적으로 설명하면 수행을 시작하기 전 다른 대상에 관한 관심을 내려놓은 채 '현재의 몸'만을 알아차리겠다고 결심한 다음 현재의 몸만을 알아차리려고 노력합니다. 하지만 사람들의 마음은 아직 길들지 않아서 현재의 몸에 머물겠다고 결심했을지라도 욕망 등의 장애가 있으면 마음은 현재의 몸에 머물지 못하고 과거의 생각이나 미래의 계획 등 다른 대상으로 움직이게 됩니다. 이때 그 움직이는 마음을 알아차려서 그것이 욕망 등의 장애임을 이해하고 내려놓아 다시 현재의 몸을 알아차릴 수 있습니다. 이와 같은 방식으로 수행함으로써 지혜는 물론 삼매도 계발할 수 있습니다.

먼저 '현재의 몸'과 '몸에 머물지 않고 움직이는 마음'을 알아차리고 내려놓는 과정에서 몸과 마음, 즉 물질과 정신에 대한 바른 앎과 바른 기억이 계발됩니다. 다시 말해서 몸과 마음에 대한 지혜, 마음을 움직이게 하는 장애를 내려놓는 지혜, 몸에만 알아차림을 지속하게 하는 지혜, 몸과 마음이 조건에 의해 형성되었으므로 무상하고, 괴로움이며, 무아라는 지혜 등과 그것들을 잊지 않는 바른 기억이 계발됩니다. 이때 계발된 지혜와 바른 기억을 통해 해로운 심리 작용들, 특히 장애를 내려놓으면 장애로 인해 움직이던 생각이나 마음이 멈추게 되고, 오직 현재의 몸만 알아차리며 행복한 마음으로 머물 수 있게 됩니다. 이렇게 지혜와 바른 기억을 통해 해로운 심리 작용들, 특히 장애를 내려놓고 현재의 몸만을 알아차리고 있는 마음 상태를 '바른 삼매'라고 합니다. 이처럼 바른 앎을 잊지 않는 바른 기억을 통해 해로운 마음, 특히 장애를 내려놓음으로써 바른 삼매가 계발됩니다.

여기서 바른 삼매는 단순히 집중된 마음 상태가 아님을 주의해야 합니다. 바른 삼매는 지혜로써 해로운 심리 작용들, 특히 장애를 떨쳐 버림으로써, 떨쳐 버림에서 생긴 희열과 행복이 마음에 충만해지고, 그로 인해 몸만을 알아차리며 행복하게 머무는 마음 상태입니다. 그래서 바른 삼매는 지혜로 장애를 내려놓음으로써 청정하고, 고요하며, 집중된 마음 상태를 의미한다는 사실을 잘 기억해야 합니다.

이와 같은 바른 삼매를 편의상 구분하자면 일상 수행에서 생기는 '찰나 삼매', 걷기 수행 등을 통해서 생기는 '근접 삼매', 붓다

제2부. 이해하고 내려놓기

의 호흡 수행을 통해 생기는 '몰입 삼매'로 나눌 수 있습니다.

첫째, 찰나 삼매는 일상생활에서 일어나는 현재의 감각 대상에 순간순간 집중하는 삼매를 말합니다. 이와 같은 찰나 삼매는 일상에서 현재 가장 뚜렷하게 일어나는 감각 대상을 생각 없이 알아차리는 수행을 할 때 주로 나타납니다(자세한 것은 제3장 일상 수행을 참고하십시오).

둘째, 근접 삼매는 몰입 삼매에 들어가기 직전의 마음 상태로서 몰입 삼매에 아주 가깝다는 의미로 근접 삼매라 합니다. 이와 같은 근접 삼매는 걷기 수행에서 발의 움직임이나 촉감 등과 같이 아주 제한된 대상을 알아차리는 수행에서도 가능합니다. 물론 붓다의 호흡 수행을 통해 몰입 삼매에 들기 직전에도 근접 삼매가 생깁니다.

셋째, 몰입 삼매는 오직 하나의 대상만을 기억해 알아차림으로써 마음이 하나의 대상에 완전히 몰입된 삼매를 말합니다. 이와 같은 몰입 삼매는 들숨날숨기억[ānāpāna-sati], 즉 호흡 수행과 같이 오직 하나의 대상만을 알아차리는 수행을 통해서만 가능합니다.

붓다의 호흡 수행은 들숨과 날숨을 기본 대상으로 삼아 장애를 철저히 이해하고 내려놓음으로써 바른 삼매를 계발하는 수행입니다. 먼저 들숨과 날숨만 알아차리면서 다른 생각들, 즉 장애가 있는 생각들이 일어나면 그것의 해로움 등을 이해함으로써 장애를 즉시 내려놓고 다시 호흡을 알아차리려고 노력하는 것입니다. 그러다 보면 지혜가 성숙함에 따라 장애가 점차 내려놓아지면서 자연스럽게 숨만 알아차릴 수 있게 됩니다.

나아가 장애를 더 철저히 내려놓게 되면 '숨의 표상[nimitta]'이 나타나고 그것만을 알아차리게 됩니다. 숨의 표상은 마음이 순수하고 깨끗해지면서 나타나는 마음의 표상인데 보통 밝은 빛의 형태로 나타납니다. 숨의 표상과 더불어 수행자의 마음은 장애를 떨쳐 버림으로써 생긴 '벗어남의 희열과 행복'으로 충만하게 됩니다. 이때의 행복은 세속에서 느낄 수 있는 행복과는 비교도 되지 않을 정도로 평화롭고 만족스러운 행복입니다. 이를 '벗어남[出離]의 행복'이라 하는데 선정의 아주 중요한 조건입니다. 벗어남의 행복이 생기면 숨의 표상을 알아차리고 있는 것 자체가 매우 행복하므로 다른 대상으로 마음이 전혀 움직이지 않고 숨의 표상에만 몰입되어 청정하고, 고요하며, 흔들림 없는 마음 상태로 행복하게 머물게 됩니다. 마치 사랑하는 연인과 함께 있으면 행복해서 시간 가는 줄 모르는 것처럼 숨의 표상만을 알아차리고 있는 마음이 매우 행복하므로 오랜 시간 숨에 완전히 몰입할 수 있는 것입니다.

이런 몰입 삼매를 불교에서는 특히 '선정[jhāna, 禪定]'이라고 부릅니다. 선정에 들었을 때는 수행 대상 외의 다른 생각은 전혀 일어나지 않고, 보고 듣고 맛보고 냄새 맡고 감각을 감지하는 오감五感이 전혀 작용하지 않습니다. 선정에서 출정하여 다시 마음이 움직일 때야 비로소 '내가 선정의 상태에 있었구나.'라고 알 수 있으며, 다른 대상도 분별하여 알 수 있습니다. 이처럼 선정은 전문적으로 수행한 사람만이 경험할 수 있는 특별한 마음 상태입니다

(숨의 표상과 선정에 대해서는 6장에서 좀 더 자세히 설명하겠습니다).

　이상으로 바른 삼매의 세 가지 형태에 대하여 간단히 살펴보았습니다. 그런데 이 세 가지는 편의상 구분한 것으로 부처님께서 경전에서 설하신 바른 삼매는 몰입 삼매, 즉 선정을 말한다는 점에 주의해야 합니다. 다시 말해 바른 삼매는 네 가지 선정, 즉 색계 초선, 색계 이선, 색계 삼선, 색계 사선을 말합니다.

바른 삼매를 통해 바른 지혜가 계발된다

이와 같은 바른 삼매, 즉 네 가지 선정은 해로운 마음을 소멸하는 깨달음의 지혜, 이욕의 지혜, 바른 지혜에 결정적인 조건이 됩니다.

　몰입 삼매는 찰나 삼매와 근접 삼매보다 훨씬 더 오랜 시간 지속되고, 훨씬 더 청정하며, 고요하고, 집중된 마음 상태입니다. 따라서 선정에서 출정한 후의 마음을 기반으로 물질과 정신 현상을 관찰할 때 현상의 실상을 나타내는 법을 더욱 명료하게 볼 수 있습니다. 더 나아가 그 법들의 조건을 조사함으로써 물질과 정신의 법들이 조건에 의해 형성되었으므로 무상하고, 괴로움이며, 무아라는 사실을 훨씬 더 명료하게 꿰뚫어 알 수 있습니다. 이처럼 몰입 삼매를 기반으로 물질과 정신 현상들을 숙고하고 조사하면 깨달음의 지혜와 그것에 대한 바른 기억이 확립되어 해로운 마음을 완전히 내려놓고 괴로움을 소멸할 수 있습니다.

예를 들어 경전에는 선정에서 출정한 후에 선정을 이루고 있는 다섯 무더기에 관하여 숙고하고 조사함으로써 깨달음을 얻을 수 있다고 설하신 가르침이 자주 나옵니다. 다시 말해서 선정에서 출정한 직후의 청정하고, 고요하며, 집중된 마음을 기반으로 선정에 들었던 '나'라는 존재의 실상인 물질 무더기, 느낌 무더기, 인식 무더기, 형성 무더기, 의식 무더기의 다섯 무더기에 관하여 숙고하고 조사하면 다섯 무더기는 조건에 의해 형성되었으므로 무상하고, 괴로움이고, 무아라고 분명하게 통찰하는 지혜가 생긴다는 것입니다. 이때 생긴 지혜와 그것에 대한 바른 기억의 확립을 통해 다섯 무더기에 대한 탐욕 등의 해로운 마음을 내려놓고 괴로움을 소멸할 수 있습니다. 이같이 부처님께서는 바른 삼매, 즉 선정을 통해 깨달음의 지혜, 이욕의 지혜, 바른 지혜를 계발할 수 있다고 설하셨습니다.

삼매와 지혜는 서로 돕는다

앞서 살펴보았듯이 현재의 몸에 관한 알아차림을 통해 바른 앎과 바른 기억이 계발됩니다. 특히 현재의 몸과 마음이 하나가 되는 것을 방해하는 장애를 즉시 알아차리는 직관지와 그것을 검증하고 탐구하는 반조지와의 조화를 통해 장애를 철저히 꿰뚫어 아는 지혜와 바른 기억이 생겨납니다. 다시 말해서 자신에게 어떤 장애가 일어나는지, 장애가 일어나는 조건이 무엇인지, 장애를 버리는 방법은 무엇인지, 장애를 예방할 수 있는지 등에 대하여 체험을 통해 생긴 지혜와 바른 기억이 계발되는 것입니다. 이때 생긴 지혜와 바른 기억의 힘으로 장애가 철저히 내려놓아지면 청정하고, 고요하며, 현재의 몸에 집중된 마음 상태가 되는데 이것이 바른 삼매입니다. 결국 지혜를 통해 바른 삼매가 계발됩니다.

역으로 바른 삼매가 생겼을 때 삼매의 마음을 기반으로 물질과 정신 현상에 대한 직관지와 반조지를 계발할 수 있습니다. 먼저 바른 삼매를 기반으로 직관지가 계발됩니다. 마치 고요한 호수에 달이 그대로 비치듯 수행자의 마음이 청정하고, 고요하며, 집중되어 있을 때 물질과 정신 현상을 있는 그대로 직접적으로 통찰하는 직관지가 계발됩니다. 나아가 이러한 직관지에 대하여 바르게 사유함으로써 반조지를 계발할 수 있습니다. 바른 사유는 청정하고, 고요하며, 집중된 마음 상태인 바른 삼매를 기반으로 바른 견해에 부합하게 생각하는 것을 말합니다. 바른 사유를 통해 직관지들 사이의 관계, 조건 등을 검증하고 탐구함으로써 더 예리하고 깊은 지혜가 계발되는데 이것이 반조지입니다.

이렇게 바른 삼매를 통하여 직관지와 반조지가 생깁니다. 결국 바른 삼매를 통해 지혜가 생기는 것입니다. 특히 장애에 대한 지혜가 더 예리하고 강하게 생기는데 이 지혜를 통해 더 쉽게 장애를 내려놓고 삼매에 들 수 있습니다.

이상에서 살펴보았듯이 지혜는 바른 삼매를 생기게 하고, 바른 삼매는 지혜를 생기게 합니다. 다시 지혜가 강해지면 바른 삼매가 깊어지고, 이런 바른 삼매는 지혜를 더 예리하고 깊어지게 합니다. 이렇게 선순환하면서 지혜와 삼매는 성숙해 갑니다. 그러다가 장애를 버리는 지혜가 충분히 성숙해지면 선정에 들 수 있습니다. 그러면 선정에서 출정한 후에 선정을 이루고 있는 다섯 무더기를 조사함으로써 깨달음의 지혜가 생겨 해로운 마음을 완전히 내려놓고 괴로움을 소멸할 수 있는 것입니다.

이처럼 삼매와 지혜는 서로 돕는 관계입니다. 지혜가 없는 삼매가 없고, 삼매가 없는 지혜도 없다는 점을 잊지 말아야 합니다. 『법구경』에 다음과 같은 말씀이 나옵니다.

"지혜가 없는 자에게 선정은 없고, 선정이 없는 자에게 지혜는 없다."

중도 수행

수행자들은 보통 감각적 욕망의 즐거움을 탐닉하거나 자신을 괴롭히고 학대하며 고행하는 것을 수행이라 생각하는 양극단에 빠지기 쉽다고 하였습니다. 하지만 이 두 가지 극단적인 수행은 괴로움을 키울 뿐임을 부처님께서는 꿰뚫어 보셨고, 이 양극단을 극복하고 진정한 괴로움의 소멸로 이르는 올바른 방법으로 팔정도, 즉 중도를 깨달으셨습니다.

중도는 바른 견해를 바탕으로 바르게 정진하여 바른 삼매를 계발하고, 바른 삼매를 바탕으로 바른 지혜를 완성하여 해로운 마음을 완전히 내려놓고 괴로움을 소멸하는 수행입니다. 다시 말해서 중도는 감각적 즐거움에 빠지지도 않고 자신을 학대하지도 않으면서 오히려 벗어남의 행복, 삼매의 행복을 기반으로 지혜와 바른 기억을 계발해 해로운 마음을 내려놓고 괴로움을 소멸하는 수행입니다. 그러므로 불교의 수행은 한마디로 '중도 수행'이라 할 수 있습니다. 그러면 중도 수행을 구체적으로 어떻게 실천하는지 살펴보겠습니다.

팔정도에서 바른 견해와 청정한 계율, 즉 바른 견해, 바른 사유, 그리고 바른 말, 바른 행위, 바른 생계는 수행의 출발점이라고 하였습니다.

바른 견해는 수행의 방향성과 수행 방법을 나타내므로 이는 불교 수행의 처음과 중간과 끝이라고 할 수 있습니다. 이와 같은 바른 견해를 바탕으로 청정한 계율을 지켜야 하는데 이는 후회가 사라지게 하여 수행의 중요한 기초가 된다고 하였습니다. 이렇게 바른 견해와 청정한 계율을 갖추고 나면 바른 정진을 할 수 있습니다. 바른 정진은 해로운 마음을 버리고 유익한 마음을 계발하고자 열의를 일으키고 애쓰고 노력하는 것으로 알아차림의 실천을 통해서 가능합니다.

해로운 마음이 일어났을 때 그것을 즉시 알아차려 바른 앎과 바른 기억을 계발해 이해하고 내려놓아야 합니다. '지금 바쁘니 내일 버려야지.', 아니면 '일 년쯤 뒤에 버려야지.', '나중에 직장을 은퇴하고 버려야지.' 한다면 어떻게 될까요? 마음은 오염되고, 오염된 마음은 계속해서 자랄 것입니다. 잔디밭에 잡초가 났을 때 그때그때 뽑아 주면 어렵지 않게 유지할 수 있습니다. 하지만 오래 방치하면 잡초가 잔디밭을 뒤덮어 버려 잔디는 없어지고 잡초밭이되어 버릴 것입니다. 마찬가지로 해로운 심리 작용이 일어날 때도빨리 알아차려서 이해하고 내려놓아야 그것이 자라지 않게 할 수있습니다. 그래야 해로운 심리 작용에 오염되지 않고 청정한 마음을 유지할 수 있습니다. 이를 위한 구체적인 방법이 '알아차림'인것입니다.

특히 현재의 몸을 기본 대상으로 삼아 알아차림을 실천하면지혜와 삼매를 균형 있게 계발할 수 있습니다. 다시 말해서 '현재의 몸'과 '몸에 머물지 않고 움직이는 마음'을 알아차림으로써 몸과 마음에 대한 지혜와 바른 기억을 계발할 수 있고, 이를 통해 현재의 몸에 머무는 것을 방해하는 장애를 내려놓음으로써 알아차림의 대상인 현재의 몸에 행복하게 머무는 바른 삼매를 계발할 수있습니다. 따라서 몸을 기본 대상으로 삼아 알아차림을 실천하려고 노력하는 일은 바른 정진의 가장 대표적인 형태라고 할 수 있습니다. 이와 같은 몸에 관한 알아차림은 몸의 자세에 따라 세 가지, 즉 호흡 수행, 걷기 수행, 일상 수행으로 나눌 수 있습니다.

첫째, 좌선할 때 가장 적합한 수행은 '붓다의 호흡 수행'입니다. 좌선에서는 '들숨과 날숨'이 잘 드러나므로 '현재의 들숨과 날숨'을 기본 대상으로 삼아 숨만을 알아차리려고 노력합니다. 그러다가 이를 방해하는 장애가 일어나면 그것을 일아차린 후에 이해하고 내려놓은 후 다시 숨을 알아차리면 됩니다. 이와 같은 붓다의 호흡 수행을 통해 숨의 표상[nimitta]과 하나가 되어 행복하게 머무는 바른 삼매, 즉 몰입 삼매인 선정까지 계발할 수 있습니다.

둘째, 걸을 때 가장 적합한 수행은 '걷기 수행'입니다. 걸을 때는 '발걸음'이 가장 뚜렷하게 드러나므로 현재의 발걸음을 기본 대상으로 삼아 걸을 때 '현재의 발걸음'만을 알아차리려고 노력합니다. 그러다가 이를 방해하는 장애가 일어나면 그것을 알아차린 후에 이해하고 내려놓은 후 다시 현재의 발걸음을 알아차리면 됩니다. 이와 같은 걷기 수행을 통해 발걸음과 하나가 되어 행복하게 머무는 근접 삼매를 얻을 수 있습니다(호흡 수행과 걷기 수행에 관한 더 자세한 내용은 2장에서 설명하겠습니다).

셋째, 일상생활에서 가장 적합한 수행은 '일상 수행'입니다. 일상에서는 '감각 대상'이 가장 뚜렷하게 드러나므로 '현재 가장 뚜렷한 감각 대상'을 기본 대상으로 삼아 그것만을 알아차리려고 노력합니다. 그러다가 이를 방해하는 장애가 일어나면 그것을 알아차린 후에 이해하고 내려놓은 후 다시 현재 가장 뚜렷한 감각 대상을 알아차리면 됩니다. 이와 같은 일상 수행을 통해 현재의 감각 대상과 하나가 되어 행복하게 머무는 찰나 삼매를 얻을 수 있습니다(좀 더 자세한 내용은 다음 3장 '일상 수행'에서 설명하겠습니다).

이상에서 살펴본 세 가지, 즉 붓다의 호흡 수행, 걷기 수행, 일상 수행을 열심히 조화롭게 실천하려고 노력하는 것이 바른 정진입니다.

앞서 설명했듯이 바른 정진을 통해 행주좌와 언제나 해로운 심리 작용들, 특히 장애를 내려놓는 지혜[바른 앎]와 그것을 잊지 않는 바른 기억이 계발됩니다. 이와 같은 바른 기억이 강해질수록 장애를 쉽게 내려놓을 수 있습니다. 특히 좌선 자세에서 붓다의 호흡 수행을 통해 바른 앎과 바른 기억이 확립되어 장애가 철저히 내려놓으면 숨의 표상에 완전히 몰입된 삼매인 선정을 얻을 수 있습니다. 이것이 바른 삼매입니다.

이렇게 바른 정진을 통해 바른 앎과 바른 기억이 생기고, 바른 기억을 통해 바른 삼매가 생깁니다. 더 나아가 바른 삼매가 생기면 앞서 설명했듯이 바른 삼매를 기반으로 반조하고 검증하고 조사함으로써 이욕의 지혜, 깨달음의 지혜, 바른 지혜가 생겨 해로운 심리 작용을 완전히 버리고 해탈해 괴로움을 소멸할 수 있습니다. 이것이 중도 수행의 끝이고, 완성입니다.

이상에서 설명한 것을 정리하면 중도 수행의 출발점은 바른 견해와 청정한 계율을 갖추는 것입니다. 이를 기반으로 언제 어디서 무엇을 하든 세 가지 수행, 즉 붓다의 호흡 수행, 걷기 수행, 일상 수행을 실천하기 위해 열심히 노력합니다. 이것이 바른 정진입니다. 바른 정진을 통해서 바른 앎과 바른 기억을 계발해 해로운 심리 작용들, 특히 장애를 내려놓고 바른 삼매에 들 수 있습니다. 그러면 다시 바른 삼매를 기반으로 바른 지혜와 바른 기억을 확립해 해로운 심리 작용을 완전히 버리고 바른 해탈을 이루어 괴로움의 소멸을 실현할 수 있습니다. 이것이 '이해하고 내려놓기'의 완성이고, '중도 수행'의 완성입니다.

2장.
호흡 수행과 걷기 수행

앞서 중도 수행을 위해 알아차림을 실천하는 방법은 크게 세 가지, 즉 걷기 수행과 호흡 수행, 일상 수행으로 나눌 수 있다고 했습니다. 이 장에서는 먼저 호흡 수행과 걷기 수행에 대하여 살펴보겠습니다.

호흡 수행은 불교 외에도 많은 수행 전통에서 활용하고 있습니다. 하지만 불교의 호흡 수행은 바른 삼매를 계발하기 위한 수행으로, 바른 삼매는 불교의 핵심인 바른 견해, 즉 사성제의 지혜를 기반으로 계발된 삼매입니다. 이것이 불교의 호흡 수행이 다른 전통의 호흡 수행과 근본적으로 다른 점입니다. 그래서 여기서 설명하는 호흡 수행은 부처님께서도 직접 닦으셨고, 불교의 호흡 수행 방법임을 분명히 하기 위해 '붓다의 호흡 수행'이라고 부르겠습니다.

붓다의 호흡 수행은 곧 '들숨날숨기억[ānāpāna-sati]'을 말합니다. 들숨과 날숨[ānāpāna] 또는 호흡을 알아차림으로써 바른 앎과 바른 기억을 계발해 해로운 심리 작용들, 특히 장애를 내려놓고 삼매에 드는 방법입니다.

한 가지 중요한 것은 붓다의 호흡 수행을 통하여 바른 삼매를 계발할 때 걷기 수행과 일상 수행과의 조화를 잘 이루어 평소에도 장애가 일어나지 않도록 노력해야 한다는 점입니다. 평소에 장애를 많이 일으킨다면 좌선 자세에서 호흡 수행을 할 때 장애가 있는 생각들이 많아지게 되고 바른 삼매를 얻기가 어려워집니다.

호흡 수행의 올바른 방향

붓다의 호흡 수행은 바른 견해를 기반으로 바른 삼매를 닦는 수행입니다. 그래서 호흡 수행을 시작하기 전에 먼저 바른 견해를 갖추어야 합니다. 지금까지 반복하여 강조했듯 바른 견해는 사성제에 대한 지혜를 말합니다. 고성제의 지혜는 세상의 모든 현상은 물질과 정신이며, 그것들은 조건을 의지해서 형성되었으므로 무상하고, 괴로움이며, 무아라고 꿰뚫어 아는 지혜이고, 집성제의 지혜는 해로운 심리 작용을 조건으로 괴로움이 일어남을 꿰뚫어 아는 지혜입니다. 또 멸성제는 해로운 심리 작용의 소멸이 괴로움의 소멸이라고 꿰뚫어 아는 지혜, 도성제는 유익한 심리 작용, 특히 팔정도가 괴로움의 소멸로 인도함을 꿰뚫어 아는 지혜입니다. 이와 같은 바른 견해를 잘 기억하고 수행한다면 다음과 같은 두 가지 방향으로 호흡 수행을 실천할 수 있습니다.

첫째, 숨과 하나가 되는 마음을 방해하는 해로운 심리 작용,

즉 감각적 욕망, 성냄, 해태와 혼침, 들뜸과 후회, 의심 등의 장애를 버리는 방향으로 바르게 정진할 수 있습니다. 나아가 이러한 해로운 심리 작용이 다시 일어나지 않는 방향으로 노력할 수 있습니다.

둘째, 숨을 잊지 않는 바른 기억, 숨을 분명히 알아차리는 지혜, 숨과 하나가 된 마음인 바른 삼매 등의 유익한 마음을 계발하는 방향으로 바르게 정진할 수 있습니다. 나아가 이미 계발된 유익한 마음을 잘 유지하는 방향으로 정진할 수 있습니다.

숨을 기본 대상으로 삼아 알아차림하면서 이를 방해하는 장애를 내려놓는 지혜를 계발하는 방향으로 정진하고, 이때 생긴 지혜로써 장애가 버려지고 숨과 마음이 하나가 되면 그 마음을 잘 유지하는 지혜를 계발하는 방향으로 정진할 수 있습니다. 이처럼 호흡 수행의 올바른 방향은 장애를 버리는 지혜와 숨과 하나가 된 마음을 유지하는 지혜를 계발함으로써 바른 삼매를 계발하는 것입니다.

달리 말하면 붓다의 호흡 수행의 올바른 방향은 욕망이 아니라 지혜로써 삼매를 계발하는 것입니다. 이는 간단한 것 같지만 실천하기는 매우 어렵습니다. 보통 사람들은 세속에서 원하는 결과를 성취하고자 할 때 욕망을 동력으로 삼아 애쓰고 노력하는 방식이 습관이 되어 있습니다. 그러므로 호흡 수행을 실천할 때도 욕망을 기반으로 수행을 하면서 삼매에 들기 위한 조건들을 갖추고자 노력하지 않고 '삼매라는 결과'에만 집착합니다. 마치 사과 열매를 얻고자 하는 사람이 물과 거름을 주고, 잡초를 뽑는 등의 노력은 하지 않고 사과 열매에만 집착하는 것처럼.

그래서 욕망을 기반으로 호흡 수행을 하는 수행자는 빨리 삼매에 들고 싶은 욕망으로 인해 숨에 과도하게 집중하려는 방향으로 노력하게 됩니다. 이로 인해 오히려 마음이 긴장되고 들뜨게 되어 삼매로부터 멀어집니다. 그러면 삼매에 대한 욕망이 충족되지 않으므로 화가 일어나고 마음에 불만족이 많아집니다. 그러면 결국 삼매에서 더 멀어지게 됩니다. 이렇게 욕망을 기반으로 호흡 수행을 한다면 긴장과 불만족의 악순환이 계속되어 삼매를 얻을 수 없습니다. 이처럼 욕망은 삼매를 얻는 데 장애일 뿐입니다.

하지만 지혜를 기반으로 호흡 수행을 실천하는 수행자는 결과에 집착하지 않고 삼매에 들기 위한 조건들을 갖추는 방향으로 수행합니다. 예를 들어 숨을 잊지 않고 숨만 분명히 알아차리려고 노력하면서, 장애가 일어나면 지혜로써 장애를 내려놓고 다시 숨만을 알아차리는 시간을 늘리고자 노력하는 방향으로 수행합니다. 한마디로 삼매라는 결과에 집착하지 않고 '삼매를 방해하는 장애를 내려놓는 지혜'와 '숨과 마음이 하나가 된 삼매를 유지하는 지혜'를 갖추는 방향으로 수행하게 됩니다. 이렇게 지혜를 기반으로 삼매에 들 수 있는 조건들을 갖추어 가는 방향으로 수행하면 자연스럽게 바른 삼매에 들 수 있습니다.

이처럼 붓다의 호흡 수행은 욕망이 아니라 지혜로써 닦아야 합니다. 이와 같은 바른 견해를 갖추는 일이 붓다의 호흡 수행의 출발점이고, 올바른 마음 자세를 가다듬는 것입니다.

호흡 수행의 올바른 방법

장소와 자세

호흡 수행은 숲속의 수행처나 가성십의 빈방 등과 같이 외부의 자극이 적은 조용한 곳에서 하는 게 좋습니다. 자세는 좌선 자세가 좋은데 결가부좌, 반가부좌, 평좌平坐 중에서 자신이 가장 편안한 자세를 선택하면 됩니다. 여기서 결가부좌는 오른쪽 발을 왼쪽 넓적다리 위에 얹어 놓고 그다음에 왼쪽 발을 오른쪽 넓적다리 위에 얹어 놓거나, 왼쪽 발을 오른쪽 넓적다리 위에 얹어 놓고 그다음 오른쪽 발을 왼쪽 넓적다리 위에 얹어 놓는 자세를 말합니다. 또 반가부좌는 어느 한쪽의 발만 다른 쪽의 넓적다리 위에 놓고 앉는 자세를 말하고, 평좌는 양쪽 다리를 가지런히 바닥에 놓는 자세를 말합니다. 한편 좌선 자세로 수행할 때는 양다리를 주기적으로 바꾸어 주는 것이 좋습니다. 그렇지 않으면 골반이 한쪽으로 틀어져 건강이 나빠질 수 있습니다.

좌선 자세를 취했으면 허리는 곧게 펴 주어야 합니다. 그렇지 않으면 허리를 다치거나 졸음이 오기 쉽습니다. 만약 허리가 잘 펴지지 않는다면 적당한 두께의 방석을 이용하여 엉덩이 뒤쪽을 받치면 허리를 곧게 세우고 올바른 자세로 앉을 수 있습니다.

초심자는 좌선 자세가 아직 힘들고 허리도 자꾸 구부러질 수 있습니다. 이럴 때는 평소 스트레칭이나 마사지를 통해 몸의 근육을 풀어주고, 코어 운동을 통해 복근과 허리 근육을 잘 단련하면

2장. 호흡 수행과 걷기 수행

올바른 좌선 자세에 도움이 됩니다.

이와 같은 좌선 자세가 호흡 수행을 하기에 가장 좋은 자세이기는 하지만 만약 이 자세가 힘든 사람은 의자에 앉아서 수행해도 무방합니다. 단 이때에도 등은 곧게 세우고 앉아야 합니다. 등을 의자에 기대어 너무 편안한 자세로 앉으면 졸음에 빠지기 쉽기 때문입니다.

좌선 자세로 앉았다면 손은 자신이 가장 편한 상태로 양 무릎이나 두 다리가 포개어지는 부분에 자연스럽게 올려놓으면 됩니다.

눈은 지그시 감는 것이 좋습니다. 눈을 뜨고 있으면 형상이 눈에 자꾸 들어와 생각이 움직이기 쉬우므로 눈을 감고 수행하는 것이 바람직합니다. 만약 눈을 감아서 졸음이 온다면 잠시 눈을 떠서 밝은 빛을 보거나 몸을 약간 움직여 졸음을 깬 다음 다시 눈을 감고 수행하면 됩니다. 그리고 숨은 입으로 쉬지 말고 코로 쉬어야 합니다. 입으로 숨을 쉬면 얼굴의 형태도 나빠지고 건강에도 좋지 않을 뿐 아니라 숨을 통해 삼매에 들기도 어렵습니다. 그러므로 입은 다물고 코로 숨을 쉬는 것이 바람직합니다.

이렇게 올바른 자세로 앉았다면 호흡 수행을 시작하기 전에 몸의 긴장부터 풀어 주면 좋습니다. 양다리부터 시작하여 허리, 몸통, 양팔 그리고 어깨와 목까지 차례로 긴장을 풀어 줍니다. 이렇게 몸의 긴장을 풀어 주면 몸이 이완되어 좌선 자세가 편안해지고, 코를 통해 들어오고 나가는 숨도 분명하게 드러납니다. 그러면 호흡 수행에서 알아차림의 대상이 분명해지는 것이므로 호흡 수행에 큰 도움이 됩니다.

들숨과 날숨

만약 숨이 분명하게 드러나지 않을 때는 먼저 숨이 긴지, 짧은지를 알아차리는 방식으로 수행하면 좋습니다. 숨을 조작하지 말고 단지 들이쉬는 숨이 길면 길다고 알고, 내쉬는 숨이 길면 길다고 알거나 들이쉬는 숨이 짧으면 짧다고 알고, 내쉬는 숨이 짧으면 짧다고 알면 됩니다. 이때 숨의 길고 짧은 기준은 자신이 임의대로 정하면 됩니다. 숨이 긴지 짧은지 알아차리는 수행이 순조롭게 이루어지면 들숨과 날숨을 분명하게 알게 되고 숨에 점점 익숙해집니다. 더불어 숨의 길고 짧음에 주의가 기울여짐으로써 장애가 있는 생각도 어느 정도 멈추게 됩니다. 이렇게 하다가 숨이 분명하게 드러나면 숨이 긴지 짧은지에 더 관심 가질 필요가 없으며 단지 숨을 있는 그대로 알아차리면 됩니다.

숨을 알아차릴 때 주의할 점이 있습니다. 먼저 붓다의 호흡 수행은 일상적인 자연 호흡을 알아차리는 수행입니다. 자율신경계에 속하는 호흡은 저절로 이루어집니다. 호흡 수행을 할 때는 이러한 자연 호흡을 그냥 알아차리기만 하면 됩니다. 마치 할 일이 없는 사람이 창문 밖에 오가는 사람들을 단지 지켜보는 것처럼. 그런데 어떤 수행자는 오랜 시간 복식호흡을 해서 자연 호흡보다 복식호흡이 익숙해 자연 호흡을 할 때 복식호흡이 함께 되기도 합니다.

이런 경우 배의 움직임에는 관심을 두지 말고 오직 숨에 마음을 기울여 알아차리면 됩니다. 배의 움직임이 더 분명해 숨보다 배를 알아차리는 사람도 있는데 이것은 배를 알아차리는 수행이지 숨을 알아차리는 호흡 수행이 아니므로 이렇게 해서는 안 됩니다.

또한 숨을 조작하거나 숨을 따라가면서 알아차리면 안 됩니다. 의도적으로 들이쉬는 숨은 짧게 하고 내쉬는 숨은 길게 하는 방식 등으로 숨에 개입하여 조작하면 숨을 쉬는 마음과 숨을 알아차리는 마음으로 분산되어 삼매에 들기 어렵습니다. 또 코에서 목구멍, 목구멍에서 배, 다시 배에서 목구멍, 목구멍에서 코로 숨을 따라가면서 알아차리는 방식도 마음이 산만해져서 삼매에 들기가 어렵습니다. 그러니 숨을 의도적으로 조작하거나 숨을 따라다니지 마십시오. 자연 호흡이 되도록 내버려 두면서 코를 통해 들어오고 나가는 숨을 단지 알아차리기만 하면 됩니다.

그러면 지금부터 호흡 수행의 구체적인 방법에 대하여 살펴보겠습니다. 붓다의 호흡 수행은 다음의 다섯 단계로 요약해서 설명할 수 있습니다.

1단계: 숨을 알아차리며 장애 내려놓기
2단계: 숨의 전 과정을 알아차리며 장애 내려놓기
3단계: 고요한 숨을 알아차리며 장애 내려놓기
4단계: 숨의 표상[nimitta]을 알아차리며 장애 내려놓기
5단계: 선정[jhāna]

이 중 네 번째 단계와 다섯 번째 단계는 다음의 6장에서 좀 더 자세히 설명하기로 하고, 여기에서는 첫 번째 단계에서 세 번째 단계까지만 설명하도록 하겠습니다.

1단계: 숨을 알아차리며 장애 내려놓기

올바른 좌선 자세로 앉은 후에 숨이 분명하게 드러나면 호흡 수행을 시작하기 전 '좌선을 하는 동안 숨 외의 다른 생각들은 모두 내려놓고 현재의 숨만을 알아차리며 행복하게 머물겠다.'라고 결심하는 것이 유익합니다. 부처님께서는 우리 마음을 원숭이 같다고 하셨습니다. 원숭이가 이 나무에서 저 나무로 쉴 새 없이 즐기면서 돌아다니듯이, 우리 마음도 이런저런 대상을 즐기며 돌아다니는 일에 매우 익숙합니다. 그래서 좌선을 하는 동안 숨 외의 다른 생각을 모두 내려놓겠다고 결심하는 일은 마음의 방향성을 분명히 함으로써 다른 생각이 일어나는 일을 상당히 막아 주어 현재의 숨만 알아차릴 수 있게 도와줍니다. 이렇게 좌선 전에 결심한 후 좌선하는 동안은 현재의 숨을 기본 대상으로 삼아 숨만을 알아차리려고 노력하면 됩니다.

이때 빨리 삼매를 얻고자 하는 욕망을 기반으로 숨만을 알아차리고자 과도하게 노력하지 마십시오. 앞서 설명했지만, 욕망을 기반으로 숨에 너무 무리하게 집중하려고 하면 몸이 굳고, 마음도 긴장되고 들떠서 오히려 삼매에 들기가 어렵습니다. 그러므로 숨에 억지로 집중하기보다 숨을 자연스럽게 알아차리면서 숨과 마음이 하나가 되는 삼매를 방해하는 원인을 이해하고 내려놓는 방식으로 수행해야 합니다.

호흡 수행에서 삼매를 방해하는 가장 큰 원인은 생각들입니다. 그리고 이런 생각들이 일어나는 것은 수행자들의 마음에 감각적 욕망과 성냄 등의 장애가 있기 때문입니다. 그러므로 지혜를 계발하여 장애를 내려놓으면 삼매를 방해하는 '장애가 있는 생각들'이 가라앉고, 생각이 가라앉으면 자연스럽게 숨만 알아차릴 수 있게 되어 삼매에 들 수 있습니다.

호흡 수행을 통해 바른 삼매를 얻기 위해서는 다음의 두 가지 지혜가 필요합니다. 하나는 삼매를 방해하는 생각들이 '어떤 장애가 있는 생각인지 분명히 아는 지혜'이고, 다른 하나는 '장애가 있는 생각을 내려놓는 지혜'입니다. 이 두 가지 지혜에 대하여 좀 더 살펴보겠습니다.

첫째, 호흡 수행 중에 일어나는 삼매를 방해하는 생각들이 어떤 장애가 있는 생각인지 분명히 알아차리는 지혜입니다.

앞서 설명했듯이 사람들은 삶에서 다양한 대상과 접촉하며 의식 또는 마음을 통해 그 대상을 분별하며 살아갑니다. 이렇게 마음이 대상을 분별할 때 가장 주된 역할을 하는 것이 바로 생각입니다. 대상을 분별하는 일은 주로 대상에 대하여 이모저모 생각함으로써 이루어지기 때문입니다.

이처럼 생각하는 일은 사람들에게 매우 일상적이고 자연스러운 일이므로 수행자들이 대상을 분별하는 '자기 생각'을 알아차리는 일은 그리 어렵지 않습니다. 하지만 그 생각이 어떤 마음을 기반으로 일어나는지, 즉 해로운 마음을 기반으로 일어나는지, 유익한 마음을 기반으로 일어나는지를 알아차리는 일에는 매우 미숙합니다. 왜냐하면 대상을 분별하는 생각이 어떤 마음을 기반으로 일어나는지 알아차리는 일에 관심을 기울여 본 적이 거의 없기 때문입니다.

불교 수행의 목적은 괴로움의 원인인 해로운 마음을 제거하여 괴로움을 소멸하는 데 있습니다. 그러므로 불교 수행에서 대상을 분별하는 생각이 어떤 마음을 기반으로 일어나는지 알아차리는 일은 매우 중요합니다. 생각의 기반이 되는 마음 상태가 해로운지, 유익한지를 분명히 알아차려야 해로운 생각은 버리고 유익한 생각은 계발하는 올바른 정진을 하여 괴로움을 소멸할 수 있기 때문입니다. 특히 호흡 수행에서는 삼매를 방해하는 생각이 '어떤 장애가 있는 마음'에 기반하는지 알아차려야 장애가 있는 마음을 내려놓고 바른 삼매에 들 수 있습니다. 더구나 이를 통해 자신이 어떤 해로운 마음들에 오염되어 있는지도 분명히 파악하여 자신의 마음 상태에 대한 지혜도 계발할 수 있습니다. 이것이 바른 견해, 즉 유익함[善]과 해로움[不善]을 구분하는 지혜를 기반으로 바른 삼매를 계발하는 방법입니다.

그렇지 않고 단순히 생각만을 알아차리고 내려놓는 방식으로 수행한다면 자기 마음 상태에 대한 이해 없이 단순히 생각을 차단하고 숨에 집중만 하는 방식으로 수행하게 됩니다. 그러면 집중력은 향상될지라도 자기 마음 상태를 알아차리는 지혜가 동반되지는 않습니다. 결국 집중력이 향상되면서 생기는 욕망, 미세한 자만, 그릇된 견해를 알아차리지 못하고 그것에 오염되어 수행이 정체되거나 퇴보할 수도 있습니다. 이렇게 지혜 없이 생긴 삼매를 '그릇된 삼매'라고 하는데 그릇된 삼매는 괴로움의 소멸로 인도하지 못합니다. 그러므로 바른 삼매를 계발하기 위해서는 호흡 수행을 할 때 삼매를 방해하는 생각이 '어떤 장애가 있는 생각'인지 알아차리는 지혜는 꼭 필요합니다. 이것은 초보자에게는 다소 어렵고 익숙하지 않은 지혜이지만, 호흡 수행을 통해서 꼭 익혀야 할 매우 중요한 지혜입니다.

그러면 호흡 수행 시의 구체적인 방법을 살펴봅시다. 앞서 설명했듯이 먼저 숨만을 잊지 않고 알아차리려고 자연스럽게 노력합니다. 이렇게 노력할지라도 감각적 욕망이나 성냄 등의 장애가 있으면 생각은 과거나 미래로 돌아다니거나 숨 외의 다른 대상으로 움직이기 마련입니다. 이렇게 생각이 움직일 때 생각과 다투려 하지 말고 단지 그것이 어떤 장애가 있는 생각인지만 분명히 알아차린 후에 가능하면 빨리 그 생각을 내려놓고 다시 숨을 알아차리면 됩니다.

예를 들어 삼매와 행복 등을 경험했으면 좋겠다는 생각 등은 '탐욕이 있는 생각'이라고 알아차리고, 삼매와 행복을 경험하지 못해서 일어나는 불만스러운 생각 등은 '성냄이 있는 생각'이라 알아 차리며, 게으르고 무기력하고 졸리는 마음은 '해태와 혼침이 있는 마음', 과거의 잘못에 대하여 싫어하는 생각은 '후회가 있는 생각', 불·법·승의 삼보에 대하여 회의적인 생각은 '의심이 있는 생각'이 라고 알아차립니다. 이렇게 일어난 생각이 '어떤 장애가 있는 생 각'인지만 알아차린 후에 가능하면 빨리 그 생각을 내려놓고 다시 숨을 알아차리십시오.

그런데 초보자의 경우 자기에게 일어난 생각이 어떤 장애가 있는 생각인지 구체적으로 알기 어려운 경우도 많습니다. 이때는 일단 그 생각의 내용을 알아차리고 내려놓은 후에 다시 숨을 알아 차리는 방식으로 수행하십시오. 그러고 나서 좌선 시간이 끝난 후 에 자기 수행을 검증하고 조사하는 '법 따라 조사하기', 즉 '반조反 照'의 시간을 갖게 되는데 이때 좌선 중 자신에게 일어났던 생각들 이 어떤 장애로 인해 일어난 생각인지 구체적으로 검증하고 조사 하는 시간을 가지면 됩니다. 이에 대하여 좀 더 구체적으로 알아보 겠습니다.

호흡 수행 중에 원하는 대상을 좋아하는 생각, 이런저런 대상 을 즐기는 생각, 행복한 느낌에 집착하는 생각, 과거에 기억을 추 억하며 즐기는 생각, 미래의 성공을 갈망하는 생각, 삼매와 행복 등을 경험했으면 좋겠다는 생각 등이 일어났을 때 그 생각을 알아 차리고 내려놓은 뒤 다시 숨을 알아차립니다. 그러고 나서 좌선이 끝난 후에 그 생각들을 검증하고 조사해 보면 이들은 '집착하는'

특성이 있는 생각들이므로 '감각적 욕망이 있는 생각'이라고 분명히 알 수 있습니다. 그러면 다음 호흡 수행 시 이런 생각들이 일어날 때 그것은 '감각적 욕망이 있는 생각'이라고 즉시 알아차릴 수 있습니다.

마찬가지로 호흡 수행 중에 원하지 않는 대상을 싫어하는 생각, 통증을 싫어하는 생각, 시끄러운 소리를 싫어하는 생각, 미래에 대하여 불안한 생각, 삼매와 행복을 경험하지 못해서 일어나는 불만스러운 생각 등이 일어났을 때는 그 생각을 알아차리고 내려놓은 후에 다시 숨을 알아차립니다. 좌선이 끝난 후 반조의 시간에 그 생각들을 검증하고 조사해 보면 이들은 '싫어하는' 특성이 있는 생각들이므로 '성냄이 있는 생각'이라고 분명히 알 수 있습니다. 그러면 다시 호흡 수행할 때 이런 생각들이 일어나도 그것은 '성냄이 있는 생각'이라고 즉시 알아차릴 수 있습니다.

또 호흡 수행 중에 일어난 게으르고 무기력한 마음, 나태한 마음, 권태로운 마음, 졸리는 마음, 나른한 마음, 멍한 마음 등을 좌선 후에 검증하고 조사해 보면 '게으르고 무기력한' 특성이 있는 마음들임을 알 수 있습니다. 그러므로 이들은 '해태와 혼침이 있는 마음'이라고 분명히 알 수 있습니다. 한편 호흡 수행 중에 일어난 안정되지 않고 불안하고 들떠 있는 생각, 이유 없이 불안한 생각 등을 좌선 후에 검증하고 조사해 보면 '들뜨는' 특성이 있으므로 '들뜸이 있는 생각'이라고 분명히 알 수 있습니다. 그러면 다시 호흡 수행할 때 이런 마음들이 일어나도 그것은 '해태와 혼침이 있는 마음'이라고 즉시 알아차릴 수 있습니다.

　과거 해로운 행위를 한 것에 대해 싫어하는 생각, 과거의 유익한 행위를 하지 않은 일에 대한 불만스러운 생각 등이 호흡 수행 중 일어나기도 합니다. 이들을 좌선 후 검증하고 조사해 보면 '자신의 잘못된 행위를 싫어하는' 특성이 있으므로 '후회가 있는 생각'이라고 분명히 알 수 있습니다. 그러면 다시 호흡 수행할 때 이런 생각들이 일어나도 그것은 '후회가 있는 생각'이라고 즉시 알아차릴 수 있습니다. 그리고 호흡 수행 중 불·법·승 삼보에 대한 회의적인 생각, 수행에 대한 회의적인 생각, 스승에 대한 회의적인 생각, 수행 환경에 대한 회의적인 생각 등이 일어나 좌선 후 검증하고 조사해 보면 '의심하는' 특성이 있으므로 '의심이 있는 생각'이라고 분명히 알 수 있습니다. 그러면 다시 호흡 수행할 때 이런 생각들이 일어나도 그것은 '의심이 있는 생각'이라고 즉시 알아차릴 수 있습니다.

　이렇게 좌선 중에 생각을 알아차리는 수행과 좌선 후 반조를 통해 그 생각이 '어떤 장애가 있는 생각'인지 분명히 아는 수행을 반복하다 보면, 좌선 중에 생각이 일어나는 순간 그것이 '어떤 장애가 있는 생각'인지 즉시 알아차릴 수 있게 됩니다.

　사실 수행자들에게 일어나는 생각들이 그리 다양하진 않습니다. 실제 자신에게 일어나는 생각들을 조사해 보면 아주 비슷한 패턴으로 반복되고 있음을 알 수 있습니다. 이러한 이유로 좌선 중에 생각을 알아차리는 수행과 좌선 후의 반조를 반복하다 보면 호흡 수행 중에 생각이 일어나는 순간 그 생각이 감각적 욕망이 있는 생각인지, 성냄이 있는 생각인지, 들뜸이 있는 생각인지, 후회가 있는 생각인지, 의심이 있는 생각인지 즉시 알아차릴 수 있게 됩니다(좌선 후의 반조에 대한 더 자세한 내용은 뒤의 5장에서 설명하겠습니다).

둘째, 장애가 있는 생각을 내려놓는 지혜가 필요합니다. 앞서 설명했듯이 호흡 수행 중에 일어난 생각이 '어떤 장애가 있는 생각'인지 분명히 알아차리는 지혜가 생겼다면 그다음은 장애를 내려놓는 지혜가 있어야 장애가 있는 생각들을 자연스럽게 멈출 수 있습니다(장애를 내려놓는 지혜에 대한 자세한 내용은 이후 4장에서 설명하겠습니다). 여기서는 호흡 수행 중에 장애를 내려놓을 수 있는 가장 유용하고 효과적인 몇 가지 지혜만 설명하겠습니다.

먼저 장애의 해로움을 꿰뚫어 아는 지혜입니다. 장애가 있으면 집착하거나 화내는 생각들이 많이 일어나므로 마음을 번거롭고 불편하게 만들어 자신뿐 아니라 남도 괴롭게 합니다. 때로는 해태와 혼침에 빠져 마음이 멍하고 무기력해져서 또렷함과 지혜가 사라지게 합니다. 그래서 장애가 있으면 바른 삼매에 들 수 없고, 현상을 있는 그대로 꿰뚫어 아는 지혜도 생길 수 없습니다. 이처럼 장애는 괴로움의 소멸에 전혀 도움이 되지 않는 해로운 마음임을 분명히 이해함으로써 장애가 있는 생각을 즉시 내려놓을 수 있습니다. 마치 독약이 위험한 줄 분명히 알면 절대 독약을 마시거나 가까이하지 않는 것처럼.

다음으로 장애가 있는 생각이 무상하고 무아임을 꿰뚫어 아는 지혜입니다. 세상의 모든 현상은 조건을 의지해서 형성되었으므로 조건이 사라지면 소멸하기 마련임을 꿰뚫어 아는 것이 무상의 지혜입니다. 호흡 수행 중 장애가 있는 생각이 일어날 때 그것을 버리려고 굳이 애쓸 필요가 없습니다. 왜냐하면 일어난 생각은 형성되어서 소멸하기 마련이므로 관여하지 말고 내버려 두면 저절로 사라지기 때문입니다. 그래서 호흡 수행 중에 생각이 일어나면 그것이 '어떤 장애가 있는 생각'인지만 알아차리고, 무상의 지혜를 활용하여 그것을 즉시 내려놓은 뒤 다시 호흡을 알아차리면 됩니다.

한편 세상의 모든 현상은 조건을 의지해서 형성된 것이므로 나의 것, 나, 나의 자아가 아님을 꿰뚫어 아는 것이 무아의 지혜입니다. 호흡 수행 중 장애가 있는 생각이 일어날 때 그것을 통제하려고 하지 마십시오. 장애가 있는 생각들은 내 것이 아니므로 그것을 전적으로 내 마음대로 통제할 수 없습니다. 장애가 있는 생각을 통제하려고 하면 그 생각을 싫어하는 성냄이나 그 생각이 없어졌으면 좋겠다고 생각하는 욕망 등의 장애가 일어납니다. 그러므로 단지 그것이 어떤 장애가 있는 생각인지만 알아차리고 놓아 버린 후 다시 숨을 알아차리면 됩니다. 누가 시비를 걸어올 때 그것에 대응하면 싸움이 일어나지만, 대응하지 않으면 싸움이 일어나지 않는 경우와 같습니다.

이상에서 살펴보았듯이 호흡 수행에서 숨만을 알아차리려고 노력하다가 생각이 일어날 때 그것이 '어떤 장애가 있는 생각'인지 알아차린 후 해로움의 지혜, 무상과 무아의 지혜 등을 잘 활용하여 가능하면 빨리 내려놓고 다시 호흡을 알아차리면 됩니다.

호흡 수행을 처음 시작할 때는 다른 생각이 너무 많이 일어나서 그것이 어떤 장애가 있는 생각인지를 알아차리기는커녕 숨을 알아차리는 일도 어려울 때가 있습니다. 이럴 때는 너무 많은 생각을 가라앉히는 데 도움을 주는 몇 가지 방편을 일시적으로 사용할 수 있습니다.

첫째, 들숨과 날숨을 세는 것입니다. 들숨과 날숨을 알아차린 후에 '하나' 하고 세고, 다시 들숨과 날숨을 알아차린 후에 '둘' 하고 셉니다. 이런 식으로 차례대로 하나부터 열까지 세고, 다시 하나부터 열까지 세는 식으로 반복합니다. 만약 중간에 숫자를 잊어버린다면 하나부터 다시 세는 것이 좋습니다.

둘째, 숨을 들이쉬고 나서 '들숨', 숨을 내쉬고 나서 '날숨'이라고 명칭을 붙이는 것입니다.

이같이 숫자를 세거나 숨에 명칭을 붙이는 방법은 다른 생각들로 움직이는 마음을 숫자를 세거나 명칭을 붙이는 일로 주의를 돌림으로써 많은 생각들이 가라앉게 합니다. 이와 같은 방법은 호흡 수행을 처음 시작할 때나 다른 생각이 많이 일어날 때 일시적으로만 활용하는 것이 좋습니다. 계속 숫자를 세거나 이름을 붙이면 마음이 분산되어 오히려 마음이 고요해지는 것이 방해받기 때문입니다. 다른 생각들이 조금 가라앉게 되면 숫자를 세거나 이름을 붙이는 일을 멈추고 다시 숨만 알아차리면서 장애를 이해하고 내려놓는 방식으로 수행하면 됩니다.

이와 같은 방법으로 붓다의 호흡 수행을 열심히 닦으면 장애를 내려놓는 지혜가 점차 성숙하고, 그에 따라 장애가 있는 생각들도 점차 가라앉기 시작해 숨만 알아차리며 고요하고 행복하게 머무는 시간이 조금씩 늘어납니다. 그러다가 적어도 오 분 이상 숨만 알아차리며 고요하고 행복하게 머물 수 있다면 호흡 수행의 두 번째 단계로 넘어가도 괜찮습니다. 참고로 '오 분 정도 숨만 알아차리며 머문다'는 말은 오 분 동안 단 한순간도 다른 생각이 일어나지 않아야 한다는 것을 의미하진 않습니다. 비록 다른 생각이 순간적으로 일어났다가 사라질 수는 있지만, 숨을 알아차리는 마음이 거의 방해받지 않고 마음의 고요함이 잘 유지되는 시간이라고 생각하면 됩니다.

2단계: 숨의 전 과정을 알아차리면서 장애 내려놓기

호흡 수행에서 다른 생각이 일어나지 않고 숨에만 오 분 정도 머물 수 있다면 호흡 수행에 다소 익숙해졌으며 숨과 하나가 되는 힘도 어느 정도 향상된 상태라 할 수 있습니다. 이런 상태가 되면 숨과 하나가 되는 힘을 더 키우기 위해서 숨의 전 과정을 알아차리는 단계로 나아가는 것이 좋습니다.

숨의 전 과정을 알아차린다는 말은 들이쉬는 숨의 시작부터 끝까지 알아차리고, 잠시 멈춤을 알아차리고, 내쉬는 숨의 시작부터 끝까지 알아차린다는 의미입니다. 비유하자면 문지기가 문을 지키고 있는데 열 명의 사람이 줄지어 문을 들어왔다가 나간다고 합시다. 이때 문지기가 정신을 바짝 차리고 문을 잘 지키면 열 명이 차례대로 문을 통과하여 들어오고 나갈 때 한 사람도 빠지지 않고 모두 알아차릴 수 있을 것입니다. 숨의 전 과정을 알아차리는 일도 이와 같습니다. 숨의 부분 부분만 알아차리는 것이 아니라 숨의 모든 부분을 빠짐없이 알아차리는 것입니다.

　이때는 들숨이나 날숨을 처음 경험한 지점에서 숨을 계속 알아차려야 합니다. 다시 말해서 숨을 들이쉴 때는 들숨을 처음 알아차린 지점에서 숨의 처음부터 끝까지 알아차리고, 숨이 잠시 멈춘 후에 숨을 내쉴 때는 날숨을 처음 알아차린 지점에서 숨의 처음부터 끝까지 알아차리면 됩니다. 하지만 숨의 관찰 지점을 반드시 어느 한 곳에 고정할 필요는 없습니다. 한 지점에 고정하여 숨을 관찰하려 하다 보면 몸과 마음이 긴장하여 두통을 유발할 수도 있기 때문입니다. 반면에 숨이 시작하는 지점에서 숨을 관찰하지 않고 숨의 움직임을 따라 코, 목구멍, 배로 숨을 따라다니면 마음이 분산되어 고요해지지 않는다고 했습니다. 숨의 전 과정을 알아차릴 때는 문을 지키는 문지기처럼 이미 문 안으로 들어간 사람이나 바깥으로 나간 사람을 따라가지 않고 오직 문에 이른 사람들만 볼 뿐입니다.

　이렇게 숨의 전 과정을 알아차리는 수행은 숨과 하나가 되는 힘을 더욱 강력하게 해 주므로 장애로 인해 다른 생각이 일어나는 것을 훨씬 더 많이 막아 줍니다. 마치 짚단을 촘촘하게 이어서 만든 지붕일수록 물이 적게 새듯이, 숨을 알아차리는 수행이 빈틈없이 잘 지속될수록 장애로 인해 일어나는 생각이 상당히 많이 가라앉게 됩니다. 그러므로 숨의 전 과정을 알아차리는 수행이 순조롭게 진행될수록 장애가 있는 생각이 거의 일어나지 않습니다. 더구나 장애가 있는 생각이 일어나더라도 장애를 내려놓는 지혜의 힘이 강해져서 그것을 쉽게 내려놓고 숨만 알아차리며 고요하고 행복하게 머물 수 있으며, 그 시간이 십 분, 이십 분, 삼십 분 … 이렇게 점차 길어집니다.

한편 숨과 마음은 밀접하게 연관되어 있으므로 마음이 점차 고요해질수록 숨도 점점 고요해집니다. 이렇게 숨이 점점 고요해지면 마치 숨이 사라진 것처럼 느껴질 수도 있지만 살아 있는 사람은 숨을 쉴 수밖에 없으므로 숨이 실제로 사라진 것은 아닙니다. 단지 숨이 고요해진 정도에 비례해서 알아차림의 힘이 강해지지 못했기 때문에 나타나는 일시적인 현상입니다.

이때 숨을 찾아서 알아차리려고 의도적으로 숨을 거칠게 쉬어서는 안 됩니다. 숨이 사라진 듯 느껴지는 것은 숨이 매우 고요해졌기 때문인데 의도적으로 숨을 거칠게 하면 마음의 고요함 역시 사라집니다. 그러니 숨에 어떤 조작도 가하지 말고 단지 정신만 더 또렷하게 해서 가만히 기다리고 있으면 됩니다. 그러면 얼마 지나지 않아 숨이 다시 나타날 것입니다. 이런 방식으로 노력하다 보면 아무리 고요해진 숨이라도 어렵지 않게 알아차릴 수 있고 알아차림의 힘은 더욱 강해질 것입니다.

이 두 번째 단계를 통해 장애가 있는 생각이 상당히 많이 내려놓아짐으로써 숨이 아주 고요해지고, 그 고요한 숨을 자연스럽게 알아차릴 수 있게 된다면 다음 세 번째 단계로 넘어가도 됩니다.

3단계: 고요한 숨을 알아차리며 장애 내려놓기

세 번째 단계는 고요한 숨을 더 고요히 함으로써 장애를 더 철저히 내려놓고 숨만 알아차리는 시간이 더 오래 유지되도록 하는 노력하는 단계입니다. 숨이 고요해졌다는 것은 장애가 있는 생각들이 거의 내려놓아져서 숨만 알아차리는 시간이 꽤 길어지고 자연스러워졌음을 의미합니다. 이때부터 다른 무엇인가를 하려는 욕망을 철저히 내려놓고 숨과 하나가 된 마음을 그대로 잘 유지하는 방향으로 자연스럽게 노력을 기울여야 합니다. 그렇다면 '자연스러운 노력'이란 어떻게 하는 것인지 구체적인 방법을 알아보겠습니다.

먼저 좌선 전에 '고요한 숨을 이전보다 조금이라도 더 고요히 하리라.' 하고 결심합니다. 이런 결심은 고요해진 숨에만 알아차림이 지속되게 하여 숨이 이전보다 더 고요해지도록 수행의 방향성을 정해 줍니다. 이런 결심을 한 다음 좌선을 시작하면 마음은 고요한 숨에 자연스럽게 머물게 됩니다. 왜냐하면 이미 숨에 대한 알아차림의 힘이 강해졌고, 지혜가 강해져서 장애도 상당히 내려놓아졌기 때문입니다. 마치 자전거의 페달을 충분히 밟아서 관성이 생기면 페달을 계속 밟지 않고도 잘 가는 것과 같습니다. 이때는 집중을 더 잘하려고 노력하기보다 단지 그 상태에 머무르면 됩니다. 그러다가 고요함을 방해하는 장애가 조금이라도 움직이면 그때 장애만 내려놓으면 됩니다. 마치 자전거가 잘 굴러갈 때는 그대로 잘 유지하고, 다른 방향으로 굴러가려고 할 때만 방향을 잡아 주는 것처럼.

좀 더 이해를 돕기 위해 흙탕물을 맑은 물로 만드는 예를 들어봅시다. 흙탕물을 맑은 물로 만들기 위해서는 먼저 거름망을 사용하여 거친 덩어리를 걸러야 합니다. 그러면 거름망에 걸리는 거친 흙이나 찌꺼기 등을 걸러낼 수 있습니다. 하지만 거름망보다 더 미세한 흙은 걸러내지 못합니다. 그러면 미세한 흙마저도 사라진 맑은 물을 만들기 위해서는 어떤 방법을 써야 할까요? 무언가 다른 방법이 필요할 것입니다. 거름망으로 물을 휘젓는 것은 오히려 미세한 흙만 더 떠오르게 할 뿐입니다. 따라서 미세한 흙을 가라앉히기 위해서는 물을 직접적으로 움직여서는 안 됩니다. 미세한 흙일수록 물이 조금만 움직여도 물살에 같이 움직이기 때문입니다. 이때는 물을 한동안 내버려 두는 것이 가장 좋습니다. 그러면 미세한 흙은 바닥에 다 가라앉고 맑은 물이 됩니다. 이처럼 숨이 고요해진 단계부터는 숨에 더 집중하려고 노력하기보다 숨과 하나가 된 마음을 그대로 유지하도록 노력하는 것이 삼매가 깊어지는, 하지만 매우 단순한 비결입니다.

이렇게 자연스럽게 노력하다 보면 숨은 점점 더 고요해집니다. 숨이 고요해진다는 것은 마음도 고요하다는 것을 의미합니다. 다시 말해 고요함을 방해하는 감각적 욕망 등의 장애들이 더 철저하게 내려놓아짐을 의미합니다. 그러면 마음은 장애의 속박에서 벗어나기 시작하면서 장애를 떨쳐 버림으로 인해 생긴 희열과 행복이 일어납니다. 이를 '벗어남의 희열과 행복'이라고 하는데 이때의 희열과 행복은 세속적인 것들과는 비교할 수 없이 고귀하고 안정되며 만족스러운 희열과 행복입니다.

더욱이 마음이 고요해진다는 것은 장애들이 버려졌음을 의미하고 또 마음이 순수하고 청정함을 의미하는데, 이처럼 마음이 순수해질수록 마음이 밝아집니다. 이를 '지혜의 빛'이라 부른다고 하였습니다.

마음이 고요해질수록 마음은 장애에서 벗어나 순수해지고 그 빛은 더 밝아집니다. 그러다 보면 숨은 점점 더 고요해지고, 지혜의 빛은 점점 뚜렷해지며 밝아지고 안정됩니다. 이렇게 뚜렷하고 밝고 안정된 지혜의 빛은 숨 대신에 알아차림의 대상이 될 수 있는데 이때의 지혜의 빛을 특히 '숨의 표상' 또는 '니밋따[nimitta]'라고 부른다 하였습니다. 이와 같은 숨의 표상을 통해서 선정에 들 수 있습니다(다음 6장에서 더욱 자세히 설명하겠습니다).

끝으로 좌선을 통해 호흡 수행을 한 후에는 반드시 반조의 시간이 필요합니다. 훌륭한 요리사는 반드시 자신이 만든 음식을 먹은 사람들의 반응을 관찰합니다. 그렇게 해야 다음에 더 좋은 요리를 만들 수 있기 때문입니다. 수행도 마찬가지입니다. 좌선 후의 반조를 통하여 어떻게 하면 수행이 잘되고, 어떻게 하면 수행이 잘 안 되는지를 파악함으로써 지혜를 계발할 수 있습니다. 그리고 이런 지혜가 바탕이 되어 선정이 계발될 수 있습니다. 물론 좌선 중에 장애가 일어나면 즉시 내려놓고 숨을 다시 알아차리는 방향으로 수행해야 합니다. 이렇게 수행하다가 좌선이 끝난 후에 자신의 수행을 되돌아보고 조사하고 검증하는 반조를 하라는 뜻입니다.

걷기 수행

좌선을 통해 호흡 수행 위주로 수행하다 보면 수행이 정체되거나 몸에 무리가 가서 건강이 나빠질 가능성이 있습니다. 그래서 좌선 수행과 더불어 걷기 수행을 함께 닦는 것이 좋습니다. 부처님께서도 많은 경전에서 좌선 수행과 걷기 수행을 조화롭게 병행할 것을 권장하셨습니다.

좌선을 통한 호흡 수행 시 기본 대상이 숨이라면, 걷기 수행을 할 때는 발걸음이 기본 대상이 됩니다. 다시 말해서 걷기 수행은 발걸음을 기본 대상으로 삼아 그것을 알아차리려 노력하고, 생각이 일어나면 그것이 어떤 장애가 있는 생각인지 알아차려 내려놓고 다시 발걸음을 알아차림으로써 삼매를 계발하는 수행입니다. 이렇게 걷기 수행은 호흡 수행과 대상만 다를 뿐 수행하는 방식은 크게 다르지 않습니다.

걷기 수행은 조용한 숲길이나 산책로, 넓은 강당 등과 같이 직선거리가 스무 걸음에서 서른 걸음 정도 되는 조용하고 안정된 장소에서 닦는 것이 좋습니다. 적당한 장소를 찾았다면 두 손을 포개 배꼽에 가지런히 모은 자세로 걸으면 됩니다. 두 손을 모은 자세로 수행하는 이유는 발걸음 외의 다른 대상에 주의가 기울어지는 일을 최소화하기 위해서입니다. 만약 두 손을 모으는 자세가 불편하다면 자신이 편한 자세로 수행해도 무방합니다.

걸을 때는 바른 자세로 걸어야 하는데 시선은 고개를 숙이지 않아도 될 정도의 전방에 둔 채 두리번거리지 말고 전방을 향해 똑바로 걸으면 됩니다. 걸을 때는 자연스럽게 걷고, 발을 디딜 때는 뒤꿈치를 디딘 다음 앞꿈치를 디디는 것이 좋습니다. 걷는 속도는 너무 빠르지도, 느리지도 않은 자연스러운 속도가 좋습니다.

이같이 올바른 자세로 걸으면서 걷기 수행을 할 때는 보통 속도의 걸음으로 스무 걸음에서 서른 걸음 정도 되는 적당한 거리를 앞뒤로 왔다 갔다 하면서 수행하면 됩니다.

걷기 수행을 시작할 때도 호흡 수행 때와 마찬가지로 '걷기 수행을 닦는 동안에는 발걸음 외의 다른 생각들을 모두 내려놓고 현재의 발걸음만을 알아차리며 행복하게 머물겠다.'고 결심하는 것이 좋습니다. 앞서 이야기한 대로 결심하는 일은 다른 생각이 일어나는 것을 예방해 주어 걷기 수행에 큰 도움이 됩니다. 이렇게 걷기 수행 전에 결심한 후 걷기 수행을 닦는 동안은 현재의 발걸음을 기본 대상으로 삼아 발걸음만을 알아차리려고 노력하면 됩니다.

발걸음을 알아차리는 방법은 발걸음의 동선을 따라 나타나는 '발의 움직임'이나 '촉감'을 알아차리는 것입니다. 다시 말해서 발이 움직일 때는 발의 움직임, 즉 발이 들리고 나가고 내리는 움직임을 알아차리면 되고, 발이 땅에 닿을 때는 뒤꿈치부터 앞꿈치까지의 촉감, 즉 단단함이나 부드러움이나 뜨거움이나 차가움 등을 알아차리면 됩니다.

예를 들어 조용한 숲길에서 걷기 수행을 한다면 왼발이 들리고 나가고 내리는 '왼발의 움직임'을 알아차리고, 왼발을 땅에 디딜 때는 단단함이나 부드러움 등 '왼발의 촉감'을 알아차리고, 다음으로 오른발이 들리고 나가고 내려질 때는 '오른발의 움직임'을, 오른발을 땅에 디딜 때는 단단함이나 부드러움 등 '오른발의 촉감'을 알아차리면 됩니다. 이와 같은 방법으로 동선을 따라 왼발과 오른발을 교대로 알아차리면 됩니다.

이와 같은 방법으로 현재의 발걸음만을 알아차리려고 노력하더라도 길들지 않은 마음은 움직이기 마련입니다. 이때 생각이 움직이면 그것이 어떤 장애가 있는 생각인지, 즉 욕망으로 인한 생각인지, 성냄으로 인한 생각인지, 들뜸과 후회로 인한 생각인지, 의심으로 인한 생각인지 즉시 알아차리고 내려놓은 후에 다시 현재

2장. 호흡 수행과 걷기 수행

발걸음을 알아차리면 됩니다. 또 해태와 혼침에 빠졌다면 그것을 알아차린 후에 정신을 바짝 차리고 다시 현재 발걸음을 알아차리면 됩니다. 이때 장애를 내려놓는 지혜는 호흡 수행과 마찬가지로 장애의 해로움을 통찰하거나, 장애가 있는 생각은 사라지기 마련이고 내 마음대로 되지 않는다는 무상과 무아의 지혜 등을 활용하면 됩니다.

호흡 수행과 걷기 수행은 알아차림의 기본 대상이 숨과 발걸음으로 차이가 있을 뿐 실제 수행의 방법은 거의 같습니다. 그래서 앞서 호흡 수행에서 설명한 내용을 기반으로 삼아 걷기 수행을 닦으면 됩니다.

걷기 수행은 불교의 수행 중에 아주 중요한 수행입니다. 부처님께서도 항상 좌선 수행과 걷기 수행을 조화롭게 닦으라고 설하셨습니다. 실제 부처님 당시에도 많은 수행자가 좌선 중 졸음이 오거나 피로가 쌓이면 걷기 수행을 하고, 다시 좌선 수행을 통해 공부를 이어갔습니다. 이렇게 걷기 수행과 좌선 수행이 조화를 잘 이루면 바른 삼매와 바른 지혜를 계발하여 괴로움을 소멸할 수 있습니다. 또한 걷기 수행을 잘 실천하면 몸에 병이 적고, 먹고 마시고 씹고 맛본 음식이 소화가 잘되며, 먼 거리를 걸어서 이동할 때도 지루함 없이 걸을 수 있고, 오랜 시간의 정진을 감내할 수 있는 등 여러 가지 이익이 있습니다.

지금까지 살펴보았듯이 좌선만이 수행이 아닙니다. 수행은 괴로움이 일어나게 하는 해로운 마음을 버리는 과정입니다. 그런데 해로운 마음은 좌선 때에만 일어나는 것이 아닙니다. 우리의 모든 일상 속에서 때와 장소를 가리지 않고 일어납니다. 그래서 좌선 수행뿐 아니라 걷기 수행과 일상 수행이 꼭 필요한 것입니다. 이 점을 잘 기억하여 좌선 수행과 걷기 수행 그리고 일상 수행을 조화롭게 닦아야 합니다.

3장.
일상 수행

앞서 호흡 수행과 걷기 수행에 대하여 설명했으므로 여기서는 일상 수행에 대하여 좀 더 자세히 설명하겠습니다. 일상 수행은 좌선 수행과 걷기 수행을 제외한 모든 일상생활, 즉 잠에서 깰 때, 세수할 때, 옷을 입을 때, 공양할 때, 출근할 때, 일할 때, 예불할 때, 사람들과 대화할 때 등의 상황에서 알아차림을 실천하는 수행을 말합니다.

앞서 눈, 귀, 코, 혀, 몸, 마음이라는 여섯 기능[六根] 또는 여섯 문[六門]을 통하여 마음과 대상이 접촉한다고 설명했습니다. 문이 여섯 개 있는 집에 산다고 생각해 봅시다. 그 문으로 누가 드나드는지 관심 두지 않고 방치하며 살아가면 그 집안은 어떻게 될까요? 도둑이 들어 살림을 몽땅 훔쳐 가고 집안이 엉망이 될 것입니다. 그와 마찬가지로 마음이 여섯 문을 통해 대상을 만날 때 알아차림을 통하여 잘 단속하지 않으면 탐욕, 성냄, 어리석음에 마음이 오염되는 것은 당연한 일입니다.

그래서 알아차림을 지속해 마음을 잘 단속하고 보호해야 합니다. 마치 문지기가 문을 잘 지키듯 말입니다. 알아차림을 통해 감각의 문을 잘 단속하면 볼 때는 보기만 하고, 들을 때는 듣기만 하는 등 마음이 대상을 있는 그대로 단순하게 알아차리게 됩니다. 그리하여 마음이 번뇌에 오염되지 않으므로 망상이 없습니다.

알아차림을 잘하기 위해선 특히 마음에 관한 관심이 중요합니다. 우리 마음이 어떤 대상을 만나고, 어떤 마음으로 아는지 관심을 기울여 잘 알아야 마음의 변화를 가져올 수 있습니다. 그렇지 않고 방치하면 무의식적인 행동만 반복될 뿐입니다. 탐욕이 일어나는지, 성냄이 일어나는지, 어리석은 마음이 일어나는지 무관심하다면 어떻게 그런 마음을 버릴 수 있겠습니까? 따라서 일상 수행을 잘하려면 자신에게 일어나는 몸과 마음의 현상에 관해, 특히 마음에 관해 관심을 가지는 것이 중요합니다.

알아차림의 대상

앞서 언급했지만, 「대념처경」에서는 일상에서 경험하는 현상들을 알아차리는 수행을 할 때 알아차림의 대상을 네 가지, 즉 몸[身], 느낌[受], 마음[心], 법法으로 나누어 설하고 있습니다.

몸은 단순히 사람의 몸만을 의미하지 않고, 모든 물질 현상을 뜻하는데 다섯 무더기 중에는 물질 무더기[色蘊]에 해당합니다. 가장 기본적인 물질은 사대 요소, 즉 땅의 요소, 물의 요소, 불의 요소, 바람의 요소입니다. 사대 요소에 의해 파생된 물질은 눈, 귀,

코, 혀, 몸의 다섯 감각 기능이나 형상, 소리, 냄새, 맛, 감각의 다섯 감각 대상 등이 있습니다. 이외에도 걷고, 서고, 앉고, 눕는 자세나 앞을 보고 돌아보고, 구부리고 펴고, 밥을 먹고 옷을 입는 일을 하는 등의 여러 행위 등도 물질의 형태입니다. 몸에 관한 알아차림이 가장 기본적이고 분명하며 쉽습니다. 이와 같은 몸에 관한 알아차림을 '신념처身念處'라고 부릅니다.

느낌은 대상을 느끼는 특성이 있는 심리 작용을 말하는데 다섯 무더기 중에는 느낌 무더기에 해당합니다. 느낌은 대상에 대하여 만족스러울 때 일어나는 행복한 느낌, 대상에 대하여 만족스럽지 못할 때 일어나는 괴로운 느낌, 대상에 대하여 만족스럽지도 불만족스럽지도 않을 때 일어나는 평온한 느낌의 세 가지가 있습니다. 여기서 행복한 느낌과 괴로운 느낌은 육체적인 것과 정신적인 것으로 다시 나눌 수 있으므로 느낌을 다섯 가지로 구분하기도 합니다. 이와 같은 느낌에 관한 알아차림을 '수념처受念處'라고 부릅니다.

마음은 대상을 아는 작용을 하는 것을 말하는데 다섯 무더기 중에는 의식 무더기에 해당합니다. 마음이 대상을 어떤 형태로 아느냐에 따라 탐욕이 있는 마음, 탐욕이 없는 마음, 성냄이 있는 마음, 성냄이 없는 마음, 어리석음이 있는 마음, 어리석음이 없는 마음, 위축된 마음, 산란한 마음, 삼매에 든 마음, 삼매에 들지 않은 마음, 해탈한 마음, 해탈하지 못한 마음 등으로 나눌 수 있습니다. 이들은 어떤 마음 상태로 대상을 아는지에 따라 이름 붙여진 것입니다. 이와 같은 마음에 관한 알아차림을 '심념처心念處'라고 부릅니다.

법法은 좁게는 다섯 장애와 일곱 가지 깨달음의 구성 요소를 포함한 형성 무더기를 말하고, 넓게는 다섯 무더기 전체를 말합니다. 앞서 설명했듯이 장애는 감각적 욕망, 성냄, 해태와 혼침, 들뜸과 후회, 의심을 말하고, 깨달음의 구성 요소는 기억, 법의 조사, 정진, 희열, 경안, 삼매, 평온을 말합니다. 이와 같은 법에 관한 알아차림을 '법념처法念處'라고 부릅니다.

종합해 보면 알아차림의 대상은 몸, 느낌, 마음, 법의 네 가지로 이것을 '사념처四念處'라고 합니다. 여기서 몸은 색온, 느낌은 수온, 마음은 식온, 법은 주로 행온이고 다섯 무더기 전체를 뜻하기도 합니다. 그래서 알아차림의 대상은 몸, 느낌, 마음, 법의 네 가지또는 다섯 무더기라고 할 수 있습니다.

알아차림의 기본 대상

호흡 수행과 걷기 수행처럼 일상 수행을 닦을 때 알아차림의 대상을 분명히 하기 위해서 기본 대상을 정하는 것이 좋습니다. 여기서 기본 대상은 알아차림의 주된 대상 혹은 무엇을 알아차려야 할지 분명하지 않을 때 다시 돌아가서 알아차려야 할 대상을 의미합니다.

알아차림을 실천할 때 알아차림의 대상이 명확하지 않으면 무엇을 알아차려야 할지 혼란을 겪게 됩니다. 그러므로 알아차림을 실천할 때 기본적으로 마음을 두어야 할 대상, 마음이 닻을 내릴 대상, 마음이 이리저리 헤맬 때 다시 돌아갈 대상을 정하는 것은 아주 중요합니다. 앞서 설명했듯이 호흡 수행과 걷기 수행에서의 기본 대상은 아주 간단합니다. 호흡 수행에서는 '들숨과 날숨' 혹은 '호흡'이 기본 대상이고, 걷기 수행에서는 '발의 움직임과 촉감'이 기본 대상입니다. 이렇게 기본 대상을 정하여 수행하면 호흡 수행과 걷기 수행을 실천할 때 알아차림의 대상이 분명하여 알아차림을 유지하기도 쉽습니다. 더구나 설사 다른 생각이 일어나더라도 그것에 빠져 헤매지 않고 다시 기본 대상으로 돌아와 그 대상을 알아차릴 수 있는 것입니다. 이렇게 기본 대상이 있으면 이를 기반으로 기본 대상과 하나가 되어 행복하게 머무는 바른 삼매를 계발할 수 있습니다.

하지만 일상 수행은 호흡 수행, 걷기 수행과 비교하여 접촉하는 대상이 훨씬 다양할 뿐만 아니라 일상에서 경험하는 대상들은 이미 장애로 오염되어 있는 경우가 많으므로 대상과 접촉할 때 생각도 많이 움직이게 됩니다. 그러므로 알아차림을 실천할 때 어떤 대상을 중심으로 알아차려야 할지 분명하지 않아 알아차림을 실천하기가 더 어렵습니다. 그래서 이와 같은 번잡한 일상에서 알아차림을 잘 지속하기 위해서는 알아차림의 기본 대상을 정하고 그것을 기반으로 알아차림을 닦는 방식이 아주 유용합니다. 그렇다면 일상 수행에서 알아차림의 기본 대상을 무엇으로 삼는 것이 좋을까요? 알아차림의 기본 대상은 다양하게 정할 수 있지만 '현재 가장 뚜렷한 감각 대상'을 기본 대상으로 삼으면 여러 측면에서 아주 유용합니다. 그럼 먼저 감각 대상에 대하여 좀 더 자세히 살펴보겠습니다.

감각 대상

감각 대상은 형색[色], 소리[聲], 냄새[香], 맛[味], 감촉[觸]을 말합니다.

형색은 눈에 부딪혀서 눈 의식[眼識]이 일어나게 하는 모든 물질을 말합니다. 예를 들어 아름다운 산의 색깔, 도시의 모습, 강의 모습, 바다의 색깔, 사람의 모습, 시계의 색깔과 모양 등을 모두 '형색'이라 부릅니다. 소리는 귀에 부딪혀서 귀 의식[耳識]이 일어나게 하는 모든 물질을 말합니다. 예를 들어 음악, 비행기 소리, 차량 소음, 개가 짖는 소리, 사람의 말, 새들의 지저귐 등을 모두 '소리'라고 부릅니다. 냄새는 코에 부딪혀서 코 의식[鼻識]이 일어나게 하는 모든 물질을 말합니다. 예를 들어 불쾌한 냄새, 음식 향기, 김치 냄새, 빵의 향기, 사람의 땀 냄새, 향수의 향기 등을 모두 '냄새'라고 부릅니다. 맛은 혀에 부딪혀 혀 의식[舌識]이 일어나게 하는 물질을 말합니다. 짠맛, 신맛, 단맛, 감칠맛 등을 모두 '맛'이라 부릅니다.

마지막으로 감촉은 몸에 부딪혀 몸 의식[身識]이 일어나게 하는 물질을 말합니다. 감촉은 크게 네 가지, 즉 땅의 요소^(고체), 물의 요소^(액체), 불의 요소^(열), 바람의 요소^(운동)가 있습니다.

이 중 첫째, 고체의 특성이 있는 물질은 땅, 돌, 바닥, 나무, 머리털, 이빨, 살갗, 발, 손 등 몸에 부딪힐 때 몸 의식이 일어나게 하여 거침 혹은 매끈함, 견고함 혹은 부드러움, 아픔 혹은 통증 등을 알게 합니다. 이런 형태의 물질은 땅과 같이 고체의 특성이 있다고 하여 '땅의 요소'라고 부릅니다.

둘째, 액체의 특성이 있는 물질입니다. 예를 들어 세숫물, 빗물, 눈물, 기름기, 침, 콧물, 오줌 등의 물질은 몸에 부딪힐 때 몸 의식이 일어나게 하여 물의 흐름이나 축축함, 끈적함 등을 알게 합니다. 이런 형태의 물질은 물과 같이 액체의 특성이 있다고 하여 '물의 요소'라고 부릅니다.

셋째, 물질에 있는 열입니다. 예를 들어 불, 모닥불, 연탄불, 체온, 공기의 열기, 감기 열, 소화 열 등은 몸에 부딪힐 때 몸 의식이 일어나게 하여 뜨거움이나 차가움 등의 온도를 알게 합니다. 이런 물질의 열은 불과 같이 열의 특성이 있다고 해서 '불의 요소'라고 부릅니다.

넷째, 물질의 운동은 바람, 들숨과 날숨, 방귀, 트림, 공기, 손의 움직임, 손의 멈춤, 배의 움직임, 발의 움직임 등 몸에 부딪힐 때 몸 의식이 일어나게 하여 움직임이나 지탱함, 정지함 등을 알게 합니다. 이런 물질의 운동은 바람과 같이 운동의 특성이 있다고 '바람의 요소'라고 부릅니다.

이처럼 감촉은 고체의 특성이 있는 물질(땅의 요소), 액체의 특성이 있는 물질(물의 요소), 물질의 열(불의 요소), 물질의 운동(바람의 요소)의 네 가지 근본 물질을 의미합니다.

이상으로 감각 대상에 대하여 간단히 살펴보았습니다. 이와 같은 감각 대상은 일상생활에서 사람들이 자주 접촉하는 물질적인 대상들입니다. 그래서 '현재 가장 뚜렷한 감각 대상'을 기본 대상으로 삼으면 일상에서 알아차림을 효과적으로 수행할 수 있습니다.

중도 수행과 기본 대상

그러면 지금까지 살펴본 호흡 수행과 걷기 수행, 일상 수행의 기본 대상에 대하여 간단히 정리해 보겠습니다.

첫째, 호흡 수행에서는 '현재의 들숨과 날숨'이 기본 대상이 됩니다. 다시 말해서 현재 콧구멍을 통해 들어오고 나가는 공기의 움직임이 알아차림의 기본 대상이 됩니다.

둘째, 걷기 수행에서는 '현재 발의 움직임과 감촉'이 기본 대상이 됩니다. 다시 말해서 걷고 있을 때는 발의 움직임이 알아차림의 기본 대상이 됩니다. 발을 디딜 때는 단단함이나 부드러움, 축축함, 뜨거움이나 차가움 등 고체, 액체, 열의 형태 중에서 현재 가장 뚜렷한 것이 알아차림의 기본 대상이 되는데 보통은 발을 디딜 때 주로 견고함이나 부드러움이 기본 대상이 됩니다. 물론 맨발로 땅을 디딜 때는 뜨거움이나 축축함 등도 기본 대상이 됩니다.

셋째, 일상 수행에서는 '현재 가장 뚜렷한 감각 대상'이 기본 대상이 됩니다. 좀 더 구체적으로 설명하면, 볼 때는 형색, 들을 때는 소리, 냄새 맡을 때는 냄새, 맛볼 때는 맛이 기본 대상이 됩니다. 또 몸의 촉감을 감지할 때는 네 가지 근본 물질 중 하나가 기본 대상이 됩니다. 다시 말해서 '고체인 물질'로 인해 생긴 견고함, 부드러움, 거침, 매끈함, 통증 등이나 '액체인 물질'로 인해 생긴 흐름, 축축함, 끈적끈적함, '물질의 열'로 인해 생긴 뜨거움, 차가움, '물질의 운동'으로 인해 생긴 들숨과 날숨, 팔과 발의 움직임, 몸의 움직임이나 정지 등 이들 가운데 '현재 가장 뚜렷한 감촉'이 기본 대상이 됩니다.

초심자의 경우 일상 수행에서 '현재 가장 뚜렷한 감각 대상'을 찾기 어려워 혼란스럽다면 일단 '들숨과 날숨'이나 '손과 발의 움직임'의 두 가지 중 한 가지를 알아차리는 것부터 시작해 일상 수행을 이어가면 됩니다. 먼저 움직임이 없는 자세, 즉 일상에서 앉아 있을 때나 서 있을 때는 일단 '들숨과 날숨'을 알아차린 후에 일상 수행을 이어가면 됩니다. 다음으로 움직임이 있는 자세, 즉 걷고 있을 때나 일할 때는 일단 '손이나 발의 움직임'을 알아차린 후에 일상 수행을 이어가면 됩니다.

이상에서 살펴보았듯이 호흡 수행에서는 들숨과 날숨, 걷기 수행에서는 발의 움직임과 감촉, 일상 수행에서는 현재 가장 뚜렷한 감각 대상을 기본 대상으로 삼아 알아차림을 실천하면 됩니다.

감각 대상을 기본 대상으로 삼는 이익

현재 가장 뚜렷한 감각 대상을 기본 대상으로 삼아 알아차림을 닦으면 어떤 이익이 있는지 살펴봅시다.

첫째, 감각 대상은 알아차리기가 쉽습니다. 마음은 형체나 위치가 없고 작용만 있으므로 물질보다 알아차리기가 어렵습니다. 하지만 물질은 형체와 위치가 있으므로 마음보다 알아차리기가 훨씬 더 쉽습니다. 더구나 감각 대상은 몸에 직접 부딪히는 대상이므로 다른 대상보다 알아차리기가 쉽습니다.

둘째, 감각 대상을 통해 현재에 머무를 수 있습니다. 알아차림을 실천할 때 현재를 알아차리는 것은 아주 중요합니다. 과거는 이미 지나가 버려서 기억으로만 존재하고, 미래는 아직 오지 않았으므로 지금까지의 기억을 기반으로 한 추측일 뿐입니다. 그러므로 과거와 미래는 부정확하고, 왜곡되고, 오염되기가 쉽습니다. 이에 반해 현재를 있는 그대로 알아차리면 장애가 있는 생각으로 인한 오염이 없어 현상의 실상을 꿰뚫어 아는 지혜를 계발할 수 있습니다. 이렇게 현재를 알아차리는 것은 아주 중요합니다.

그런 의미에서 감각 대상은 알아차림에서 현재의 대상이 될 수 있습니다. 왜냐하면 몸의 감각과 그것을 아는 마음은 동시에 존재할 수 있기 때문입니다. 예를 들어 지금 걷고 있을 때 '발의 움직임'과 '발의 움직임을 아는 마음'은 동시에 존재할 수 있으므로 현재의 마음으로 현재의 발걸음을 분명하게 알아차릴 수 있습니다.

하지만 현재의 마음은 알아차림에서 현재의 대상이 될 수 없습니다. 왜냐하면 두 개의 마음이 한순간 동시에 일어날 수는 없기 때문입니다. 예를 들어 '발의 움직임을 아는 마음'과 '그 마음을 알아차리는 마음'이 동시에 일어날 수는 없습니다. 사실 마음을 알아차린다는 것은 '이미 사라진 마음'을 기억해서 알아차린다는 뜻입니다. 앞의 예를 들자면 이미 사라진 '발의 움직임을 아는 마음'을 기억해서 그것을 현재 마음으로 알아차릴 수 있는 것입니다. 그러므로 엄밀히 말하면 알아차림에서 현재 마음은 현재의 대상이 될 수 없습니다. 단지 뒤에 일어난 마음으로 앞서 일어났던 마음을 기억해 알아차릴 수 있을 뿐입니다.

그렇지만 마음은 아주 빠르게 생멸하므로 '어떤 마음'이 일어났다 사라진 후에 '바로 다음에 일어난 마음'으로 '앞의 마음'을 알아차린다면 현재의 마음을 알아차린다고 말해도 무방합니다. 구체적인 예로 현재 '숨'을 알아차리다가 '수행을 잘하고 싶은 욕심'이 일어났다가 사라지자마자 즉시 그것을 알아차린다면 현재를 알아차린다고 말할 수 있습니다. 이런 이유로 알아차림을 할 때 통상적으로 '현재의 몸과 마음을 알아차려라.'라고 말하는 것이지, 엄밀히 말하면 마음은 알아차림에서 현재의 대상이 될 수 없습니다. 그래서 일상 수행에서는 현재의 몸, 즉 '감각 대상'을 기본 대상으로 합니다.

셋째, 감각 대상을 기반으로 수행하면 마음을 알아차리기가 쉽습니다. 앞서 이야기한 것과 같이 사람들은 대상을 분별하는 일에 아주 익숙하지만, 마음을 알아차리는 일은 생소합니다. 더구나 마음은 형체도 없고 아주 빠르게 움직이므로 마음을 알아차리는 일은 어렵게 느껴집니다. 하지만 현재의 감각 대상을 기본 대상으로 삼아 현재의 감각 대상만을 알아차리려고 노력하는 중에 움직이는 마음을 알아차리는 것은 아무 기준점 없이 마음을 알아차리는 것과 비교할 때 훨씬 더 쉽습니다. 예를 들어 걷기 수행에서 발걸음만을 알아차리려고 노력하는데 '과거의 잘못에 대한 후회의 생각'이 일어난다면 그 후회의 생각을 알아차리는 일은 그다지 어렵지 않습니다. 이렇게 감각 대상을 기본 대상으로 삼으면 기준점이 생기므로 마음을 알아차리기가 훨씬 쉽습니다.

끝으로 감각 대상을 통해 바른 삼매를 얻을 수 있습니다. 중도 수행은 기본적으로 현재 가장 뚜렷한 감각 대상을 기본 대상으로 삼아 그것만을 순간순간 알아차리려고 노력합니다. 그러다가 현재에 머무르지 않고 생각들이 움직이면 즉시 그것이 어떤 장애로 인해 일어난 생각인지 알아차리고 내려놓은 후 다시 현재 가장 뚜렷한 감각 대상을 알아차립니다. 이와 같은 방법으로 정진하다 보면 장애가 사라지고, 장애가 사라지면 장애로 인해 생긴 잡다한 생각들도 점차 가라앉게 되며, 현재 가장 뚜렷한 감각 대상과 마음이 하나가 되어 머무를 수 있게 됩니다. 이런 상태를 '삼매'라고 하고, 앞서 잠깐 설명한 것처럼 호흡 수행에서는 몰입 삼매, 걷기 수행에서는 근접 삼매, 일상 수행에서는 찰나 삼매에 들 수 있습니다. 찰나 삼매는 알아차림의 대상은 변하지만, 변하는 그 대상을 따라서 그것만을 순간순간 알아차리고 있는 마음 상태를 의미합니다. 이 렇게 감각 대상을 기본 대상으로 삼아 알아차림을 실천하면 잡다한 생각들이 새빠르게 사라지고 바른 삼매를 얻을 수 있습니다.

지금까지 살펴보았듯이 현재 가장 뚜렷한 감각 대상을 기본 대상으로 삼아 알아차림을 실천하는 것은 아주 유용하고 많은 이익이 있습니다.

일상 수행의 올바른 방향

일상 수행의 구체적인 방법을 설명하기 전에 먼저 일상 수행의 올바른 방향에 대하여 이해할 필요가 있습니다. 사람들은 눈과 형색, 귀와 소리, 코와 냄새, 혀와 맛, 몸과 감각[觸], 마음과 법이 접촉할 때 눈 의식, 귀 의식, 코 의식, 혀 의식, 몸 의식, 마음 의식[意識]이 일어나서 대상을 분별하면서 살아갑니다. 여기에서 눈 의식을 통해 보는 것은 '견見', 귀 의식을 통해 듣는 것은 '문聞', 코 의식을 통해 냄새 맡고, 혀 의식을 통해 맛을 보고, 몸 의식을 통해 촉감을 아는 것을 합쳐서 '각覺', 마음 의식을 통해 현상[법]을 생각하면서 분별하는 것을 '지知'라고 합니다. 그리하여 이 여섯 의식을 간단히 '견문각지見聞覺知'라고 표현하기도 합니다. 그러므로 간략하게 말하면 사람들은 견문각지를 통해 대상을 분별하면서 살아갑니다.

그런데 보통 사람들은 일상에서 견문각지를 통해 대상을 알 때 원하는 대상은 집착하고, 원하지 않는 대상은 싫어하는 탐욕과 성냄 등의 장애가 함께합니다. 이렇게 되면 사람들이 경험하는 대상에 대한 이해가 생기는 것이 아니라 탐욕이나 성냄 등의 장애로 인한 해로운 생각들이 일어나서 많은 괴로움을 겪게 됩니다. 하지만 탐욕이나 성냄 등의 장애를 완전히 소멸한 아라한의 경우는 다릅니다. 아라한은 견문각지를 통해 대상을 알 때 원하는 대상이든 원하지 않는 대상이든 집착하거나 싫어하지 않고 단지 보기만 하고, 듣기만 하고, 감지하기만 하고, 알기만 할 뿐입니다. 이를 『쌍윳따 니까야』의 「말룽꺄뿟따 경」에서 다음과 같이 말씀하십니다.

> "말룽꺄뿟따여, 그대가 보고 듣고 감지하고 알아야 하는 법들에 대해서 볼 때는 단지 봄만이 있을 것이고, 들을 때는 단지 들음만이 있을 것이고, 감지할 때는 단지 감지함만이 있을 것이고, 알 때는 단지 앎만이 있을 것이면 그대에게는 '그것에 의함'이란 것이 있지 않다."

이처럼 견문각지를 통해 대상을 분별할 때 의식 또는 마음에 탐욕, 성냄, 해태와 혼침 등의 장애가 함께하지 않으면 대상을 집착하거나 싫어하는 생각이 없이 '있는 그대로' 알 수 있습니다. 다시 말해서 볼 때는 보기만 하고, 들을 때는 듣기만 하고, 감지할 때는 감지하기만 하고, 알 때는 단지 알기만 할 수 있는 것입니다. 이를 통해 세상의 모든 현상의 실상을 있는 그대로 꿰뚫어 아는 지혜와 바른 기억을 계발할 수 있습니다. 예를 들어 단지 봄이 있을 뿐보는 자가 없고, 단시 들음만 있을 뿐 듣는 자가 없고, 단지 감지함만 있을 뿐 감지하는 자는 없고, 단지 앎이 있을 뿐 아는 자가 없다는 무아의 지혜를 체득할 수 있습니다.

그러므로 일상 수행에서 형색, 소리, 냄새, 맛, 감촉, 법과 접촉할 때 탐욕이나 성냄 등의 장애가 없이 단지 보기만 하고, 듣기만하고, 감지하기만 하고, 알기만 하는 마음 상태를 계발하는 일은 일상 수행에서 추구해야 할 방향이고, 완성해야 할 목적이라고 할 수 있습니다. 이와 같은 수행의 방향성을 분명히 기억하면 일상 수행을 올바르게 실천할 수 있습니다.

일상 수행의 방법

일상에서 알아차림을 실천하는 구체적인 방법에 대하여 살펴봅시다. 먼저 현재 가장 뚜렷한 감각 대상을 알아차리려고 노력해야 합니다. 무엇이 가장 뚜렷한 대상인지는 개인마다 차이가 있으므로 스스로 판단하면 됩니다. 이렇게 현재 가장 뚜렷한 감각 대상을 주로 알아차리려고 노력해도, 일상생활에서는 생각이 일어날 수밖에 없는 조건이 많으므로 생각은 움직이기 마련입니다. 이때 일어난 생각이 유익한 것인지, 해로운 것인지에 따라 다르게 대처해야 합니다.

첫째, 그 생각이 해롭고 불필요한 생각이라면 그것을 즉시 알아차리고 내려놓아야 합니다. 다시 말해서 그것이 어떤 장애가 있는 생각인지, 즉 욕망으로 인한 생각인지, 성냄으로 인한 생각인지, 들뜸과 후회로 인한 생각인지, 의심으로 인한 생각인지 알아차리고 내려놓은 후에 다시 현재 가장 뚜렷한 감각 대상을 알아차리면 됩니다.

장애를 내려놓을 때는 호흡 수행에서와 마찬가지로 장애의 해로움을 통찰하거나, 장애가 있는 생각은 사라지기 마련이고 내 마음대로 되지 않는다는 무상과 무아의 지혜 등을 활용해서 내려놓으면 됩니다(장애를 버리는 좀 더 자세한 방법은 다음 4장을 참고하시기 바랍니다).

둘째, 그 생각이 유익하고 꼭 필요한 생각이라면 오히려 그 생각에 온전하게 집중하십시오. 호흡 수행과 걷기 수행 때와는 달리 일상에서는 생각이 꼭 필요한 상황이 많습니다. 이럴 때 생각을 외면한다면 일상생활에 문제가 생길 수 있습니다. 그래서 오히려 장애 없이 생각에 온전하게 집중하여 꼭 필요한 생각을 마친 후에 다시 현재 가장 뚜렷한 감각 대상을 대상으로 알아차림을 닦으면 됩니다. 단지 이때 탐욕이나 성냄 등의 장애가 없이 생각해야 한다는 점을 잊지 말아야 합니다. 그래서 만약 생각 중에 장애가 일어나면 즉시 알아차리고 내려놓은 후 그 생각에 집중해야 합니다. 이런 방식으로 꼭 필요한 생각을 끝마쳤다면 바로 생각을 멈추고 다시 현재 가장 뚜렷한 감각 대상을 알아차리면 됩니다.

부처님께서는 완전한 깨달음을 얻은 아라한의 경우 꼭 해야 할 생각은 하고, 하지 말아야 할 생각은 하지 않을 수 있다고 설하셨습니다. 이처럼 수행자들도 불필요하고 해로운 생각은 즉시 내려놓고 현재의 감각 대상을 알아차리면서 행복하게 머무는 삼매를 닦아야 합니다. 그러다가 꼭 필요하고 유익한 생각을 해야 할 때는 장애 없이 생각하려고 노력해야 합니다.

이상에서 살펴보았듯 일상 수행에서는 기본적으로 '현재 가장 뚜렷한 감각 대상'을 알아차리려고 노력하다가 생각이 움직이면 앞서 설명한 두 가지 방법 중 한 가지로 적절히 대처한 후에 다시 현재 가장 뚜렷한 감각 대상을 알아차리면 됩니다.

더불어 일상 수행 중에 해태와 혼침에 빠져 마음이 무기력하고 게을러졌다면 자신이 해태와 혼침에 빠졌음을 알아차리고 몸의 자세를 바꾸어 정신을 바짝 차려 다시 현재 가장 뚜렷한 감각 대상을 알아차리면 됩니다. 일상에서 이같이 열심히 정진하다 보면 일상생활에서도 탐욕이나 성냄 등의 장애가 사라지면서 볼 때는 보기만 하고, 들을 때는 듣기만 하고, 냄새를 맡을 때는 냄새만 맡고, 맛볼 때는 맛만 보고, 감지할 때는 감지만 하고, 생각하고 알 때는 생각하고 알기만 하는 방향으로 일상의 삶이 변하게 됩니다. 이것이 일상 수행의 가장 중요한 방향성이고 목표라고 할 수 있습니다.

상황에 따른 일상 수행의 예시

이제부터 일상 수행의 방법을 상황에 따른 예시로 살펴보겠습니다.

일상 수행에서는 상황마다 변수도 아주 많고 가장 뚜렷한 감각 대상도 주관적이므로 일상에서 알아차림을 실천하는 방법은 정형화해 설명하기가 매우 어렵습니다. 그래서 일상의 몇 가지 상황에서 알아차림을 계발하는 실례를 보임으로써 스스로 자신에게 맞는 수행 방법을 찾는 데 도움을 줄 수 있으리라 생각됩니다.

첫째, 앉아 있을 때나 서 있을 때입니다. 다소 긴 시간 앉아 있거나 서 있을 때와 같이 정적인 자세로 있을 때는 들숨과 날숨을 기본 대상으로 삼아 알아차림을 실천하면 됩니다. 이때 수행하는 방법은 호흡 수행과 같습니다.

둘째, 기상하고 씻을 때입니다. 기본적으로 기상하고 씻는 과정에서 현재 가장 뚜렷한 감각 대상을 알아차리려고 노력합니다. 예를 들어 시계 벨 소리, 들숨과 날숨, 이불의 촉감, 몸의 움직임, 통증 등을 알아차립니다. 또 화장실에 갈 때는 몸의 움직임, 발의 움직임이나 촉감, 문의 형상, 문손잡이의 촉감, 거울, 세면대 등을 알아차립니다. 양치할 때는 칫솔과 치약의 형상, 칫솔의 촉감이나 움직임 또는 맛, 입안의 물 온도 등을 알아차리고, 씻을 때는 샤워기의 형상, 수도꼭지의 촉감, 물소리, 물의 온도, 손의 움직임, 비누, 비누칠하는 움직임 등을 알아차립니다. 씻고 난 후에는 수건의 형상, 수건의 촉감, 몸의 움직임, 깨끗한 얼굴이나 몸 등을 알아차 립니다.

그런데 기상하고 씻을 때는 현재 가장 뚜렷한 감각 대상이 주 로 '손과 발의 움직임과 촉감'이므로 만약 무엇을 알아차려야 할지 혼란스럽다면 '손과 발의 움직임과 촉감'을 알아차린 뒤에 위에서 언급한 것처럼 수행하면 됩니다.

물론 이렇게 기상하고 씻을 때 현재 가장 뚜렷한 감각 대상 을 알아차리려고 노력하더라도 잡다한 생각은 일어나기 마련입니 다. 그러면 그것이 어떤 장애가 있는 생각인지 알아차리고 내려놓 은 뒤 다시 현재 가장 뚜렷한 감각 대상을 알아차리면 됩니다. 이 와 같은 방식으로 정진하다 보면 탐욕이나 성냄 등의 장애가 사라 지면서 기상할 때는 기상만 하고, 씻을 때는 씻기만 하는 방향으로 수행이 향상하게 됩니다.

셋째, 출퇴근할 때입니다. 기본적으로 출퇴근하는 과정에서 현재 가장 뚜렷한 감각 대상을 알아차리려고 노력합니다. 예를 들 면 몸의 움직임이나 촉감, 바깥 온도, 도로 풍경, 주변 소음, 냄새, 버스나 지하철의 모습, 계단, 발의 움직임과 촉감, 빈자리, 엉덩이 의 촉감, 손잡이의 촉감, 호흡, 사람들의 말소리 등을 알아차리면 됩니다. 그런데 출퇴근할 때는 현재 가장 뚜렷한 감각 대상이 주 로 '발의 움직임과 촉감'이므로 무엇을 알아차려야 할지 혼란스러 우면 '발의 움직임과 촉감'을 알아차린 후에 위에서 언급한 것처럼 수행하면 됩니다.

다만 두 번째 예와 마찬가지로 출퇴근하는 과정에서 현재 가장 뚜렷한 감각 대상을 알아차리려고 노력하더라도 생각은 일어납니다. 그럼 그것이 어떤 장애가 있는 생각인지 알아차리고, 내려놓고, 다시 현재 가장 뚜렷한 감각 대상을 알아차리면 됩니다. 이와 같은 방식으로 정진하다 보면 탐욕이나 성냄 등의 장애가 사라지면서 출근할 때는 단지 출근만 하고, 퇴근할 때는 퇴근만 하는 방향으로 수행이 향상하게 됩니다.

넷째, 음식을 먹을 때입니다. 기본적으로 음식을 먹는 과정에서 현재 가장 뚜렷한 감각 대상을 알아차리려고 노력합니다. 예를 들면 수저를 들 때는 수저의 형상, 손의 움직임, 수저의 감촉, 수저의 움직임 등을 알아차리고, 음식을 먹을 때는 음식의 형상, 음식의 냄새, 손의 움직임, 음식의 촉감 등을 알아차리고, 음식을 씹을 때는 음식의 식감, 턱의 움직임, 씹는 소리, 음식의 맛, 음식의 온도 등을 알아차리고, 음식을 삼킬 때는 목구멍의 촉감, 음식의 촉감이나 움직임, 음식의 온도 등을 알아차립니다. 그런데 음식을 먹을 때는 현재 가장 뚜렷한 감각 대상이 주로 '맛과 냄새'이므로 무엇을 알아차려야 할지 혼란스럽다면 '맛과 냄새'를 알아차린 후에 위에서 언급한 것처럼 수행하면 됩니다.

음식을 먹는 과정에서도 현재 가장 뚜렷한 감각 대상을 알아차리려 노력해도 생각은 일어나기 마련이어서 마찬가지로 그것이 어떤 장애가 있는 생각인지 알아차리고, 내려놓고, 다시 현재 가장 뚜렷한 감각 대상을 알아차리면 됩니다. 특히 음식을 먹을 때는 맛

있는 음식에 대한 탐욕이나 맛없는 음식에 대한 화로 인한 생각이 일어나기 쉽습니다. 이때는 식탐으로 인한 생각 또는 화로 인한 생각임을 즉시 알아차려 내려놓고 다시 현재 가장 뚜렷한 감각 대상을 알아치리십시오. 이와 같은 방식으로 정진하다 보면 탐욕이나 성냄 등의 장애가 사라지면서 음식을 먹을 때는 단지 음식만 먹는 방향으로 수행이 향상하게 됩니다.

다섯째, 울력할 때입니다. 기본적으로 울력하는 과정에서 현재 가장 뚜렷한 감각 대상을 알아차리려고 노력합니다. 예를 들어 마당을 쓸 때는 마당의 형상, 빗자루의 형상, 손의 움직임, 빗자루의 촉감, 빗자루를 쓰는 소리, 발의 움직임이나 촉감 등을 알아차리면 됩니다. 그런데 울력할 때는 현재 가장 뚜렷한 감각 대상이 주로 '손과 발의 움직임과 촉감'이므로 무엇을 알아차려야 할지 혼란스러우면 '손과 발의 움직임과 촉감'을 알아차린 후에 위에서 언급한 것처럼 수행하면 됩니다.

울력하는 과정에서 현재 가장 뚜렷한 감각 대상을 알아차리려 노력하더라도 생각은 일어나기 마련이므로, 그것이 어떤 장애가 있는 생각인지 알아차리고, 내려놓고, 다시 현재 가장 뚜렷한 감각 대상을 알아차리십시오. 그럼 탐욕이나 성냄 등의 장애는 사라지고 울력할 때는 단지 울력만 하는 방향으로 수행이 향상하게 됩니다.

여섯째, 대화할 때입니다. 기본적으로 대화를 하는 과정에서는 대화의 내용을 이해하는 일에 온전히 집중해야 합니다. 예를 들어 자신의 말, 자신의 몸동작, 상대의 표정, 상대의 반응, 상대의 동작, 상대의 말 등을 알아차리면서 대화의 내용에 대해 생각하고 이해하는 일에 집중하면 됩니다. 그런데 대화할 때는 자신을 드러내고 싶은 자만, 자신의 견해에 대한 집착, 상대의 말을 공격하는 화, 상대를 싫어하는 화 등의 장애가 일어나기 쉽습니다. 이때 그 장애를 즉시 알아차리고 내려놓은 후에 대화를 이어가야 합니다.

대화할 때는 상대를 배려하고 존중해야 하는데, 탐욕이나 성냄 등의 장애가 있으면 상대를 비난하고 화를 내거나 공격하게 됩니다. 그래서 대화 중에는 자신의 마음을 잘 살펴 장애가 일어나면 즉시 알아차리고 내려놓은 후에 대화를 이어가는 것이 바람직합니다.

이렇게 대화를 하다가 끝난 후에는 다시 현재 가장 뚜렷한 감각 대상을 알아차리십시오. 이와 같은 방식으로 정진하다 보면 탐욕이나 성냄 등의 장애가 없이 대화할 때는 단지 대화만 하는 방향으로 수행이 향상하게 됩니다.

여섯째, 스마트폰이나 컴퓨터 등의 전자기기를 사용할 때입니다. 기본적으로 전자기기 사용하여 꼭 필요한 일을 하는 과정에서는 전자기기를 사용하는 데 온전하게 집중하면 됩니다. 예를 들어 스마트폰이나 컴퓨터를 통해 자신이 필요한 정보를 찾거나 논문이나 글을 쓰는 등의 중요한 작업을 할 때는 그 일에 온전하게 집중하면 됩니다. 그런데 전자기기를 통해 영화, 드라마, 게임 등에 중독되거나, 악성 댓글을 달거나, 타인을 스토킹하거나, 도박을 하는 등의 일은 절대 해서는 안 됩니다. 세속 생활에서 전자기기를 통해 건전한 영화, 드라마, 게임 등을 즐기는 것은 비난받을 일은 아닙니다. 하지만 이런 욕망이 지나쳐 절제할 수 없는 수준으로 완전히 중독되면 정상적인 삶을 살 수 없습니다. 그러므로 전자기기에 완전히 중독되기 전에 욕망의 해로움과 위험함을 통찰하고 멈추는 연습을 많이 해야 합니다.

감각적 욕망은 지혜롭게 절제하면 그렇게 위험하지 않지만, 절제가 없는 욕망은 아주 위험합니다. 특히 스마트폰은 항상 휴대하면서 쉽게 즐길 수 있는 전자기기이므로 중독되기가 매우 쉽습니다. 스마트폰과 같은 전자기기는 인간의 삶을 매우 편리하게 만들지만, 인간의 마음을 중독시켜 큰 괴로움이 일어나게 하는 부작용이 있음을 잊지 말아야 합니다. 그래서 전자기기를 사용하는 중에 탐욕이나 성냄 등의 장애가 일어나면 즉시 알아차리고 내려놓은 후에 전자기기를 사용하는 습관을 기르는 일이 아주 중요합니다. 그러면 전자기기를 꼭 필요할 때만 사용하게 되고, 단지 무의미하게 시간만 보내거나 즐기기만을 위해 전자기기를 남용하는 일은 절제하고 멈출 수 있습니다. 이렇게 전자기기를 사용하다가 사용이 끝난 후에는 다시 현재 가장 뚜렷한 감각 대상을 알아차리십시오. 이와 같은 방식으로 정진하다 보면 탐욕이나 성냄 등의 장애가 사라지고 전자기기를 사용할 때는 단지 전자기기만을 사용하는 방향으로 수행이 향상하게 됩니다.

끝으로 책을 보거나 깊이 숙고할 때입니다. 책을 볼 때나 숙고

할 때는 생각하는 것이 꼭 필요한 상황이므로 이때는 생각에 집중하는 것이 바람직합니다. 그러다가 탐욕이나 성냄 등의 장애로 인한 다른 생각들이 일어나면 그것을 알아차리고 내려놓아야 합니다. 그렇지 않으면 마음이 산만해져서 책의 내용도 이해할 수 없고, 깊이 숙고함으로써 이해해야 할 내용도 알 수 없기 때문입니다. 그러므로 장애가 있는 생각이 일어나면 그것을 알아차리고 내려놓은 후에 다시 책을 보거나 깊이 숙고하는 일에 온전히 집중하면서 머물면 됩니다. 이렇게 책을 보거나 깊이 숙고하는 일이 끝난 후에는 지체하지 말고 다시 현재 가장 뚜렷한 감각 대상을 알아차리면 됩니다. 이와 같은 방식으로 정진하다 보면 탐욕이나 성냄 등의 장애가 사라지고 책 볼 때는 책만 보고, 깊이 숙고할 때는 깊이 숙고만 하는 방향으로 수행이 향상하게 됩니다.

이상으로 일상에서 알아차림을 실천하는 방법의 실례를 간단히 알아보았습니다. 이때 어떤 사람은 '이렇게 수행하는 일은 거의 불가능하다! 어떻게 언제나 수행할 수 있단 말인가!'라는 식으로 생각할 수 있습니다. 실제로 초보 수행자가 이렇게 수행할 수는 없습니다. 초보 수행자는 현재 자기 수준에서 편안하게 할 수 있는 만큼 알아차리면 됩니다. 그렇게 자신의 조건과 환경에 맞게 자신이 실천할 수 있는 만큼 조금씩 조금씩 노력하다 보면 점차 지혜와 그것을 잊지 않는 바른 기억이 힘이 강해집니다. 이렇게 지혜와 바른 기억이 힘이 강해질수록 장애의 저항은 줄어들고, 알아차림을 망각하는 시간도 줄어들면서 결국 언제 어디서 무엇을 하든 알아차림을 유지하는 일이 가능해집니다.

그래서 처음부터 너무 욕심내지 말고 자신의 조건과 환경에서 할 수 있는 만큼 차근차근 알아차림을 실천하면 됩니다. 그러다 보면 언젠기는 행주좌와 언제나 알아차림을 유시할 수 있게 되어, 일상 가운데 볼 때는 보기만 하고, 들을 때는 듣기만 하고, 냄새를 맡을 때는 냄새만 맡고, 맛볼 때는 맛만 보고, 감지할 때는 감지만 하고, 생각하고 알 때는 생각하고 알기만 하는 경지에 이를 수 있을 것입니다.

일상 수행의 올바른 마음 자세

팔정도에서 바른 견해와 청정한 계가 출발점이라고 말씀드렸습니다. 그리고 바른 사유가 중요한데 바른 사유는 탐욕이 없고 성냄이 없이 생각하는 것입니다. 이와 같은 바른 견해와 바른 사유가 잘 갖추어진 사람을 올바른 마음 자세가 갖추어졌다고 합니다.

어떤 마음 상태와 어떤 방향성을 지니고 수행을 하느냐에 따라서 수행의 결과는 달라집니다. 젖소가 이슬을 먹으면 우유를 만들고, 뱀이 이슬을 먹으면 독을 만든다는 말이 있듯이 올바른 마음 자세로 수행을 한다면 열반을 실현할 수 있지만, 삿된 마음 자세로 수행을 한다면 오히려 괴로움이 더욱 커질 수 있습니다.

수행자들은 마음이 깨끗하고 순수해야 합니다. 수행자의 마음이 삿된 원顯이나 장애들에 오염되기 시작하면 수행은 전혀 다른 방향으로 흘러갑니다. 세상에는 속임수가 통할지 모르지만, 수행에서는 속임수가 통하지 않습니다. 남은 속일지라도 어떻게 자신의 마음을 속일 수 있겠습니까? 자신의 마음속에 번뇌가 가득한데 번뇌가 없는 척한다고 해서 괴로움이 사라지지 않습니다. 진심으로 장애의 위험성을 이해하고 그것을 버려야 실제로 행복해지고 결국 괴로움의 소멸을 실현할 수 있습니다.

일상에서 수행할 때 대상에 대하여 집착하거나 싫어하는 생각이 일어난다면 바른 사유가 아니며 올바른 마음 자세가 아닙니다. 원하는 대상이 나타났다고 집착하면 탐욕이 일어난 것이고, 반면에 원하지 않는 대상이 나타났다고 싫어하면 성냄이 일어난 것입니다. 탐욕과 성냄이 일어나면 그 즉시 알아차리고 그것들을 내려놓아야 올바른 마음 자세를 유지할 수 있습니다. 또한 마음이 무기력해지고 게을러져서 현재의 가장 뚜렷한 몸의 감각을 놓친다면 해태와 혼침에 빠진 것입니다. 해태와 혼침에 빠지면 즉시 알아차리고 그것들을 내려놓아야 올바른 마음 자세를 유지할 수 있습니다. 만약 마음 자세가 잘못된 것을 알지 못하고 방치하면 나중에는 마음이 삐뚤어져 수행이 엉뚱한 방향으로 갈 수 있습니다.

예를 들어 수행을 오래 했음에도 불구하고 보통 사람보다 집착이 더 많은 사람도 있습니다. 주로 수행 과정에 나타나는 현상들에 대한 집착입니다. 빛이 나타나거나 지혜가 조금 생기면 스스로 깨달았다고 생각하고 그에 집착합니다. 그래서 자만에 빠지거나 그릇된 견해가 강해집니다. 올바른 마음 자세로 수행을 했다면 자만이나 그릇된 견해가 버려지고 오히려 겸손해지며 바른 견해가 생겼을 것입니다. 하지만 바른 수행법을 만났더라도 바른 마음 자세로 임하지 않으면 수행이 향상되기보다는 오히려 퇴보할 수도 있습니다.

또 원하지 않은 대상을 싫어하는 것도 잘못된 마음 자세입니다. 알아차림의 대상은 적이 아니라 좋은 친구입니다. 원치 않는 장애가 일어나더라도 실망하거나 싫어하지 마십시오. 수행은 배움의 과정이지 다툼의 과정이 아닙니다. 장애가 일어나더라도 장애를 알아차리고 이해하면 지혜가 계발됩니다. 장애에 빠지면 걸림돌이 되지만, 장애를 극복하면 디딤돌이 됩니다. 그러니 원하지 않는 대상이라 할지라도 열반에 이르도록 도와주는 좋은 친구라고 생각하고, 거부하고 싫어하지 말아야 합니다.

이같이 수행은 다툼이 아니라 배움임을 이해하는 것은 아주 중요합니다. 올바른 마음 자세로 수행하면 마음이 행복해지고 수행이 즐거워집니다. 원하는 대상이라고 집착하고, 원하지 않는 대상이라고 싫어한다면 오히려 장애만 늘고, 수행은 재미없고 괴로운 일이 됩니다.

부처님께서는 알아차림을 통해 바른 앎과 바른 기억을 계발하지 않고서는 깨달음에 이를 수 없다고 하셨습니다. 어떤 대상이라도 좋아하고 싫어하는 마음이 없이 있는 그대로 그들을 알아차리면 바른 지혜가 계발되어 깨달음에 이를 수 있습니다. 이런 올바른 마음 자세로 수행한다면 어떤 대상을 만나더라도 편안하고 행복한 수행이 될 수 있을 것입니다.

불교 수행이란 장애를 내려놓는 과정임을 이해하고 장애가 일어나면 즉시 알아차려서 그를 바탕으로 생각이 확산하지 않도록 해야 합니다. 장애가 있는 생각들은 바른 사유가 아니라 망상이기 때문에 수행에 해롭습니다. 따라서 항상 알아차림을 유지하여 마음 자세가 삐뚤어지지 않도록 바로잡아야 합니다. 바른 마음 자세가 아니면 아무리 노력해도 삼매나 지혜 등의 결실을 얻을 수 없을 뿐만 아니라 오히려 아집, 독선, 자만 등의 해로운 마음이 더 강해질 수 있음을 명심해야 합니다.

일상 수행의 이익

사람들에게 괴로움이 일어나게 하는 장애는 좌선할 때나 걸을 때만 일어나는 것이 아닙니다. 장애는 마음에서 일어나는 현상이므로 몸의 자세나 장소에 구애받지 않습니다. 일상에서 대상과 접촉이 일어나는 상황에서는 언제나 장애가 일어날 수 있습니다. 특히 호흡 수행과 걷기 수행보다 일상 수행을 할 때는 대상의 변화가 훨씬 더 많을 뿐 아니라 그런 대상들에 현혹되기도 쉬워 장애가 훨씬 많이 일어납니다. 그래서 좌선 위주로만 수행하는 방식은 바람직하지 않습니다. 옛 성인들은 앉아서만 부처가 되고, 일상에서 중생이라면 그것이 올바른 수행이겠느냐고 경책하시곤 했습니다.

이처럼 불교 수행에서는 좌선뿐만 아니라 일상 수행이 매우 중요합니다. 비록 일상 수행이 좌선보다 실천하기 더 어렵지만, 지혜와 바른 기억이 더 강력하게 계발되는 장점이 있습니다.

일상 수행은 일상에서 현실적이고 실제적인 대상과 접촉하면서 일어나는 장애를 알아차리고 내려놓는 실전적인 수행입니다. 그러므로 일상 수행을 통해 다양한 조건에서 실전 경험이 많이 축적돼 장애를 내려놓는 지혜와 바른 기억이 훨씬 더 풍부하고 강력해집니다. 마치 온실 속의 화초는 매우 약하지만, 들판에서 자란 잡초는 생명력이 강한 것처럼. 이처럼 일상 수행은 강력한 지혜와 바른 기억을 계발할 수 있습니다. 이것이 첫 번째 이익입니다.

또한 일상 수행은 바른 삼매, 즉 선정에 드는 일에도 아주 중요한 역할을 합니다. 사실 호흡 수행은 일상생활에서의 마음 상태에 영향을 많이 받습니다. 일상에서 장애가 많이 일어났다면 호흡 수행을 할 때 일상에서 일어난 장애를 가라앉히는 데 많은 시간이 걸립니다. 특히 호흡 수행을 통해 선정에 가까이 갈수록 일상생활에서의 마음 상태에 영향을 크게 받습니다. 일상에서 일어난 사소한 장애라 할지라도 매우 깨끗하고, 고요하며, 집중된 마음인 선정에 드는 일에는 방해가 될 수 있기 때문입니다.

역으로 일상 수행을 통해 일상생활에서 장애가 거의 일어나지 않는 마음 상태를 유지한다면 호흡 수행을 할 때도 쉽게 마음이 고요해지게 될 것이고, 결국에는 바른 삼매, 즉 선정을 얻을 수 있을 것입니다. 이처럼 일상에서 일어나는 장애를 알아차리고 내려놓는 일상 수행을 잘 실천하는 일은 호흡 수행을 통해 바른 삼매, 즉 선정에 드는 일에 아주 중요한 역할을 합니다. 이것이 두 번째 이익입니다.

또 불교 수행의 목적은 괴로움의 소멸입니다. 일상 수행을 잘 실천하면 일상생활에서 괴로움이 일어나게 하는 장애를 알아차리고 내려놓을 수 있으므로 그런 장애가 점차 사라지게 됩니다. 그러면 일상생활에서 괴로움이 점차 사라지고 이전보다 훨씬 평온하고 행복하게 살아갈 수 있습니다. 그러다가 일상 수행과 더불어 호흡 수행과 걷기 수행이 함께 무르익으면 결국 해로운 마음을 완전히 제거하고 괴로움의 소멸을 실현할 수 있습니다. 이것이 일상 수행의 가장 중요한 이익입니다.

4장.
장애 내려놓기

장애[nīvaraṇa, 蓋]는 삼매와 지혜를 계발하여 괴로움을 소멸하는 데 장애가 되는 해로운 마음을 말합니다. 경전에서 장애는 감각적 욕망, 성냄, 해태와 혼침, 들뜸과 후회, 의심의 다섯 가지로 설명되어 있습니다. 이와 같은 장애는 잡다하고 해로운 생각들이 일어나게 하거나 마음을 무기력하고 게으르게 하여 바른 삼매를 방해하고 그로 인해 지혜가 생기는 것을 방해합니다. 그러므로 이와 같은 장애를 이해하고 내려놓아야 바른 삼매에 들 수 있고, 이를 기반으로 바른 지혜를 계발하여 괴로움을 소멸할 수 있습니다. 앞서 장애에 대한 기본적인 설명은 이미 했으므로 여기에서는 중도 수행 중에 자주 나타나는 장애의 모습, 그리고 장애를 버리는 방법에 초점을 맞추어 설명하겠습니다('장애의 원인을 조사하는 방법'에 대하여는 다음 5장에서 좀 더 자세히 설명하겠습니다).

여기서 주의할 점은 장애가 일어날 때 장애를 알아차리는 것이 장애를 버리는 출발점이라는 점입니다. 장애가 일어나도 장애가 일어난 줄 모르는 것은 어리석음이고, 장애가 일어날 때 장애라고 꿰뚫어 아는 것이 지혜입니다. 그래서 장애가 일어날 때 좋아하거나 싫어하는 마음이 없이 단지 장애를 알아차려야 합니다. 다시 말해서 감각적 욕망은 감각적 욕망으로, 성냄은 성냄으로, 해태와 혼침은 해태와 혼침으로, 들뜸과 후회는 들뜸과 후회로, 의심은 의심으로, 있는 그대로 알아차리는 일이 장애를 내려놓는 수행의 출발점입니다.

감각적 욕망

감각적 욕망은 형상, 소리, 냄새, 맛, 감촉의 감각 대상이나 개념, 이론, 생각 등을 좋아하고 즐기고 집착하는 마음을 의미합니다. 중도 수행의 중심은 현재의 감각 대상을 생각 없이 알아차림으로써 바른 삼매를 계발하는 수행입니다. 그런데 감각적 욕망이 있으면 이런저런 대상을 즐기려는 생각이 계속 일어나서 마음이 고요해질 수가 없습니다. 마치 원숭이가 이 나무 저 나무를 돌아다니며 즐기듯이. 이렇게 감각적 욕망은 원하는 대상을 즐기고 싶은 생각이 계속 이어지게 하여 삼매를 방해하는 대표적인 장애 중 하나입니다. 이와 같은 감각적 욕망의 기본적인 것들에는 식욕, 수면욕, 성욕, 명예욕, 재욕의 오욕이 있습니다.

그런데 중도 수행, 즉 호흡 수행, 걷기 수행, 일상 수행에서 주로 나타나는 감각적 욕망은 생각을 즐기고 싶은 욕망, 수행을 잘하고 싶은 욕망, 삼매를 빨리 얻고 싶은 욕망, 다섯 감각 대상이 나타날 때 그것에 반응하여 분별하고 싶어 하는 마음 등입니다. 또한 중도 수행의 결과로 생긴 희열과 행복, 숨의 표상, 선정, 지혜 등에 대한 집착도 감각적 욕망입니다. 이것은 매우 미세하고 세속에서 경험하시 못한 형태의 집착이므로 수행사들은 이것이 감각적 욕망인지 모를 수도 있습니다. 하지만 수행의 결과에 대한 집착은 돈, 명예, 권력에 대한 집착과 그 실상은 다르지 않습니다. 대상만 다를 뿐이지 집착하는 마음은 같기 때문입니다. 아무리 미세한 감각적 욕망이라도 삼매를 방해하는 장애임을 이해하고 철저히 버려야 삼매에 들 수 있습니다.

그런데 세상의 모든 현상은 조건 발생이므로 감각적 욕망도 조건을 의지해서 일어납니다. 그러면 감각적 욕망은 무엇을 조건으로 일어날까요? 바로 '어리석음'을 조건으로 일어납니다. 다시 말해서 세상의 모든 현상, 즉 물질과 정신은 조건 발생이므로 무상인데 영원하다고 잘못 알고, 괴로움인데 행복이라 잘못 알고, 무아인데 자아가 있다고 잘못 아는 어리석음으로 인해 물질과 정신 현상들을 좋아하고 집착하는 감각적 욕망이 일어나는 것입니다. 이렇게 어리석음을 조건으로 감각적 욕망이 일어남을 이해하는 것은 감각적 욕망을 버리는 일에 아주 중요합니다. 그럼 이와 같은 이해를 바탕으로 감각적 욕망을 버리는 몇 가지 대표적인 방법들을 살펴보겠습니다.

감각적 욕망을 버리는 법

첫째, 감각적 욕망의 대상이 무상하고, 괴로움이며, 무아임을 통찰하는 것입니다. 위에서 언급했듯이 감각적 욕망은 물질과 정신이 영원하고 행복이며 내 것이라는 어리석음을 조건으로 일어납니다. 그러므로 감각적 욕망을 버리는 가장 강력한 무기는 세상의 모든 현상, 즉 물질과 정신이 조건에 의해 형성되었으므로 무상하고, 무상인 것은 불만족스럽고 불확실하므로 괴로움이며, 무상하고 괴로움인 것은 나의 것, 나, 나의 자아도 아니므로 무아임을 통찰하는 지혜입니다. 이처럼 물질과 정신은 사라지기 마련이고, 괴로움이며, 내 마음대로 통제할 수 없을 뿐 아니라 내 것도 아님을 통찰하면 물질과 정신이 집착할만한 가치가 없음을 분명히 이해하여 감각적 욕망을 내려놓을 수 있습니다. 예를 들어 감각적 욕망의 대상인 생각은 무상하고 내 것이 아니므로 내버려 두면 저절로 사라지기 마련임을 이해하면 생각에 대한 욕망을 쉽게 내려놓을 수 있습니다.

둘째, 감각적 욕망의 해로움을 통찰하는 것입니다. 감각적 욕망은 원하는 대상을 얻었을 때 달콤하고 행복합니다. 하지만 원하는 대상을 얻지 못하면 그 자체로 큰 고통입니다. 설사 원하는 대상을 얻었다고 하더라도 그 대상에 대한 집착이 있으므로 그것이 사라지지 않을까 초조하고 불안해집니다. 다시 말해서 감각적 욕망은 정신적 괴로움과 함께 성냄이 일어나는 원인이 됩니다. 이처럼 감각적 욕망은 달콤한 측면도 있지만 괴로움이 일어나게 하는 위험한 측면이 더 많으므로 해로운 마음입니다. 이렇게 감각적 욕망의 해로움을 통찰함으로써 장애를 내려놓을 수 있습니다. 마치 독약이 위험한 줄 아는 사람은 독약을 버리는 것처럼.

예를 들어 수행을 잘하고 싶은 욕망, 삼매를 빨리 얻고 싶은 욕망, 이전에 생긴 편안함과 행복에 대한 욕망 등이 있으면 조급한 마음으로 결과에 집착하므로 상황에 맞지 않는 과도한 노력을 기울이게 됩니다. 그러면 마음이 긴장되고 경직되어서 오히려 바른 삼매와 지혜를 얻는 일에 장애가 될 뿐만 아니라 성냄과 정신적 괴로움이 일어나게 합니다. 이와 같은 해로움을 통찰함으로써 수행을 잘하고 싶은 욕망, 삼매를 빨리 얻고 싶은 욕망, 이전에 생긴 편안함과 행복에 대한 욕망 등을 내려놓을 수 있습니다.

셋째, 부정관不淨觀을 닦는 것입니다. 이것은 수행자에게 일어나는 이성에 대한 애욕愛慾을 버리는 데 적합한 수행입니다. 만약 집착하는 대상에 대하여 아름다운[淨] 측면만 본다면 대상에 대한 애착을 버리기 힘듭니다. 하지만 집착하고 있는 대상은 변하기 마련이고, 늙기 마련이며, 병들고 죽기 마련이므로 '아름답지 않은[不淨]' 측면이 있음을 꿰뚫어 본다면 대상에 대한 집착을 버릴 수 있습니다. 이와 같이 부정관은 집착하는 대상에 대하여 아름다운 측면만 보지 않고 아름답지 않은 측면도 분명히 봄으로써 대상에 대한 애착을 버리게 하는 수행법입니다. 이것이 부정관 수행의 핵심입니다.

부정관은 크게 두 가지 형태가 있습니다. 하나는 살아 있는 몸에 대한 부정관입니다. 예를 들어 어떤 남자 수행자가 아름다운 여인의 모습을 보고 반해 그 여인에 대한 애욕이 일어났다고 합시다. 이 수행자에게 애욕이 일어난 이유는 그녀의 아름다운 모습에만 마음을 기울였기 때문입니다. 그런데 그녀의 모습에는 아름다운 측면만 있는 것이 아닙니다. 그녀는 머리털, 몸털, 손발톱, 뼈, 위 속의 음식, 똥, 오줌, 가래, 고름 등 다양한 형태의 아름답지 않은 모습도 가지고 있습니다. 이렇게 한쪽으로 치우치지 않은 균형 잡힌 마음으로 보면 '그녀의 몸은 아름다운 모습뿐 아니라 부정한 모습도 가지고 있구나.'라고 통찰하게 됩니다. 이러한 통찰을 통해 그 여인의 아름다운 모습에 달라붙어 있던 마음이 멀어지게 되면서 그 여인에 대한 애욕이 버려지게 됩니다.

다른 하나는 시체를 통한 부정관입니다. 시체에 대한 부정관은 죽어서 시체가 된 몸에 관해 숙고하는 것으로 출발합니다. 그런 후에 자신의 몸도 그와 같이 될 것임을 통찰하고 이를 통해 몸에 대한 부정의 인식을 계발함으로써 몸에 대한 애착을 버리는 수행입니다. 다시 말해서 몸이 늙고 피부가 쭈글쭈글해지면서 죽음을 맞이해 시체가 된 모습, 시체가 부패하여 검푸르게 부풀어 오르는 모습, 몸이 썩어서 구더기가 생기는 모습, 살이 썩어서 뼈만 남은 모습, 뼈가 부서져 가루가 된 모습 등을 통해 몸에 대한 부정의 인식을 계발할 수 있습니다. 이처럼 죽어서 시체가 된 모습을 통해 몸에 대한 부정의 인식을 계발하여 몸에 대한 애착을 버리는 수행을 시체에 대한 부정관이라 합니다. 이처럼 부정관을 통해 감각적 욕망을 내려놓을 수 있습니다.

넷째, 감각 기능을 잘 단속하는 것입니다. 감각적 욕망은 감각 대상과의 접촉을 통해 일어납니다. 그래서 감각적 욕망이 일어날 만한 대상은 멀리하고 접촉을 줄여나가면 감각적 욕망을 예방할 수 있습니다. 예를 들어 매일 유튜브 등과 같은 대중매체를 통해 영화, 드라마, 음악 등을 시청하면서 감각적 욕망이 일어나지 않기를 바라는 것은 어렵습니다. 그러므로 꼭 필요하지 않은 감각 대상과의 접촉은 가능하면 멀리하는 것이 감각적 욕망을 예방할 수 있습니다.

끝으로 감각적 욕망의 원인을 통찰하는 것입니다. 감각적 욕망이 일어나는 원인을 숙고하고 조사하여 그 원인을 버림으로써 감각적 욕망을 내려놓을 수 있습니다(이에 대해선 뒤의 5장에서 좀 더 자세히 설명하겠습니다). 이상에서 살펴본 몇 가지 방법을 활용하면 감각적 욕망을 버릴 수 있습니다.

성냄 또는 적의

성냄은 대상을 싫어하는 마음입니다. 중도 수행에서 성냄은 주로 수행 환경이나 대상에 대한 불평, 수행의 결과에 대한 화, 자신에 대한 화 등으로 나타납니다.

수행 환경이나 대상에 대한 불평은 좌선 중에 부스럭거리는 소리, 몸의 통증, 더위, 소란스러운 환경 등에 대한 불만입니다. 사실 지혜롭게 생각해 보면 수행 환경이나 대상이 우리를 불편하게 만드는 것이 아니라 우리 마음이 그것에 대해 불평을 하고 화를 내는 것입니다. 밖에서 결점이나 흠을 찾기 시작하면 결코 마음이 평화로워지지 않습니다. 환경 혹은 대상에 대해 불평하기보다 마음속의 성냄을 버려야 마음이 고요해질 수 있습니다.

한편 수행 결과에 대한 화는 희열과 행복, 숨의 표상, 선정 등을 빨리 얻고 싶은데 그것이 뜻대로 되지 않는 것에 대한 불만족입니다. 이런 불만족은 수행 결과에 대한 욕망이 원인이므로 수행 결과에 대한 욕망을 버려야 합니다. 수행 결과는 조건이 성숙하면 저절로 나타나기 마련입니다. 그런데 결과에 집착하면 그것이 오히려 장애가 되어 원하는 결과를 얻지 못합니다.

자신에 대한 화는 '나는 왜 장애가 이렇게 많을까?', '나는 왜 이렇게 부족한 점이 많은가?', '나는 왜 선정에 들지 못하는가?'라고 하면서 자신에 대한 불만을 터트립니다. 이러한 불만들은 내면의 다툼을 일으켜 수행을 괴롭게 만듭니다. 그러면 수행이 퇴보하여 자신의 부족한 면이 수행의 걸림돌이 됩니다. 반면 자신의 부족한 면을 인정하고 이해하면 수행의 디딤돌이 됩니다. 실제 부족한 면을 극복하는 과정에서 지혜가 성장하는 것입니다.

그러면 이와 같은 성냄의 원인은 무엇일까요? 성냄은 감각적 욕망의 반작용이라 하였습니다. 자신이 갈구하던 욕망이 충족되지 않았을 때 그것의 반작용으로 불만족과 성냄이 일어나는 것입니다. 이처럼 감각적 욕망을 조건으로 성냄이 일어납니다. 그러므로 성냄을 버리기 위해서는 감각적 욕망을 내려놓아야 합니다(이에 대하여는 다음 5장에서 좀 더 자세히 설명하겠습니다). 여기서는 화를 내려놓는 방법에 내하여 설녕하겠습니다.

화를 버리는 방법

첫째, 성냄의 해로움을 통찰하는 것입니다. 성냄이 일어날 때 가장 먼저 괴로운 것은 자기 자신입니다. 성냄은 항상 정신적 괴로움을 동반하기 때문입니다. 이런 성냄이 반복되면 극심한 분노, 우울증, 공포증, 공황장애 등의 병적인 증세가 자신에게 생기게 될 뿐만 아니라 육체적인 병도 얻게 됩니다. 이런 성냄은 자신뿐 아니라 남도 괴롭게 합니다. 성냄이 심해지면 남에게 욕설이나 거친 행동을 할 뿐만 아니라 무차별 폭행, 상해, 테러, 살인 등의 범죄를 저지를 수도 있습니다. 또 성냄은 오랜 세월 쌓아 온 자신의 공덕을 한순간에 사라지게 하여 삶을 송두리째 무너뜨릴 수 있습니다. 오랫동안 존경받아 온 사람이라 할지라도 순간의 화를 참지 못하여 이른바 갑질을 하거나 폭력을 가하면 그 사람의 평판은 한순간에 추락할 수도 있습니다.

한편 성냄은 인간관계가 나빠지게 합니다. 성냄이 많으면 주변 사람들에게 상처와 피해를 주기 때문에 사람들이 싫어합니다. 그러므로 인간관계가 나빠질 수밖에 없습니다. 또 성냄이 많으면 나쁜 생각이 치성하고 멈추지 않으므로 잠에 쉽게 들지 못하고, 잠을 잘 때도 나쁜 생각들로 인해 악몽을 꾸게 되며, 잠을 편히 못 자니 잠에서 깰 때도 편안하지 않습니다.

무엇보다 성냄은 삼매와 지혜가 사라지게 합니다. 성냄은 대상을 나쁜 면만 보면서 화가 나 있는 상태이므로 마음이 흥분되고 들끓어서 삼매에 들 수 없고, 대상을 있는 그대로 통찰하는 지혜가 생길 수가 없습니다. 수행자는 삼매와 지혜를 기반으로 해로운 마음을 버리고 괴로움을 소멸할 수 있는데, 성냄이 있으면 삼매와 지혜가 사라지므로 매우 해롭습니다. 이처럼 성냄은 위험하고 해로운 마음임을 통찰하면 성냄을 내려놓을 수 있습니다.

둘째, 자애의 유익함을 통찰하는 것입니다. 자애는 성냄의 반대되는 마음입니다. 성냄이 대상을 싫어하는 마음이라면 자애는 대상에 우호적인 마음이고 나와 남이 모두 행복하기를 바라는 마음입니다. 그래서 자애는 자신도 행복하게 하고 남도 행복하게 합니다. 더구나 자애가 있으면 설사 수행 중에 장애가 일어나더라도 그것을 싫어하거나 거부하지 않고, 도리어 그 장애를 이해하고 내려놓을 수 있습니다. 장애가 일어날 때 그것에 화를 내면 장애에 힘을 보태는 일밖에 안 되지만, 장애에 화내지 않고 대처하면 장애를 이해하는 지혜를 계발할 수 있습니다. 이 점을 잘 기억해야 합니다.

또 자애가 많으면 마음이 행복하고 편안해지므로 밤에 잠도 잘 자고, 악몽을 꾸지 않고, 잠에서 깨도 편안합니다. 그리고 인간관계 역시 좋아집니다. 자애가 많은 사람은 이기적이지 않고 나와

남이 모두 행복하기를 바라므로 사람들이 좋아합니다. 자애가 많은 사람은 적敵이 없습니다. '자비무적慈悲無敵'이라는 말이 있지 않습니까? 항상 남이 잘되기를 바라는 마음이 가득한 사람에게 적이 있을 리 없습니다. 자애심이 많은 사람은 심지어 사나운 동물조차 좋아합니다.

한편 자애가 많은 사람은 안색이 맑아집니다. 자애가 많은 사람은 항상 좋은 마음으로 살아가므로 얼굴이 편안하고 밝고 후덕한 모습으로 변합니다. 또 자애는 삼매와 지혜가 생기게 합니다. 부처님께서는 행복한 마음이 삼매에 들 수 있다고 했습니다. 자애를 계발하면 성냄이 사라지므로 마음이 행복해지고, 행복해진 마음은 쉽게 삼매에 들 수 있으며, 이와 같은 삼매를 기반으로 지혜를 계발할 수 있습니다. 특히 선정을 얻는다면 선정을 기반으로 깨달음의 지혜를 얻어 괴로움을 소멸할 수도 있습니다. 이 점이 가장 큰 이익이자 유익함입니다.

이처럼 성냄이 없는 자애의 유익함을 통찰함으로써 성냄을 버릴 수 있습니다.

셋째, 자업자득自業自得을 통찰하는 것입니다. 자신이 지은 업의 결과는 자신이 받습니다. 이에 대한 부처님의 밥상 비유는 유명합니다. 누가 나에게 밥상을 차려 줄 때, 그 밥상을 내가 받으면 누구 것이 됩니까? 당연히 나의 것이 됩니다. 그러나 내가 밥상을 받지 않으면 그것은 밥상을 주려 했던 사람의 소유로 남아 있을 것입니다. 성냄도 이와 마찬가지입니다. 남이 나에게 화를 냈을 때 나도 같이 화를 낸다면 그 사람만 해로운 업을 지은 것이 아니라 같이 화를 낸 나도 해로운 업을 지은 것입니다. 이것은 남이 준 밥상을 받은 것과 같습니다. 그러나 남이 나에게 화를 냈더라도 나는 화를 내지 않으면 어떻겠습니까? 이는 남이 준 밥상을 받지 않은 것과 같습니다. 남이 나에게 화를 내면 그 사람은 해로운 업을 지은 것입니다. 하지만 화를 내지 않고 오히려 자애심을 일으켰다면 나는 유익한 업을 지은 것입니다.

이렇게 업의 주인은 자기 자신이고 모든 일은 자업자득이므로 굳이 내가 해로운 업을 지으면서 앙갚음을 할 필요가 없습니다. 내가 화를 내면서 앙갚음하지 않아도 그 사람은 자신이 지은 해로운 업의 결과를 고스란히 받을 수밖에 없습니다. 남이 화를 낸다고 똑같이 화를 내는 일은 어리석은 대응입니다. 누가 화를 내더라도 같이 화를 내지 않고 오히려 자애로 대응하는 것이 수행자의 대응 방식입니다. 이렇게 자업자득을 통찰하면 화를 내려놓을 수 있습니다.

넷째, 부처님의 전생 일화를 기억하는 방법입니다. 대표적인 것이 『금강경』에도 나오는 부처님 전생인 인욕忍辱 수행자의 이야기입니다. 부처님께서는 당시 욕됨을 감내하는 인욕을 닦고 계셨으며 '인욕 수행자'라 불렸습니다. 인욕 수행자가 살던 나라의 이름이 '까시kāsi'였습니다. 까시국의 왕은 전생의 데와닷따였고, 사령관은 전생의 사리뿟따 스님이었습니다. 사령관은 인욕 수행자의 명성을 듣고 궁으로 초청해서 그분의 가르침을 듣곤 했습니다.

어느 날 인욕 수행자가 법문을 마치고 왕궁의 뜰에서 좌선하고 있었는데, 왕을 받들던 궁녀들이 왕이 잠든 틈에 뜰에 나왔다가 그 모습을 보았습니다. 인욕 수행자가 좌선하는 모습이 너무 거룩하게 보여 궁녀들은 그분에게 절을 하면서 경배를 했습니다.

한편 잠에서 깨어난 왕은 궁녀들이 웬 수행자에게 엎드려 절하고 있는 것을 보고 엄청난 질투를 느꼈습니다. 왕은 인욕 수행자를 잡아다가 물었습니다.

"너는 무엇을 가르치느냐?"

그러자 인욕 수행자가 답했습니다.

"인욕을 가르칩니다."

그러자 왕은 "너는 괴로움을 잘 참겠구나." 하면서 인욕 수행자의 손발을 마디마디 하나씩 자르게 했습니다. 인욕 수행자는 그렇게 억울하게 고통을 받았지만 단 한 순간도 화를 내지 않았다고 합니다.

이런 이야기를 생각하면 내가 누구에게 욕을 얻어먹고 억울한 일을 당한 것은 별것 아니라는 생각이 들 것입니다. 이처럼 참기 어려운 화를 참아낸 부처님의 전생 이야기를 기억하며 자기 자신을 다스리는 것도 성냄을 버리는 좋은 방법입니다.

다섯째, 『쌍윳따 니까야』의 「어머니 경」 등 여러 경을 보면 내가 현재 만나는 사람 중에서 전생에 자기 부모나 형제 또는 친척이 아닌 사람을 찾기가 어렵다고 합니다. 현생에 인연을 맺고 살아가는 사람들 대부분이 전생에 부모, 형제나 친인척 관계였다는 말입

니다. 그러니까 지금 나를 화나게 한 사람이 전생에 부모나 자식이
었을 수도 있습니다. 이같이 숙고하면 성냄을 버릴 수 있습니다.

여섯째, 미운 사람에게 보시하는 방법입니다. 한 스님은 어느
절에 갈 때마다 그곳에 있는 스님이 자신을 모함하고 구박했다고
합니다. 그러나 그 스님은 자기를 괴롭히는 스님에게 오히려 아주
귀한 발우를 보시함으로써 화를 극복했다고 합니다. 이처럼 미운
사람에게 도리어 보시를 실천함으로써 성냄을 가라앉히는 방법도
있습니다.

일곱째, 경전에 나오는 말씀을 기억하여 화를 버리는 방법입니
다. 『맛지마 니까야』「톱의 비유 경」에 보면 이런 말씀이 있습니
다.

> "비구들이여, 만일 양쪽에 날이 달린 톱으로 도둑이나 첩
> 자가 사지를 마디마디 잘라낸다 하더라도 그들에 대해
> 마음을 더럽힌다면 그는 나의 가르침을 따르는 자가 아
> 니다. 비구들이여, 여기서 그대들은 이와 같이 공부지어
> 야 한다."

필자도 과거에 한 번 크게 화가 난 적이 있었는데 이 구절을
보고 마음을 돌이켜 화를 가라앉혔습니다. 부처님의 가르침을 따
르는 제자가 되고 싶었기 때문입니다. 이처럼 부처님께서 성냄을
경책하는 구절을 떠올려 자신을 제어하고 화를 버리는 방법이 있

습니다.

여덟째, 성냄의 대상이 무상하고 무아임을 통찰하는 것입니다. 화를 내는 대상의 실상은 물질과 정신이고, 물질과 정신은 조건을 의지해서 형성되었으므로 무상하며, 무상인 것은 내 마음대로 통제할 수 없고 실체가 없으므로 무아임을 이해합니다. 대상에 화를 내려고 해도 대상은 변하기 마련이고 실체도 없고 텅 비었는데 어디에 대고 화를 내겠습니까? 이미 사라져 버린 대상에 화를 내겠습니까, 허공에 대고 화를 내겠습니까? 이같이 화를 낼 대상 자체가 무상하고 무아임을 통찰함으로써 성냄을 내려놓을 수 있습니다. 이것은 상당히 높은 수준의 지혜가 생겼을 때 가능한 방법이라고 할 수 있습니다.

끝으로 성냄의 원인을 조사하는 방법입니다. 기본적으로 성냄은 감각적 욕망의 반작용이므로 성냄은 감각적 욕망을 조건으로 일어납니다. 그래서 성냄이 일어나면 자신이 무엇에 집착하고 있는지를 조사해 보아야 합니다. 그리하여 성냄의 원인이 되는 욕망을 통찰하면 앞서 설명한 방법을 활용하여 욕망을 버림으로써 성냄을 내려놓을 수 있습니다.

이상으로 성냄을 내려놓는 몇 가지 대표적인 방법을 알아보았습니다. 이 가운데 적절한 방법을 활용하면 성냄을 내려놓을 수 있습니다.

해태와 혼침

해태와 혼침은 게으르고 무기력한 마음 상태로서, 마음이 게을러지거나 무기력해지거나 마음이 멍한 상태, 졸리는 상태 등으로 나타납니다. 해태와 혼침에 빠지면 마음이 멍해져서 알아차려야 할 대상을 놓치고 망각하게 되어 삼매에 들 수 없게 될 뿐 아니라 지혜가 사라지게 됩니다. 그래서 해태와 혼침은 장애 중 하나입니다. 장애 가운데 감각적 욕망, 성냄, 들뜸과 후회, 의심은 생각을 움직이게 하여 삼매를 방해한다면, 해태와 혼침은 생각 없이 멍한 상태에 빠지게 하여 삼매를 방해한다는 점이 다릅니다.

그럼 해태와 혼침이 일어나는 원인은 무엇일까요? 해태와 혼침은 탐욕, 성냄, 어리석음 등의 해로운 마음을 조건으로 일어납니다. 예를 들어 고요하고 행복한 마음에 안주하고 즐길 때, 수행이 재미없고 따분해질 때, 판단이 되지 않아 멍해질 때 해태와 혼침에 빠집니다. 이렇게 해로운 마음이 기반이 되어 해태와 혼침이 일어납니다. 그럼 해태와 혼침을 버리는 방법에 대하여 살펴봅시다.

해태와 혼침을 버리는 법

첫째, 숫자를 세거나 눈을 떠서 밝은 빛을 보거나 빛의 표상을 떠올리는 것입니다. 보통 해태와 혼침에 빠지는 일은 좌선 자세에서 주로 일어납니다. 좌선 자세로 호흡 수행을 하다가 해태와 혼침에 빠져 멍해지고 졸음이 올 때 들숨과 날숨을 하나부터 열까지 번호를 붙여 세면 해태와 혼침을 극복할 수 있습니다. 만약 하나부터 열까지 세다가 중간에 잊어버리면 다시 하나부터 시작해서 열까지 세는 방법으로 수행해야 합니다. 이렇게 해야 정신이 차려져서 해대와 혼침이 사라집니다. 또 눈을 감고 수행하다가 졸음이 오면 잠시 눈을 떠서 밝은 빛을 보거나 빛의 표상을 떠올리면 마음이 밝아지고 또렷해져서 해태와 혼침을 극복할 수 있습니다.

둘째, 적당한 길이의 경전 구절을 암송하거나 법에 대하여 반조를 하는 방법입니다. 해태와 혼침에 빠지면 마음이 무기력해져서 매우 둔해집니다. 이때 경전 구절을 암송하게 되면 마음이 활성화되고 활력이 생겨서 해태와 혼침을 극복할 수 있습니다. 예를 들어 '나모 땃사 바가와또 아라하또 삼마삼붓닷사(세존, 공양받을 만하신 분, 바르게 깨달은 그분께 귀의합니다)'를 암송하거나 『숫따니빠따』「자애경」을 잠이 깰 때까지 반복해서 독송하면 됩니다. 마찬가지로 법에 대하여 일시적으로 숙고하고 조사하면 의식이 활성화되면서 해태와 혼침을 극복할 수 있습니다. 예를 들어 해태와 혼침이 일어나는 조건이 무엇인지에 대하여 반조를 함으로써 의식을 활성화해 해태와 혼침을 극복할 수 있습니다.

셋째, 좌선 자세에서 일어나 눈을 물로 씻고 걷기 수행으로 자세를 전환합니다. 좌선 자세에서 너무 졸리다면 자리에서 일어나 세수를 하거나 걷기 수행으로 전환하는 것이 바람직합니다. 만약 좌선 자세에서 일어날 수 없는 상황이고 몸이 피로하여 오는 졸음이면 스스로 결심하여 깨어날 시간을 정해놓고 잠시 자는 것도 한 방법입니다. 하지만 자신도 모른 채 잠에 빠져드는 일은 나중에 습관적으로 졸게 될 수 있으므로 피해야 합니다. 습관적인 졸음은 삼매에 들지 못하게 할 뿐만 아니라 지혜가 사라지도록 만들기 때문입니다.

넷째, 죽음에 대하여 바르게 기억하는 것입니다. 죽음에 대한 바른 기억은 해태와 혼침을 사라지게 하는 대표적인 방법입니다. '우리 삶은 유한하고 죽음으로 끝난다. 삶은 불확실하지만 죽음은 확실한 것이다'라고 죽음에 대해 바르게 통찰하면 삶의 무상함을 이해하게 되어 수행에 대한 절박함이 생깁니다. 실제로 죽음에 대한 바른 통찰이 생기면 마치 발등에 불이 떨어진 것과 같이 정신이 바짝 들어서 게으른 삶을 살 수 없게 되고 열심히 정진하게 됩니다. 이처럼 죽음에 대한 바른 기억을 닦음으로써 절박함을 일으키고 정진력을 높임으로써 해태와 혼침을 극복할 수 있습니다.

끝으로 재미있게 수행하는 겁니다. 대체로 해태와 혼침에 빠지는 이유는 재미가 없어 정신적으로 따분해지기 때문입니다. 결국 잠에 빠져드는 경우가 많습니다. 재미가 있으면 누가 잠을 자고 졸겠습니까? 요즘 '소확행'이라 하여 소소하고 확실한 행복이란 말이 유행이라는데 그처럼 수행 과정 중에 생기는 작은 행복들이 중요합니다. 중도 수행을 할 때 순간순간 무언가 조금씩 지혜가 생기고 조금이라도 삼매가 발전해나가는 것에 만족하고 기뻐하면 재미있게 수행할 수 있습니다. 자기 수준에서 너무 멀리 있는 경지에 집착하는 일은 다 욕망이고, 지나친 욕망은 실현되기 어려우므로 불만족과 화가 일어나 수행이 재미없어집니다. 자신의 조건에서 가능한 만큼 최선을 다해 수행하고, 그렇게 한 걸음 한 걸음 조금씩 나아가는 것에 기쁨과 행복을 느껴야 합니다. 이렇게 재미있게, 기쁘게 수행하면 해태와 혼침을 극복할 수 있습니다.

결국 재미있게 수행하는 방법을 스스로 찾아야 해태와 혼침이 없이 재미있게 수행할 수 있습니다. 이때 가장 중요한 방향성은 결과를 바라지 말고 조건을 성숙시키는 것입니다. 마치 등산할 때 정상에 오르는 것에만 집착하지 않고 등산하면서 경험하는 물소리, 새소리, 계곡 경치 등이 주는 기쁨과 행복을 즐기면서 멈추지 않고 산을 오르면 즐겁고 힘들지 않게 정상에 도달할 수 있는 것처럼.

지금까지 살펴본 몇 가지 방법을 적절히 활용하면 해태와 혼침을 극복할 수 있습니다.

들뜸과 후회

들뜸과 후회는 마음을 들뜨게 하고 요동치게 하여 삼매를 방해하는 장애입니다. 들뜸이란 기본적으로 마음의 균형이 깨졌을 때 나타나는 들뜨고 편안하지 않으며 안정되지 않은 마음 상태입니다. 이런 들뜸이 일어나는 원인은 대부분 욕망으로 인한 과도한 노력이나 원하는 대상에 대한 집착, 원하지 않는 대상에 대한 화 등의 해로운 마음입니다. 그러므로 들뜸을 없애려면 들뜸이 일어나게 하는 해로운 마음을 내려놓으면 됩니다. 그러면 들뜸을 버리는 방법에 대하여 살펴봅시다.

들뜸을 버리는 방법

첫째, 과도한 노력으로 인해 생긴 들뜸은 욕망을 버리면 사라집니다. 과도한 노력은 몸을 긴장시키고, 몸이 긴장하면 마음도 긴장되어 불안정해집니다. 그러면 호흡도 불안정해져 들뜸이 일어나는 것입니다. 이렇게 과도하게 노력하는 이유는 욕망으로 인해 결과를 바라는 마음이 앞서서 과하게 노력하기 때문입니다. 수행을 잘하고 싶고 빨리 좋은 결과를 얻고 싶은 욕망이 있으면 과하게 노력하게 되어 들뜸이 일어나는 것입니다.

그래서 이런 형태의 들뜸은 수행을 잘하려는 욕망, 결과를 빨리 얻고자 하는 욕망을 내려놓아야 사라집니다. 예를 들어 호흡 수행을 할 때 너무 잘하려고 욕심내지 말고 숨을 잊지 않고 알아차릴 수 있을 정도의 적당한 힘으로 노력하다가 장애가 일어나면 그것을 알아차리고 내려놓는 방식으로 수행합니다. 이렇게 욕망을 내려놓고 최대한 힘을 빼 수행하면 몸과 마음의 긴장이 풀려서 마음이 편안해지고 고요해지는데 이것이 앞서 소개한 깨달음의 구성 요소 중 하나인 '경안'입니다. 경안은 들뜸과 정반대의 마음 상태이므로 경안이 생기면 들뜸은 저절로 사라집니다.

둘째, 희열, 지혜, 삼매 등의 유익한 마음에 대한 집착으로 인해 생긴 들뜸은 무상과 무아의 지혜를 통해 버립니다. 수행자들이 희열, 지혜, 삼매 등의 유익한 마음을 경험하면 기뻐서 흥분하거나 그것에 대한 집착이 생겨서 마음이 들뜨게 됩니다. 그런데 희열, 지혜, 삼매 등의 유익한 마음도 조건에 의해 생겨나서 사라지기 마련이므로 이들은 무상합니다. 또 무상인 것들은 내 것이라 할 수 없으므로 무아임을 이해하면 이들에 대한 집착을 내려놓을 수 있습니다. 이처럼 희열, 지혜, 삼매 등의 유익한 법에 대한 집착이 버려지면 그것을 경험하지만, 이에 대하여 흥분하거나 그것에 대하여 집착하지 않으므로 들뜸이 사라지게 됩니다.

셋째, 성냄으로 인한 들뜸은 성냄을 버리면 사라집니다. 성냄이 일어나면 대상에 대한 미움으로 인해 생각이 폭주하면서 마음이 들끓게 되어 들뜸이 생겨납니다. 이때는 앞서 설명한 '화를 버리는 방법'을 활용하여 성냄을 버리십시오. 그럼 들뜸이 저절로 사라집니다.

끝으로 중도 수행을 통해 바른 삼매를 계발하면 들뜸을 예방할 수 있습니다. 중도 수행은 현재의 감각 대상을 기본 대상으로 삼아 장애를 내려놓음으로써 바른 삼매를 닦고, 바른 삼매를 기반으로 바른 지혜를 계발하는 수행입니다. 그래서 중도 수행을 실천하는 과정에서 장애가 점차 버려지게 됩니다. 장애가 버려지면 마음이 고요하고 편안해지면서 경안이 생기고, 경안이 생기면 마음은 행복해지면서 삼매에 들 수 있습니다. 삼매는 탐욕이나 성냄이 없는 마음 상태이므로 마음이 극단으로 흘러가지 않고 마음이 평온해집니다. 다시 말해서 중도 수행을 통해 경안, 바른 삼매, 평온이 함께합니다. 그런데 이들은 들뜸과 반대의 마음 상태이므로 이들이 계발되면 들뜸이 예방됩니다.

후회를 버리는 방법

후회는 이전에 해로운 행위를 했거나 유익한 행위를 하지 않았던 상황에 대하여 안달복달하면서 자신에게 화를 내는 마음입니다. 이렇게 후회는 성냄을 기반으로 일어나는 마음이므로 이미 지나간 과거의 행위에 대해 후회하는 일은 수행에 도움이 되지 않습니다.

사람은 누구나 실수할 수 있습니다. 다만 실수를 인정하고 참회하여 앞으로 다시 후회할 일을 반복하지 않도록 노력하는 것은 수행에 도움이 되지만, 지나간 일을 후회하면서 자신에게 화를 내는 일은 수행에 전혀 도움이 되지 않습니다.

잘못한 행위가 있으면 참회를 해야 합니다. 자신이 무얼 잘못했는지 정확히 이해하고 다음에 다시 그런 행위를 하지 않도록 하는 지혜를 계발해야 합니다. '아, 이런 일을 하니까 나한테 해롭고 나한테 유익한 게 없구나.' 하는 지혜를 계발하다 보면 그런 일들을 자연스럽게 하지 않게 됩니다. 이렇게 후회를 버릴 때 자기를 몰아붙이지 말고 후회의 해로움을 이해하면 저절로 멀어집니다.

이렇게 후회의 해로움을 이해하고 내려놓으려 노력했지만 마음에 걸리는 점이 여전히 남아 있다면 스스로 참회의 행위를 실천하는 방법도 좋습니다. 예를 들어 잘못을 한 사람에게 직접 참회하거나, 백팔 배를 하며 참회한다거나, 다른 사람에게 내가 이러이러한 잘못을 했다고 솔직하게 고백하는 방법이 있습니다. 스님들이 계율을 어겼을 때도 큰 잘못이 아니면 다른 스님한테 내가 이런 잘못을 했다고 솔직히 말함으로써 참회가 이루어집니다. 이처럼 참회는 지혜가 생기게 하여 수행의 디딤돌이 되기도 하지만, 후회는 화를 내는 것이므로 수행의 장애물이기도 하다는 점을 잊지 않아야 합니다. 그러면 후회를 버리는 방법에 대하여 알아보겠습니다.

첫째, 계를 잘 지키는 겁니다. 계는 몸과 말로써 짓는 해로운 행위를 삼가는 것입니다. 예를 들어 살생을 삼가고, 도둑질을 삼가고, 그릇된 음행을 삼가고, 거짓말을 삼가고, 술을 삼가고, 이간질을 삼가고, 거친 말을 삼가고, 쓸데없는 말을 삼가는 계를 지키는 일을 말합니다. 이와 같은 계를 잘 지키면 후회가 일어날 일을 미리 예방할 수 있습니다.

둘째, 바른 견해, 즉 유익함과 해로움을 구분하는 지혜가 있어야 합니다. 유익한 마음과 해로운 마음을 잘 구분할 줄 알아야 해로운 마음은 버리고, 유익한 마음은 계발하는 방향으로 바르게 정진할 수 있습니다. 이렇게 바른 방향으로 계속 정진하면 자연스럽게 후회가 사라집니다. 수행을 게을리하면 '오늘 또 수행을 게을리했구나.' 하고 후회가 일어나게 되고, 남에게 화를 내니까 '화를 내지 않았어야 했는데!' 하고 후회가 일어나는 것입니다. 후회하지 않으려면 해로움과 유익함을 구분하는 바른 견해를 기반하여 해로운 마음은 버리고 유익한 마음은 계발하는 방향으로 노력해야 합니다.

셋째, 과거의 잘못된 행위가 무아이고 공空임을 통찰하는 것입니다. 과거의 행위는 과거의 조건들을 의지해서 일어났으므로 이미 사라지고 없습니다. 이는 과거의 잘못된 행위는 실체가 아님을 의미합니다. 그러함에도 사람들은 과거의 행위를 실체화해 잘못된 행위를 계속 기억하면서 그것을 싫어하고, 그 행위를 했던 자신을 미워하며 화를 내고 후회하는 것입니다. 과거의 잘못된 행위는 과거의 조건들을 의지하여 일어났다가 사라지므로 실체가 없고 무아이고 공임을 통찰하면 그것을 한 걸음 떨어져서 평온하게 볼 수 있습니다. 그러면 과거의 잘못된 행위에 대하여 바르게 이해하게 되어 그것에 대해 화를 내면서 후회하기보다 오히려 과거의 잘못된 행위를 철저히 반성하면서 다시금 반복하지 않도록 지혜를 계발할 수 있습니다. 이처럼 과거의 잘못된 행위가 무아임을 통찰하면 후회를 버리고 참회하여 지혜를 계발할 수 있습니다.

끝으로 후회의 원인을 조사하는 방법입니다. 후회는 성냄의 한 형태이므로 욕망을 조건으로 일어납니다. 그러므로 후회가 일어날 때 자신이 무엇을 집착하고 있는지 조사해 보아야 합니다. 그런 다음 앞의 '감각적 욕망을 버리는 방법'을 활용하여 욕망을 버리면 후회를 내려놓을 수 있습니다.

의심

의심은 주로 수행 주제, 수행 방법, 스승, 법에 대한 의심 등으로 나타납니다. '숨을 알아차린다고 생각이 사라질 수 있을까?', '호흡 수행을 통해 선정에 들 수 있을까?', '수행 방법이 잘못된 것은 아닐까?', '스승의 가르침이 맞는 것일까?', '부처님의 가르침이 진리일까?' 등 수행하다 보면 이러한 의심이 생길 수 있습니다. 이런 의심 있으면 '이것이 맞나, 저것이 맞나'라고 생각만 하고 실제 수행은 하지 않습니다.

수행은 생각만으로 이루어지지 않습니다. 실제로 가르침대로 실천하다가 잘못된 것들이 나타나면 그것을 교정하면서 수행해야 합니다. 하지만 의심만 하고, 생각만 하는 것은 수행에 아무 도움이 안 됩니다. 그래서 경전에서는 의심을 사막의 길에 비유합니다. 사막 중간에 있으면 어디로 가야 안전하고 어디가 위험한지 길을 모르므로 실제 길을 가지 못하고 계속 헤매기만 하는 것처럼 의심이 있으면 실제 수행은 하지 않고 헤매기만 합니다. 이런 이유로 의심은 수행의 장애입니다. 그러면 의심을 버리는 방법에 대하여 살펴봅시다.

의심을 버리는 방법

첫째, 부처님, 가르침, 스님들에 대한 신심을 계발해야 합니다. 불교에서 말하는 신심은 맹목적인 믿음이 아니라 '지혜를 기반으로

한 믿음'을 말합니다. 부처님께선 항상 '와서 보라'고 하셨지 '와서 믿으라'고 하지 않으셨습니다. 부처님께서 설하신 법들을 와서 보고 수행하다 보면 스스로 진리를 알고 볼 수 있습니다. 이렇게 스스로 알고 보아 법들이 진리임을 통찰하는 지혜가 생기면 법에 대한 흔들림 없는 확신이 생기고 신심이 생기게 됩니다. 부처님께서 설한 법에 대한 확신이 생기면 부처님과 성자가 된 스님들에 대한 확신도 자연스럽게 생기게 됩니다.

이렇게 부처님과 부처님께서 설하신 법과 그 가르침에 따라 성자가 되신 스님들에 대한 신심이 생기는 것은 불교의 수행에서 아주 중요합니다. 이와 같은 신심이 없으면 자신이 올바르게 수행하는 건지 불안하고 의심이 일어나지만, 법에 대한 확실한 신심이 있으면 가르침대로 실천하면 되므로 흔들림이나 의심이 없어지기 때문입니다. 예를 들어 '괴로움은 소멸할 수 있고, 이것은 해로운 법이고, 이것은 유익한 법이고, 호흡 수행을 통해 해로운 마음을 버림으로써 삼매에 이를 수 있고, 깨달음의 구성 요소가 계발되면 명지明智와 해탈을 얻을 수 있다' 등에 대한 신심이 있으면 흔들림이나 망설임이 없이 수행할 수 있습니다.

이와 같은 신심을 계발하는 대표적인 수행 방법 중 한 가지는 '부처님에 대한 바른 기억[buddhanusati, 佛隨念]'을 계발하는 것입니다. 부처님께서 지니신 지혜와 덕성에 대하여 거듭거듭 생각하고 기억함으로써 부처님에 대한 신심을 일으키고 의심을 버리는 방법입니다. 좀 더 구체적으로 말하면 '부처님께서는 오염원을 완전히 버린 분이시고, 남이 보지 않는 곳이라도 악을 행하지 않는 분이시고, 윤회의 수레바퀴를 완전히 파괴한 분이시다.'라고 숙고하고 '이런 훌륭한 분은 바르지 않은 수행을 가르치지 않는다. 이런 훌륭한 분은 존재들의 행복을 위하고 이익을 위하는 분이다. 존재들을 괴로움으로 인도하실 분이 아니다.' 등으로 숙고하면서 바른 기억을 계발함으로써 신심이 일어나 의심을 버릴 수 있습니다.

더 나아가 삼보에 대한 확고하고 흔들림 없는 신심이 생기면 의심을 완전히 소멸하고 성자의 첫 번째 단계인 수다원이 될 수 있습니다. 수다원은 수행을 위해서라면 당장 목숨을 버려야 한다고 해도 전혀 망설임이나 의심 없이 목숨을 버릴 수 있습니다. 법을 위해서는 목숨이라도 던질 수 있을 정도가 되는 겁니다. 이처럼 삼보에 대한 신심은 불교의 수행에서 큰 의미가 있습니다.

둘째, 연기나 사성제에 대한 지혜를 계발해야 합니다. 부처님이 설하신 연기법이나 사성제의 진리를 듣고 배우는 것은 아주 중요합니다. 법을 배우지 않은 채 스스로 알기는 매우 어렵고 셀 수 없는 세월이 걸릴 수 있습니다. 그러므로 스승을 찾아 진리의 가르침을 듣고 배워야 합니다. 이와 같은 진리의 가르침을 듣고 배운 후에 깊이 사유하고 실제 수행해야만 연기와 사성제에 대한 올바른 지혜가 생길 수 있습니다. 이렇게 진리를 듣고[聞] 사유하고[思] 수행함[修]으로써 연기와 사성제를 꿰뚫어 아는 지혜가 생기면 그것들이 진리임을 체험을 통해 확신할 수 있게 됩니다. 그러면 연기와 사성제가 보여주는 수행의 방향성, 수행 방법 등에 대하여 확신할 수 있게 되고 의심을 내려놓을 수 있습니다.

끝으로 의심의 원인을 조사하는 것입니다. 진리를 분명히 꿰뚫어 알지 못하므로 이리저리 헤매면서 의심하는 마음이 일어납니다. 그러므로 연기와 사성제에 관한 어리석음을 조건으로 의심이 일어납니다. 따라서 앞서 설명한 연기와 사성제에 대한 지혜가 생기면 의심이 버려집니다.

지금까지 중도 수행 중에 일어나는 장애와 그 장애를 버리는 방법, 그리고 장애의 원인에 대하여 간단히 살펴보았습니다. 이상에서 설명한 내용을 잘 활용하여 장애를 내려놓으면 됩니다.

5장.
수행 후의 반조

중도 수행은 호흡 수행과 걷기 수행 그리고 일상 수행으로 나눌 수 있다고 말했습니다. 이와 같은 세 가지 수행은 기본적으로 지혜로써 바른 삼매를 계발하고 그것을 기반으로 바른 지혜를 계발하여 번뇌를 제거하고 괴로움의 소멸을 실현한다는 공통점을 가지고 있습니다.

이처럼 중도 수행은 지혜로써 바른 삼매를 계발하는 일이 우선입니다. 이를 위해서는 기본적으로 현재 가장 뚜렷한 감각 대상을 '기본 대상'으로 삼아 그것을 알아차리려고 노력해야 합니다. 그러다가 다른 대상으로 생각이 움직이면 그것이 어떤 장애가 있는 생각인지 알아차린 후 지혜를 활용하여 가능하면 빨리 내려놓고, 다시 현재 가장 뚜렷한 감각 대상을 알아차리는 방식으로 수행합니다. 이를 '생각 없이 현재 알아차리기' 또는 '지켜보기'라 하였습니다. 이렇게 '생각 없이 현재 알아차리기'로 수행하면 기본 대상과 마음이 하나가 된 바른 삼매를 계발할 수 있습니다. 특히 호흡 수행을 통해서는 숨에 완전히 몰입된 삼매인 선정에도 이를 수 있습니다.

이렇게 생각 없이 기본 대상을 알아차리는 방식으로 수행할 때도 기본 대상을 알아차리고, 기본 대상 외의 다른 물질이나 움직이는 마음도 알아차린 후에 내려놓음으로써 물질과 정신에 대한 지혜와 바른 기억이 생기게 마련입니다. 이때의 지혜는 물질과 정신 현상을 생각 없이 단지 알아차리기만 하면서 생긴 것이므로 '직관적인 지혜', 즉 '직관지'라고 할 수 있습니다. 다만 이러한 직관적인 통찰만으로 물질과 정신 현상의 실상, 조건의 일어남과 사라짐, 소멸로 인도하는 도 닦음 등을 꿰뚫어 아는 지혜까지 얻기는 어렵습니다. 이를 위해서는 수행 시간이 끝난 후에 수행 중에 생긴 지혜들을 기억해내서 바른 견해, 사성제의 지혜, 부처님의 법에 따라 그것의 실상, 연관성, 조건 등에 대하여 깊이 숙고함으로써 그것들을 탐구하고, 조사하고, 검증하는 시간이 필요합니다. 이를 '법 따라 조사하기' 또는 '반조'라고 하였고, 이와 같은 '법 따라 조사하기'를 통해 생긴 지혜를 특히 '조사지' 또는 '반조지'라 하였습니다.

이상에서 살펴보았듯이 알아차림을 통해 계발되는 지혜는 '생각 없이 현재 알아차리기'를 통해 생기는 직관지와 '법 따라 조사하기'를 통해 생기는 반조지의 두 가지가 있습니다. 이와 같은 두 가지 지혜는 서로 무관하지 않고 연관되어 있습니다. '생각 없이 현재 알아차리기'를 통해 생긴 직관지가 축적되어 있어야 그것의 실상, 연관성, 조건 등을 숙고하고 조사함으로써 반조지가 생깁니다. 역으로 '법 따라 조사하기'를 통해 생긴 반조지가 있으면 그것을 잊지 않고 기억함으로써 '생각 없이 현재 알아차리기'를 실천할 때 지혜롭게 마음을 기울일 수 있으므로 현상에 대한 더 깊은 직관지를 계발할 수 있습니다.

이렇게 두 가지 지혜는 서로 도와주면서 성숙하게 됩니다. 그러므로 알아차림을 닦을 때 직관지뿐만 아니라 반조의 지혜도 함께 계발해야 합니다. 그런데 앞서 설명했듯이 중도 수행은 알아차림을 통해 바른 삼매를 계발하고, 바른 삼매를 기반으로 바른 지혜를 계발하여 괴로움을 소멸하는 수행입니다. 그러므로 중도 수행을 실천할 때는 '생각 없이 현재 알아차리기'를 주된 수행으로 삼고, '법 따라 조사하기'는 적절하게 활용하는 것이 좋습니다.

지켜보기: 생각 없이 현재 알아차리기

앞서 언급했지만 '생각 없이 현재 알아차리기'는 중도 수행의 중심이 되는 수행입니다. 이는 현재 가장 뚜렷한 감각 대상을 알아차리려고 노력하면서 생각이 움직이면 그것이 어떤 장애로 인해 생긴 생각인지 알아차리고 즉시 내려놓은 후에 다시 현재 가장 뚜렷한 감각 대상을 알아차림으로써 바른 삼매를 계발하는 수행 방법을 말한다고 하였습니다. 이러한 '생각 없이 현재 알아차리기'는 현재의 대상에 관여하지 않고 한 걸음 떨어져서 단지 지켜보기만 한다고 해 간단히 '지켜보기'라고 할 수 있습니다. 그럼 '생각 없이 현재 알아차리기'라는 말의 숨은 의미를 알아보며, 이 수행의 핵심을 좀 더 자세히 살펴보겠습니다.

첫째, '현재 알아차리기'는 현재 가장 뚜렷한 감각 대상을 알아차리기 위해 노력한다는 의미입니다. 구체적으로 말하면 호흡 수행에서는 현재의 숨만을 알아차리고, 걷기 수행에서는 현재의 발걸음만을 알아차리고, 일상 수행에서는 현재 가장 뚜렷한 감각 대상 중 하나를 알아차리려고 노력한다는 뜻입니다. 이렇게 노력하면 생각을 가라앉혀서 바른 삼매에 드는 데 큰 도움이 됩니다.

둘째, '생각 없이'라는 말에는 두 가지 의미가 있습니다. 하나는 '현재 가장 뚜렷한 감각 대상에 관하여 이모저모 분별하는 생각이 없이'라는 의미입니다. 다시 말해 현재의 감각 대상을 알아차릴 때는 그것에 대하여 분별하는 생각을 멈추고 단지 현재 가장 뚜렷한 감각 대상을 단순하게 알아차리기만 해야 합니다. 예를 들면 어떤 형상을 볼 때 그것의 모양, 색깔, 좋아하고 싫어함 등을 분별하는 생각이 없이 단지 형상으로만 알아차린다는 의미입니다. 쉽게 말해 현재의 대상에 대한 일종의 해설을 멈추고, 대상 그 자체를 단순하게 알아차리는 것입니다. 이렇게 생각 없이 현재의 감각 대상을 알아차리면 감각 대상과 마음이 하나가 된 삼매를 얻을 수 있습니다.

더구나 보통 사람들의 생각은 탐욕이나 성냄 등에 이미 오염되어 있는 경우가 대부분이므로 생각이 진행될수록 현상을 왜곡하기 쉽습니다. 그렇지만 생각 없이 현재의 감각 대상을 알아차리게 되면 현상을 왜곡하지 않고 형색, 소리, 냄새, 맛, 감촉의 감각 대상을 있는 그대로 통찰하는 직관적인 지혜, 즉 직관지가 계발됩니다.

다른 하나는 현재 가장 뚜렷한 감각 대상 외의 '다른 대상에 관한 생각이 없이'라는 의미입니다. 비록 현재 가장 뚜렷한 감각 대상, 즉 기본 대상만을 알아차리려고 노력하더라도 마음이 길들지 않은 수행자는 다른 대상으로 마음이 움직이기도 하고 이런저런 생각들이 일어나게 마련인데 이때의 생각은 주로 장애가 있는 생각입니다. 그러므로 그 생각이 어떤 장애가 있는 생각인지 알아차리고, 즉 욕망의 생각인지, 성냄의 생각인지, 들뜸과 후회로 인한 생각인지, 의심으로 인한 생각인지 등을 알아차리고, 가능하면 빨리 생각을 내려놓은 후 다시 현재 가장 뚜렷한 감각 대상을 알아차려야 합니다.

그러면 점차 다른 대상으로 움직이는 생각들이 가라앉으면서 현재 가장 뚜렷한 감각 대상과 마음이 하나가 된 바른 삼매에 들 수 있습니다. 특히 호흡 수행에서는 숨과 하나가 된 몰입 삼매인 선정도 얻을 수 있습니다. 더구나 이 과정에서 장애를 통찰하는 지혜, 다른 대상을 생각하는 마음, 그 마음을 알아차리는 지혜와 지혜를 잊지 않는 바른 기억, 바른 삼매에 대한 지혜, 희열과 행복한 느낌에 대한 지혜 등이 계발됩니다. 다시 말해 감각 대상 외의 물질과 정신에 대한 직관지와 그것을 잊지 않는 바른 기억이 계발됩니다.

이상을 종합해 보면 '생각 없이 현재 알아차리기', 즉 '지켜보기'를 통해 장애가 있는 생각들을 가라앉힘으로써 현재의 감각 대상과 마음이 하나가 되는 바른 삼매를 계발할 수 있습니다. 더불어 지켜보기를 실천하다 보면 현재 일어나는 감각 대상, 다른 물질, 장애가 있는 생각, 마음, 심리 작용 등을 왜곡됨 없이 있는 그대로 알아차리게 됩니다. 이 과정에서 자신의 실제 모습인 물질과 정신을 있는 그대로 통찰하는 직관지와 그것을 잊지 않는 바른 기억도 계발됩니다. 결국 지켜보기를 통해 왜곡되지 않은 자신의 실제 모습을 있는 그대로 통찰할 수 있는 것입니다.

이러한 지켜보기 수행이 일단락된 뒤에는 그 과정에서 생긴 직관지를 기억해내어 진리에 부합하게 법에 따라 숙고하고, 탐구하며, 조사하는 '법 따라 조사하기', 즉 '반조'의 시간이 필요합니다. 이를 통해 자신의 실제 모습인 물질과 정신에 대한 지혜, 특히 장애, 장애의 원인, 장애를 버리는 지혜가 더욱 깊어지고 예리해집니다. 그럼 수행 중의 장애를 전광석화처럼 빠르게 내려놓을 수 있습니다.

또한 지혜가 충분히 성숙하면 장애가 철저히 내려놓아지고 감각 대상과 마음이 하나가 된 바른 삼매를 얻을 수 있습니다. 나아가 바른 삼매 또는 선정 후에 자신이 경험한 물질과 정신에 대한 반조를 통해 자기 존재의 실상은 물질과 정신이며, 이들은 조건에 의해 형성되었으므로 무상하고, 괴로움이며, 무아임을 통찰하는 바른 지혜, 즉 깨달음의 지혜를 계발하여 괴로움을 소멸할 수도 있습니다.

반조: 법 따라 조사하기

앞선 자신의 지켜보기 수행을 돌아보면서 검증하고, 조사하고, 탐구하는 '법 따라 조사하기', 즉 '반조'의 시간을 가지는 것은 매우 중요합니다. 이러한 과정이 없다면 수행 중에 일어난 의미 있는 체험이 한때 경험으로 사라질 수도 있습니다. 반대로 수행 후의 반조를 통해서 수행 중의 얻은 직관지가 진리에 부합하는 바른 지혜로 축적될 수 있습니다. 예를 들어 장애를 버리는 지혜, 장애가 버려지고 생긴 깨달음의 구성 요소에 대한 지혜, 삼매를 유지하는 지혜, 물질과 정신에 대한 지혜 등 바른 지혜와 바른 기억이 쌓이는 것입니다.

더욱이 '알아야 할 괴로움의 진리에 대한 지혜, 버려야만 할 괴로움의 일어남의 진리에 대한 지혜, 실현해야 할 괴로움의 소멸의 진리에 대한 지혜, 닦아야 할 괴로움의 소멸로 인도하는 도 닦음의 지혜', 즉 사성제의 지혜로 체계화되어 축적됩니다. 이를 통해 깨달음의 지혜인 바른 지혜가 생기고, 바른 지혜를 통해 탐욕을 제거하고 괴로움의 소멸을 실현할 수 있습니다.

이같이 반조는 중도 수행에 있어 꼭 필요한 것이므로 호흡 수행, 걷기 수행, 일상 수행이 일단락된 후에는 잠시라도 자신의 수행을 돌아보며 자신의 수행에서 무엇이 문제이고, 무엇이 잘된 것인지 검증해야 합니다. 마치 바둑기사가 바둑을 둔 후에 자신이 둔 바둑을 복기하여 무엇이 좋은 수였고, 무엇이 나쁜 수였는지 검증하듯이.

그러면 반조의 방법을 설명하기 전에 올바른 반조를 위해 갖추어야 할 세 가지 조건에 대하여 먼저 살펴보겠습니다.

첫째, 지켜보기를 통해 생긴 풍부한 직관지가 있어야 합니다. 직관지는 단순히 관념적인 정보가 쌓인 지식과는 달리 지켜보기를 통해 실제 현상들을 경험하면서 생긴 통찰입니다. 그러므로 지식에 대하여 숙고하고 조사하는 일은 학문에 불과하지만, 자신에게 일어나는 현상들을 지켜보기를 통해 직접 경험함으로써 생긴 직관지를 법에 따라 조사하고 반조를 하는 것은 수행의 아주 중요한 측면입니다. 이렇게 직관지에 관하여 반조를 해야 더 깊고 예리한 지혜를 계발할 수 있습니다.

둘째, 바른 견해를 기반으로 반조해야 합니다. 지켜보기를 통해 생긴 직관지를 조사할 때 바른 견해, 즉 사성제에 대한 지혜를 기반으로 삼아 숙고하고, 검증하고, 조사해야 합니다. 그래서 반조를 '법 따라 조사하기'라고 부르는 것입니다. 만약 바른 견해가 없이 조사한다면 지켜보기를 통해 얻은 직관지를 자신의 견해에 따라 이해하고 정리하기 마련이므로 그릇된 견해가 생기기가 아주 쉽습니다. 그래서 바른 견해를 기반으로 반조해야 바른 견해가 더 깊어지고 확고해질 수 있습니다.

셋째, 바른 삼매를 기반으로 반조를 해야 합니다. 바른 삼매는 지혜를 바탕으로 탐욕과 성냄 등의 장애를 내려놓음으로써 생긴 청정하고, 고요하며, 집중된 마음입니다. 그래서 바른 삼매를 바탕으로 반조해야 편견 없이 검증하고, 조사하고, 반조할 수 있습니다. 이렇게 바른 삼매를 기반으로 삼아서 지켜보기를 통해 계발된 직관지의 속성, 일어남과 소멸 등에 관하여 숙고함으로써 조건에 대한 지혜, 삼법인의 지혜, 염오의 지혜, 이욕의 지혜 등과 같은 더 깊고 예리한 지혜인 반조의 지혜를 계발할 수 있습니다.

　　주의할 것은 탐욕이나 성냄이 있는 마음 상태에서 이루어지는 생각들은 대부분 쓸모없는 망상이어서 현상을 왜곡한다는 점입니다. 부처님께서는 『법구경』에서 "쇠에서 난 녹이 쇠를 갉아 먹듯이 어리석은 사람에게 일어난 생각은 그를 괴로움에 빠지게 한다."라고 하셨습니다. 따라서 탐욕이나 성냄이 있는 마음으로 반조를 하는 것은 현상을 이해하는 데 전혀 도움이 되지 않을 뿐더러 오히려 현상을 왜곡함으로써 그릇된 견해만 늘게 할 뿐입니다. 따라서 청정하고, 고요하고, 집중된 마음인 바른 삼매를 기반으로 반조해야 합니다.

　　지금까지 살펴본 세 가지 조건을 갖춘 후에야 올바르게 반조할 수 있음을 명심해야 합니다. 이와 같은 반조는 크게 세 가지, 즉 장애에 대한 반조, 깨달음의 구성 요소에 대한 반조, 다섯 무더기에 대한 반조로 나누어 볼 수 있습니다. 이들에 대하여 차례로 살펴보겠습니다.

장애에 대한 반조

장애는 수행을 방해하는 대표적인 심리 작용입니다. 장애를 이해하는 일은 자기 마음의 나쁜 습관, 경향성, 엉킴 등을 올바르게 통찰하는 것입니다. 장애를 분명히 이해하고 내려놓음으로써 수행자의 마음은 엉킴이 풀어지고, 나쁜 경향성, 나쁜 마음의 습관이 사라지게 되어 바른 삼매와 지혜를 얻을 수 있습니다. 그러므로 중도 수행에서 장애에 대한 바른 이해는 아주 중요합니다. 이를 위해서는 자신의 마음에서 일어나는 장애를 알아차리는 것뿐만 아니라 장애, 장애의 원인, 장애의 소멸, 장애를 버리는 방법 등을 검증하고 조사하는 반조가 필수입니다. 그러면 장애에 대한 반조의 유형과 방법을 몇 가지로 나누어 살펴보겠습니다.

첫째, 수행 중에 일어난 생각들이 어떤 장애로 인해 일어난 생각인지 반조하는 것입니다. 중도 수행을 할 때 현재의 기본 대상, 즉 호흡 수행에서는 들숨과 날숨, 걷기 수행에서는 발걸음의 움직임과 촉감, 일상 수행에서는 현재 가장 뚜렷한 감각 대상을 알아차리려고 노력할지라도 생각이 움직일 수 있습니다. 수행 중에는 이때 일어난 생각을 어떤 장애가 있는 생각인지 알아차리고 즉시 내려놓는 데 초점을 맞추어 수행합니다. 이후 수행을 일단락한 다음에는 수행 중에 일어났던 생각들이 어떤 장애를 기반으로 일어났는지, 즉 감각적 욕망의 생각인지, 성냄의 생각인지, 들뜸과 후회의 생각인지, 의심으로 생각인지 좀 더 정확하고 분명하게 조사해야 합니다. 이와 같은 반조를 반복하다 보면 수행 중에 생각이 일어날 때 그것이 어떤 장애로 인해 일어난 생각인지, 신속하고 정확하게 알아차리고 내려놓을 수 있게 됩니다.

앞에서도 이야기했듯 실제 수행자들에게 일어나는 생각들은 거의 비슷한 패턴들이 반복됩니다. 그리하여 수행 후의 반조를 반복하다 보면 자신에게 일어나는 생각들이 어떤 장애를 기반으로 일어나는지 분명하게 통찰할 수 있습니다. 더불어 수행 중에 해태와 혼침이 어떤 형태로 나타났는지도 반조를 할 수 있습니다. 예를 들어 자신에게 해태와 혼침이 멍한 마음이나 졸리는 마음 등으로 나타남을 검증하고 조사할 수 있는 것입니다.

둘째, 장애가 있는 생각을 어떻게 내려놓았는지 조사하는 것입니다. 중도 수행 중에 일어난 장애를 앞서 제2부 4장에서 설명한 다양한 방법 가운데 어떤 지혜, 어떤 방법으로 내려놓았는지를 확인하고 검증·조사함으로써 다음 수행 시 좀 더 신속하고 정확하게 장애를 내려놓을 수 있습니다. 이와 같은 조사 과정을 반복함으로써 장애를 버리는 방법과 지혜가 성숙하고 예리해지면서 장애를 빠르게 내려놓을 수 있을 뿐 아니라 장애가 일어나지 않게 예방할 수도 있습니다.

셋째, 장애의 원인을 조사하는 것입니다. 수행 중에 반복적으로 일어나는 고질적인 장애는 그것의 원인을 조사해야 합니다. 그 장애가 어떤 원인으로 인해 일어나는지 파악하고 그것의 원인을 버림으로써 장애를 좀 더 근원적으로 내려놓을 수 있습니다. 장애의 원인을 조사할 때는 '어리석음을 조건으로 탐욕이 일어나고, 탐욕을 조건으로 성냄이 일어난다.'라는 기본 구조를 활용하는 것이 매우 유용합니다. 먼저 성냄의 원인을 조사할 때는 '성냄이 어떤 탐욕을 조건으로 일어나고, 그 탐욕은 어떤 어리석음을 조건으로 일어나는지'를 조사하면 됩니다. 다시 말해서 성냄의 원인을 법 따라 조사할 때는 '성냄이 어떤 어리석음과 탐욕을 조건으로 일어나는지' 반조하고, 탐욕의 원인을 법 따라 조사할 때는 '탐욕이 어떤 어리석음을 조건으로 일어나는지' 반조하면 됩니다.

예를 들어 통증에 대해 일어난 화의 원인을 조사해 봅시다. 먼저 성냄은 욕망의 반작용이므로 어떤 욕망을 조건으로 성냄이 일어났는지 조사합니다. 그러면 성냄의 이면에 자신의 몸이 아프지 않고 건강하기를 바라는 욕망이 있음을 꿰뚫어 알 수 있습니다. 더 나아가 욕망은 어리석음을 조건으로 일어나므로 자신에게 어떤 어리석음이 있는지 조사해 봅니다. 그러면 욕망의 이면에 자기 몸 상태가 영원하다고 착각하는 어리석음이 숨어 있습니다. 다시 말해서 무상에 관한 어리석음을 조건으로 몸이 아프지 않기를 바라는 욕망이 일어난 것입니다.

정리하면 몸 상태가 영원하다고 착각하는 어리석음을 조건으로 몸이 아프지 않고 건강하기를 바라는 욕망이 있고, 이런 욕망이 충족되지 않아 아픈 상태를 싫어하는 화가 일어난 것입니다. 이때 자기 몸 상태는 변하기 마련이므로 무상하다고 통찰하면 어리석음이 버려지고, 어리석음이 버려지면 몸이 아프지 않기를 바라는 욕망이 버려집니다. 이런 욕망이 버려지면 몸의 통증을 싫어하는 화도 버려집니다. 이처럼 통증을 싫어하는 생각이 일어날 때 그것을 '화로 인한 생각'이라고 알아차리면서 생긴 직관적인 지혜에 머물지 않고 더 나아가 그것이 일어나는 조건을 조사함으로써 화가 일어나게 하는 욕망과 어리석음에 대한 지혜, 즉 반조지를 계발할 수 있습니다. 그러면 반조지를 통해서 올바른 방향으로 어리석음과 탐욕을 버리는 노력을 기울임으로써 화의 뿌리를 내려놓을 수 있습니다.

　또 다른 예로 나를 내세우는 자만自慢의 원인을 조사해 봅시다. 자만은 '나'가 있다고 착각하는 어리석음을 조건으로 일어납니다. 그런데 실제 '나'라고 착각할만한 대상들을 숙고해 보면 몸이나 마음 또는 물질과 정신뿐입니다. 그런데 몸과 마음 또는 물질과 정신을 있는 그대로 알아차림으로써 그것들의 실상을 통찰하고, 더 나아가 그것들의 조건을 법에 따라 조사해 보면 몸과 마음은 끊임없이 변한다는 것을 꿰뚫어 알 수 있습니다. 몸과 마음은 조건에 따라 일어났다 사라지기를 반복하므로 무상합니다. 무상한 것은 괴로운 것이며, 무상하고 괴로움인 것들은 온전하게 내 마음대로 제어할 수 없으므로 나의 것, 나, 나의 자아라고 할 수 없습니다. 이와 같은 무아의 지혜가 계발되면 '나'가 있다고 잘못 아는 어리석음이 버려집니다. '나'가 있다고 잘못 아는 어리석음이 버려지면 자만이 버려질 수 있습니다.

　한편 존재들이 윤회하는 원인은 내가 영원히 존재하면서 행복하기를 바라는 탐욕입니다. 이러한 탐욕도 그 근본 뿌리를 명확히 이해해야 근원적으로 버릴 수 있습니다. 탐욕은 세상의 모든 것은 무상인데 영원한 것으로, 괴로움인데 행복으로, 자아가 없는데 자아가 있다고 잘못 아는 어리석음을 조건으로 일어납니다. 그래서 탐욕을 내려놓기 위해서는 무상을 무상으로, 괴로움을 괴로움으로, 무아를 무아로 있는 그대로 보는 지혜를 계발해야 합니다. 이와 같은 무상하고, 괴로움이며, 무아라는 지혜는 '세상의 모든 것은 조건 발생'이라는 조건에 대한 지혜를 기반으로 생겨납니다. 그래서 조건에 대한 지혜가 생기면 영원하고, 행복이고, 자아가 있다고 잘못 아는 어리석음이 사라집니다. 어리석음이 사라지면 탐욕을 내려놓을 수 있습니다. 이처럼 탐욕의 원인을 조사함으로써 그것의 원인인 어리석음을 분명히 이해하고 내려놓으면 탐욕의 뿌리를 뽑아 버릴 수 있습니다.

여기서 반조를 통해 반조지가 생겼다고 당장 장애가 소멸하는 것이 아니라는 점에 주의해야 합니다. 실제로 장애를 소멸하기 위해서는 지속적인 노력이 필요합니다. 하지만 반조를 통해서 장애의 원인을 파악하면 장애를 버리기 위해 어떤 노력을 기울여야 하는지 노력의 방향성이 명확해집니다. 이렇게 노력의 방향성을 바르게 한 후에 정진하면 시행착오를 겪지 않을 수 있으며, 정진을 열심히 할수록 장애는 서서히 빛바래어 결국 장애를 완전히 내려놓을 수 있습니다.

넷째, 장애가 일어나지 않게 하는 방법을 조사합니다. 중도 수행 시 어떻게 했을 때 장애가 일어나지 않고 예방할 수 있었는지 조사합니다. 예를 들어 장애를 내려놓는 지혜를 활용하여 장애를 잘 내려놓음으로써 지켜보기가 더 오래, 잘 지속됩니다. 이렇게 지켜보기를 순일하게 잘 지속함으로써 장애의 일어남을 예방할 수 있습니다.

또 감각 기능을 잘 단속하면 장애가 일어날 대상과의 접촉을 멀리할 수 있으므로 장애의 일어남을 예방할 수 있습니다. 이렇게 유익한 마음, 특히 깨달음의 구성 요소를 계발함으로써 장애가 일어나는 일을 미리 예방할 수 있습니다.

끝으로 장애는 나의 것, 나, 나의 자아가 아님을 조사합니다. 앞서 설명했듯이 장애는 접촉, 어리석음 등의 조건을 의지해서 생겨납니다. 이렇게 장애는 조건 발생이므로 무상하고, 무상한 것은 나의 것, 나, 나의 자아가 아니므로 무아임을 검증하고 조사합니다. 이와 같은 반조를 통해 장애가 조건을 의지해서 생겨난 정신 현상일 뿐 나의 것, 나, 나의 자아가 아님을 분명히 통찰함으로써 장애를 자신과 동일시하지 않고 '단지 장애가 있구나.'라고 꿰뚫어 보며 지혜로서 내려놓을 수 있습니다.

깨달음의 구성 요소에 대한 반조

장애는 해로운 생각을 일으키고 마음을 무기력하게 하여 수행을 방해하는 장애물인 것은 분명합니다. 하지만 이러한 장애에 어떻게 대처하느냐에 따라 장애가 수행의 걸림돌이 되기도 하고, 수행의 디딤돌이 되기도 합니다. 장애에 빠지거나 장애가 일어난 상황에 다시 화내는 등으로 어리석게 대처하면 장애는 점점 커지고 결국 수행의 걸림돌이 됩니다. 반면에 장애를 좋아하거나 싫어하는 마음 없이 알아차리고 장애에 대하여 지혜롭게 대처하면 오히려 깨달음의 구성 요소를 계발하는 디딤돌이 될 수 있습니다. 이 점을 잘 이해하면 수행할 때 설사 장애가 많이 일어나더라도 그것을 싫어하지 않고, 그것이 깨달음의 구성 요소가 생기게 하고 괴로움을 소멸할 수 있게 하는 스승이자 디딤돌이라 생각하면서 긍정적인 마음으로 행복하게 수행할 수 있습니다.

다만 장애를 장애라고 꿰뚫어 알아야 그것을 버릴 수 있듯이 깨달음의 구성 요소를 깨달음의 구성 요소라고 꿰뚫어 알아야 그것을 계발하고 유지하는 방향으로 노력할 수 있습니다. 따라서 장애는 물론 장애를 통해 생긴 깨달음의 구성 요소에 대해서도 반조하는 것이 중요합니다.

그러면 중도 수행 시 장애를 내려놓은 과정에서 장애를 조건으로 깨달음의 구성 요소가 계발된다는 것을 확인하고 반조의 방법을 살펴보겠습니다.

첫째, 중도 수행의 중심은 '생각 없이 현재 알아차리기', 즉 '지켜보기'로서 이것을 닦을 때 장애가 있는 생각들이 일어나면 현재의 감각 대상을 알아차리는 것을 방해한다고 했습니다. 그러면 생각을 일으키는 장애를 알아차리고 내려놓은 후 다시 현재의 감각 대상을 알아차립니다. 이러한 방식으로 수행해나가면 자신에게 일어나는 다양한 장애를 좋아하거나 싫어하는 생각이 없이 알아차림으로써 생긴 바른 앎, 즉 직관지가 생깁니다. 더불어 이때 생긴 장애에 대한 직관지를 잊지 않는 깨달음의 구성 요소인 '기억'

이 계발됩니다. 예를 들어 자신에게 일어나는 수행의 결과에 대한 욕망, 원하는 결과가 생기지 않을 때의 성냄, 마음이 무기력해지고 게을러지는 해태와 혼침, 수행이 잘될 때 흥분해서 생긴 들뜸, 과거의 잘못에 대한 후회, 삼매에 대한 의심 등에 대한 직관지와 그것을 잊지 않는 바른 기억이 계발됩니다.

둘째, 장애를 알아차림으로써 바르게 기억한 것들, 즉 장애에 대한 직관지, 바른 앎, 바른 정보에 대하여 진리에 부합하게 법에 따라 조사하고, 탐구하고, 검증함으로써 반조지가 생깁니다. 이때 생긴 반조의 지혜가 깨달음의 구성 요소인 법의 조사입니다. 예를 들어 삼매를 빨리 경험하고 싶은 생각이 일어났을 때 이것이 어떤 장애를 기반으로 일어났는지 조사함으로써 그것이 '욕망으로 인한 생각'임을 아는 지혜가 생깁니다. 또 이와 같은 욕망이 왜 일어나는지 조사함으로써 '욕망이 수행의 장애'임을 모르는 어리석음이 그 조건이라 통찰하는 지혜가 생깁니다. 게다가 이런 욕망을 내려놓는 방법을 조사함으로써 결과에 집착하지 말고, 결과가 일어날 수 있는 조건을 성숙시켜야 한다는 지혜가 생깁니다. 이것이 깨달음의 구성 요소인 '법의 조사'입니다. 이처럼 바른 기억을 기반으로 법의 조사가 생깁니다.

셋째, 법의 조사를 통해 바르게 정진할 수 있습니다. 깨달음의 구성 요소인 법의 조사가 생기면 장애와 깨달음의 구성 요소를 분명히 구분하는 지혜가 생깁니다. 이런 지혜가 있으면 장애는 버리고 깨달음의 구성 요소를 계발하려고 애쓰고 노력하며 바르게 정진할 수 있는데 이것이 깨달음의 구성 요소인 '정진'입니다. 예를 들어 장애가 일어날 때 장애를 알아차리려고 노력하는 것, 장애의 원인을 조사하려고 노력하는 것, 장애를 버리는 방법을 조사하려고 노력하는 것, 깨달음의 구성 요소를 계발하려고 노력하는 것, 깨달음의 구성 요소가 사라지지 않도록 노력하는 것 등이 정진입니다. 이처럼 법의 조사를 기반으로 정진이 생깁니다.

넷째, 바르게 정진하면 희열이 일어납니다. 깨달음의 구성 요소인 정진이 생기면 장애가 버려지게 되고, 장애가 버려지면 떨쳐 버림으로 인해 생긴 '벗어남의 기쁨'이 생기는데 이것이 깨달음의 구성 요소인 '희열'입니다. 예를 들어 호흡 수행을 통해 장애가 버려지고 숨과 하나가 된 마음이 이어지면서 일어나는 기쁨, 걷기 수행을 통해 장애가 버려지고 발의 움직임이나 감촉과 하나가 된 마음이 일어날 때 생기는 기쁨, 장애를 알아차리고 장애를 내려놓았을 때 생기는 기쁨, 장애의 원인을 통찰했을 때 생기는 기쁨 등이 희열입니다. 이처럼 바른 정진을 기반으로 희열이 생깁니다.

다섯째, 벗어남의 희열이 생기면 경안이 생깁니다. 감각적 쾌락을 즐길 때 생기는 희열은 마음이 흥분되고 들뜨지만, 수행의 장애를 떨쳐 버림으로써 생긴 희열은 오히려 마음을 고요하게 하고 편안하게 합니다. 이렇게 고요하고 편안한 마음이 깨달음의 구성 요소인 '경안'입니다. 예를 들어 호흡 수행, 걷기 수행, 일상 수행을 바르게 닦음으로써 장애가 내려놓아지면 몸은 공중에 뜬 것처럼 가벼워지고, 마음은 고요하고 편안한 상태가 되는데 이때 생긴 고요하고 편안한 마음이 깨달음의 구성 요소인 경안입니다. 이처럼 벗어남의 희열을 기반으로 경안이 생깁니다.

여섯째, 경안을 통해 바른 삼매가 생깁니다. 경안이 생기면 마음이 고요해지고 편안해지면서 현재의 기본 대상을 알아차리는 마음이 행복해집니다. 이렇게 현재 이 순간이 행복하면 다른 대상에 관한 관심이 사라지고, 기본 대상만을 알아차리며 오랜 시간 행복하게 머물 수 있는데 이것이 바른 삼매, 즉 깨달음의 구성 요소인 '삼매'입니다. 예를 들어 호흡 수행을 열심히 실천하다 보면 점차 장애가 있는 생각들이 사라지면서 마음이 고요하고 편안해지는 경안이 생깁니다. 경안이 생기면 숨만 알아차리는 시간이 아주 행복해지고, 이 행복한 마음은 다른 대상으로 돌아다니던 생각들이 완전히 멈추고 오직 숨만 알아차리면서 오랜 시간 행복하게 머무는 선정, 즉 바른 삼매에 들 수 있게 합니다. 이처럼 경안을 기반으로 삼매가 생깁니다.

일곱째, 바른 삼매가 생기면 마음이 평온해집니다. 바른 삼매는 탐욕이나 성냄 등의 장애가 내려놓아진 마음 상태이므로 바른 삼매가 있으면 또렷하면서 현상에 대해 집착하지도, 거부하지도 않는 중립적인 마음 상태가 됩니다. 이렇게 현상에 대하여 치우치지 않으면서 균형 있는 마음 상태가 깨달음의 구성 요소인 '평온'입니다. 예를 들어 호흡 수행을 통해 바른 삼매에 들었다면 삼매에서 출정한 후 삼매의 힘에 비례하여 평온한 마음이 오래 이어집니다. 이와 같은 평온한 마음을 기반으로 탐욕이나 성냄 없이 법에 따라 사유하고, 숙고하고, 조사할 수 있으므로 평온한 마음은 올바른 반조를 위한 조건이 됩니다. 이처럼 바른 삼매를 조건으로 평온이 계발됩니다.

평온을 조건으로 지켜보기와 반조가 가능하고, 이 과정을 통해 직관지와 반조지는 물론 이를 잊지 않는 바른 기억이 생깁니다. 나아가 바른 기억이 있으면 법의 조사가, 법의 조사가 있으면 바른 정진이, 바른 정진이 있으면 벗어남의 희열이, 벗어남의 희열이 있으면 경안이, 경안이 있으면 바른 삼매가, 바른 삼매가 있으면 평온이 생깁니다. 이렇게 일곱 가지 깨달음의 구성 요소는 상호작용하고 선순환한다는 점도 잘 이해해야 합니다.

끝으로 이러한 깨달음의 구성 요소도 나의 것, 나, 나의 자아가 아님을 조사해야 합니다. 앞서 설명했듯이 깨달음의 구성 요소는 마음에 속한 심리 작용들이므로 기본적으로 감각 기능과 대상의 접촉을 조건으로 일어납니다. 또한 깨달음의 구성 요소는 유익한 심리 작용이므로 지혜로운 마음 기울임을 조건으로 의지해서 일어납니다. 이렇게 깨달음의 구성 요소는 조건 발생이므로 무상하고 괴로움이며 무아임을 검증하고 조사합니다. 이와 같은 반조를 통해 깨달음의 구성 요소도 조건을 의지해서 생겨난 정신 현상일 뿐 나의 것, 나, 나의 자아가 아님을 분명히 통찰해야 합니다. 그러면 깨달음의 구성 요소를 집착하거나 자신과 동일시하지 않으면서 '단지 깨달음의 구성 요소가 있구나.'라고 꿰뚫어 보며 깨달음의 구성 요소를 더 깊게 계발할 수 있습니다.

예를 들어 중도 수행을 통해 세속에서는 경험하지 못했던 벗어남의 희열, 고요함, 삼매, 지혜, 평온 등의 깨달음의 구성 요소를 경험하면 매우 만족스럽고 행복해지므로 이들에 대하여 강한 집착이 생기기 쉽습니다. 깨달음의 구성 요소는 분명히 유익한 법이지만, 그것에 집착하는 마음은 장애 중의 하나인 감각적 욕망입니다. 이런 욕망이 생기면 수행할 때마다 좋은 결과에 대한 욕망을 바탕으로 수행하게 되고, 그것이 이루어지지 않으면 화가 일어나게 되어 수행이 정체되거나 퇴보하게 합니다. 그래서 깨달음의 구성 요소도 나의 것, 나, 나의 자아가 아님을 통찰하여 집착을 버려야 합니다. 그리하여 깨달음의 구성 요소가 일어날 조건을 갖추고, 깨달음의 구성 요소를 계발·성숙시킬 수 있습니다.

이상에서 설명했듯이 장애를 버리는 과정에서 깨달음의 구성 요소가 일어남을, 더불어 깨달음의 구성 요소도 무아임을 검증·조사함으로써 깨달음의 구성 요소에 대한 집착이 없는 계발과 성숙이 가능합니다.

다섯 무더기에 대한 반조

앞서 장애와 깨달음의 구성 요소에 대한 반조에 초점을 맞추어 살펴보았습니다. 여기서는 좀 더 나아가 중도 수행 중에 경험한 물질과 정신 현상을 종합적으로 조사하는 방법에 대하여 살펴보겠습니다.

부처님께서는 괴로움의 원인을 한마디로 탐욕이라 설하셨습니다. 그런데 탐욕의 대상은 이 세상 모든 것이 될 수 있고, 세상의 모든 것은 물질과 정신 또는 다섯 무더기의 결합일 뿐이므로 결국 탐욕의 대상은 다섯 무더기라고 할 수 있습니다.

또 부처님께서는 어리석음을 조건으로 탐욕이 일어난다고 설하셨습니다. 다시 말해 다섯 무더기가 무상하고, 괴로움이며, 나의 것, 나, 나의 자아가 아닌 무아임을 모르므로 다섯 무더기에 대한 집착이 일어난다는 것입니다. 그래서 탐욕을 소멸하려면 다섯 무더기가 조건 발생이므로 무상하고, 괴로움이며, 무아라는 고성제의 진리에 대한 철저한 통찰이 필요합니다.

이와 같은 다섯 무더기에 대한 지혜는 '생각 없이 현재 알아차리기', 즉 '지켜보기'를 통해 다섯 무더기를 직접 관찰함으로써 생긴 직관지와 그것을 '법 따라 조사하기', 즉 '반조'를 통해 숙고하고 검증하여 생긴 반조지를 통해 계발됩니다. 그러므로 중도 수행 중에 지켜보기를 통하여 다섯 무더기에 대한 직관지를 계발하고, 그것을 반조하여 반조지를 계발하면 됩니다. 그러면 중도 수행 중에 직접 경험한 다섯 무더기에 대하여 반조를 하는 방법을 살펴보겠습니다.

첫째, 수행 후의 다섯 무더기에 대한 반조입니다. 중도 수행을 실천하다 보면 알아차림을 통해 물질, 느낌, 인식, 형성(장애, 깨달음의 구성 요소), 마음(의식)의 다섯 무더기에 대한 바른 앎 또는 직관지가 생깁니다. 이때 생긴 다섯 무더기에 대한 직관지의 '원인' 또는

'조건'을 숙고하고 조사함으로써 괴로움의 성스러운 진리인 고성제를 꿰뚫어 알 수 있는데 이에 대하여 좀 더 자세히 살펴봅시다.

먼저 지켜보기를 실천할 때 자신이 경험한 현상들이 다섯 무더기일 뿐임을 통찰할 수 있습니다. 예를 들어 눈, 귀, 코, 혀, 몸의 감각 기능과 형색, 소리, 냄새, 맛, 촉감(지·수·화·풍)은 '물질 무더기', 괴롭거나 행복한 느낌은 '느낌 무더기', 대상에 대한 이미지 또는 이름은 '인식 무더기'입니다. 의도, 장애(감각적 욕망, 성냄, 해태와 혼침, 들뜸과 후회, 의심), 깨달음의 구성 요소(바른 기억, 법의 조사, 정진, 희열, 경안, 삼매, 평온)는 '형성 무더기', 대상을 분별하고 아는 마음 또는 의식은 '의식 무더기'입니다.

더 나아가 자신이 경험한 다섯 무더기가 일어나는 원인을 조사한다면 이들은 조건에 의해 형성되었으므로 무상하고, 괴로움이며, 무아임을 꿰뚫어 아는 고성제의 지혜를 계발할 수 있습니다. 먼저 물질의 원인을 조사해 보면 존재의 몸은 업을 조건으로 태어나고, 음식을 섭취하지 않으면 유지되지 않습니다. 또 몸은 마음 상태와 열에 영향을 받습니다. 게다가 외적인 물질은 열을 조건으로 생겨납니다. 이처럼 물질은 업, 음식, 마음, 열을 조건으로 생깁니다. 또 정신, 즉 느낌, 인식, 형성, 의식은 기본적으로 '접촉'을 조건으로 생깁니다. 이렇게 다섯 무더기는 조건을 의지해서 생겨났으므로 조건이 다하면 사라지기 마련입니다. 그러므로 다섯 무더기는 무상하고, 무상한 것은 불확실하고 불만족스러우므로 괴로움이며, 무상하고 괴로움인 것은 전적으로 통제할 수 없으므로 무아임을 통찰할 수 있습니다. 이렇게 알아차림을 통해 생긴 직관지를 반조, 즉 법에 따라 조사함으로써 고성제의 지혜를 계발할 수 있습니다.

예를 들어 걷기 수행이 잘될 때는 장애가 있는 생각 없이 단지 걷기만 할 수 있습니다. 이런 상태를 조사해 보면 의도가 있을 때 걷는 행위가 있고, 의도가 없으면 걷는 행위가 없습니다. 이를 통해 '걷는 행위가 있을 뿐이지 걷는 자는 없다.'라고 꿰뚫어 알 수 있습니다. 또 호흡 수행이 잘될 때는 장애가 있는 생각 없이 단지 숨만 알아차릴 수 있습니다. 이런 마음 상태를 반조해 보면 '숨을 아는 마음이 있을 뿐 아는 자는 없다.'라고 꿰뚫어 알 수 있습니다. 이와 같은 체험을 통해 고성제의 진리를 직접 통찰할 수 있습니다.

이렇게 중도 수행 중에 경험한 다섯 무더기를 법에 따라 조사하면 다섯 무더기에 대한 통찰이 점차 무르익어 결국 다섯 무더기가 무상하고, 괴로움이며, 무아라는 고성제를 철저히 알게 됩니다. 이와 같은 방식으로 열심히 정진하면 다섯 무더기에 관한 어리석음과 탐욕, 즉 집성제가 완전히 제거되어 괴로움의 소멸인 멸성제를 실현할 수 있습니다. 이것이 중도 수행 중에 경험한 다섯 무더기를 조사하는 가장 중요한 이유입니다.

둘째, 삼매 후의 반조입니다. 중도 수행의 중심이 되는 지켜보기를 닦다 보면 장애가 내려놓아지면서 현재의 감각 대상과 하나가 돼 행복하게 머무는 바른 삼매에 들 수 있습니다. 다시 말해서 호흡 수행을 통해서는 숨과 하나가 된 몰입 삼매인 선정, 걷기 수행에서는 발의 움직임과 촉감 등과 하나가 된 근접 삼매, 일상 수행에서는 현재 가장 뚜렷한 감각 대상과 하나가 된 찰나 삼매에 들수 있습니다.

이렇게 바른 삼매에 들어 행복하게 머물다가 출정한 후에 '바른 삼매에 들었을 때의 마음과 그 마음이 의지하고 있는 몸', 즉 물질과 정신 또는 다섯 무더기는 의도적으로 형성되었으므로 무상하고, 괴로움이며, 무아임을 조사할 수 있습니다. 이와 같은 반조를 통해 바른 삼매에 들었을 때의 '나라는 존재'는 바른 삼매를 이루고 있는 몸과 마음, 즉 다섯 무더기일 뿐이며, 그것들조차도 무상하고, 괴로움이며, 무아임을 꿰뚫어 아는 지혜를 계발할 수 있습니다. 이런 지혜가 생기면 바른 삼매에 대한 집착을 버릴 수 있을 뿐 아니라 '나라는 존재'에 대한 집착을 내려놓을 수도 있습니다. 특히 호흡 수행을 통해 선정을 얻은 수행자는 선정 후의 반조를 통해서 깨달음의 지혜가 생겨 해로운 마음을 완전히 제거하고 괴로움을 소멸할 수 있습니다. 그러면 선정 후의 반조에 대하여 좀 더 자세히 살펴보겠습니다.

호흡 수행을 닦을 때 들숨과 날숨만을 알아차리려고 노력하면서 생각이 움직이면 그것이 어떤 장애를 기반으로 일어나는 생각인지 알아차리고 해로움의 지혜나 무상, 고, 무아의 지혜를 활용하여 그것을 즉시 내려놓은 뒤 다시 호흡을 알아차립니다. 이렇게 노력하다 보면 지혜가 강해지면서 장애가 점차 버려지게 되고, 이로 인해 장애를 떨쳐 버림으로써 생긴 벗어남의 행복은 점차 강해지고 숨의 표상[nimitta]이 나타납니다.

이때의 행복은 세속에서의 감각적 행복과는 비교도 되지 않을 정도로 평화롭고 만족스러운 행복이므로 다른 대상에는 관심이 전혀 없어지고 숨의 표상과 하나가 되어 오랜 시간 행복하게 머물 수 있게 됩니다. 마치 사랑하는 연인과 함께 있으면 행복해서 시간 가는 줄 모르는 것처럼. 이렇게 숨의 표상만을 알아차리고 있는 마음이 너무 행복해지면 오랫동안 시간과 공간을 느끼지 못하고 숨에 완전히 몰입한 삼매인 선정에 들 수 있는 것입니다.

이와 같은 선정에 든 시간 동안 장애가 한순간도 일어나지 않으므로 선정의 마음은 너무도 고요하고, 청정하며, 집중된 상태입니다. 그래서 선정에서 출정한 후에도 선정의 관성 때문에 깨끗하고 청정하며, 부드럽고 집중된 마음 상태가 한동안 지속되므로 선정 후의 마음은 반조를 하기에 최적의 마음 상태입니다. 이와 같은 선정 후의 마음을 기반으로 선정에 들었을 때 '나라는 존재'에 대하여 반조를 해 보면 '나라는 존재'는 '숨을 아는 마음과 그 마음이 의지하고 있는 자신의 몸'의 결합이고, 그것들은 조건을 의지해서 형성되었으므로 무상하고, 괴로움이며, 무아임을 명확히 꿰뚫어 알 수 있습니다. 이처럼 선정 후의 반조를 통해 나라는 존재의 실상인 다섯 무더기가 무상, 고, 무아임을 통찰함으로써 번뇌를 제거하고 완전한 깨달음을 얻을 수 있습니다.

부처님도 색계 사선정을 얻으신 뒤, 선정 후의 반조를 통해 선정을 이루고 있는 다섯 무더기가 무상, 고, 무아임을 분명히 통찰함으로써 번뇌를 완전히 소멸하는 누진통, 즉 깨달음의 지혜를 얻으셨습니다. 이처럼 선정 후의 반조를 통해 깨달음의 지혜가 생겨 해로운 마음을 버리고 괴로움을 소멸할 수 있습니다.

이상으로 반조의 세 가지 형태, 즉 장애에 대한 반조, 깨달음의 구성 요소에 대한 반조, 다섯 무더기에 대한 반조에 대하여 간단히 살펴보았습니다.

알고 보는 자는 괴로움을 소멸한다

중도 수행의 두 가지 모습인 '생각 없이 현재 알아차리기', 즉 '지켜보기'와 '법에 따라 조사하기', 즉 '반조'를 통해 '직관지'와 '반조지'가 계발됩니다.

직관지는 바른 견해를 기반으로 현재의 물질과 정신 현상을 생각 없이 알아차림으로써 생긴 지혜이므로 '현상을 있는 그대로 봄'으로써 생긴 지혜라고도 말할 수 있습니다. 반면에 반조지는 직관지를 바른 견해를 기반으로 법에 따라 숙고·검증하고, 조사함으로써 생긴 지혜이므로, 반조지는 '현상을 조사함으로써 알게 된' 지혜라고 할 수 있습니다.

다시 말해서 물질과 정신 현상을 있는 그대로 봄으로써 직관지가 생기고, 이 직관지를 법에 따라 조사함으로써 반조지가 생기며, 반조지를 통해 현상을 있는 그대로 봄으로써 더 깊은 직관지가 생기고, 이 직관지를 조사함으로써 더 깊은 반조지가 생깁니다. 이러한 과정을 한마디로 '알고 본다'고 말하고 이렇게 생긴 지혜를 '지견知見'이라고 합니다. 이처럼 알고 보는 수행 과정을 통해서 직관지와 반조지가 계발되고, 그래서 지견이 성숙하면 깨달음의 지혜가 생겨 번뇌를 제거하고 괴로움을 소멸할 수 있습니다. 이렇게 알고 보는 자는 괴로움을 소멸할 수 있지만, 알고 보지 못하는 자는 괴로움을 소멸할 수 없습니다.

제2부. 이해하고 내려놓기

6장.
숨의 표상과 선정

앞서 제2부 2장에서는 붓다의 호흡 수행의 다섯 단계 중 1단계 '숨을 알아차리며 장애 내려놓기', 2단계 '숨의 전 과정을 알아차리며 장애 내려놓기', 3단계 '고요한 숨을 알아차리며 장애 내려놓기'를 설명했습니다. 이에 이어서 여기에서는 4단계 '숨의 표상[nimitta]을 알아차리며 장애 내려놓기'와 5단계 '선정'에 대하여 살펴보겠습니다.

4단계: 숨의 표상을 알아차리며 장애 내려놓기

앞서 2장에서 설명한 3단계 '고요한 숨을 알아차리며 장애 내려놓기'가 성숙할수록 숨이 거의 느껴지지 않을 정도로 매우 미세하고 고요해지면서 마음은 더 고요하고, 청정하며, 집중됩니다. 그로 인해 장애를 내려놓음으로써 생긴 '벗어남의 희열과 행복' 그리고 '지혜의 빛'이 나타나기 시작합니다. 『앙굿따라 니까야』「하나의 모임」품에 보면 다음과 같은 말씀이 나옵니다.

6장. 숨의 표상과 선정

"비구들이여, 이 마음은 빛난다. 그러나 그 마음은 객客으로 온 오염원들에 의해 오염되었다. 비구들이여, 이 마음은 빛난다. 그 마음은 객으로 온 오염원에서 벗어났다."

이것은 장애가 있으면 마음이 오염되어 흐려지고, 장애가 사라지면 마음이 밝게 빛난다는 것을 의미합니다. 이렇게 장애가 버려지고, 마음이 청정하고 깨끗해지면 '지혜의 빛'이 나타납니다. 이것은 지혜를 통해 장애를 버림으로써 나타나는 빛이라는 의미입니다. 지혜의 빛은 마음의 순수함과 비례하므로 마음이 청정하면 할수록 더욱 밝게 빛납니다. 숨이 고요해진다는 것은 장애가 버려지고 마음이 청정해졌음을 의미하므로 벗어남의 희열과 행복도 나타나고, 지혜의 빛도 나타나기 시작합니다.

그런데 이와 같은 벗어남의 행복이나 지혜의 빛이 나타날 때 보통 수행자들은 흥분하거나 두려워합니다. 어떤 수행자는 지금까지 전혀 접해 보지 못한 경험에 감정이 북받쳐 흥분합니다. 실제로 벗어남의 행복이나 지혜의 빛을 경험하고 사흘 동안 심장이 두근거렸다고 말하는 수행자도 있었습니다. 이것은 들뜸이 일어난 것입니다. 들뜸은 수행의 장애임을 알고 내려놓아야 합니다.

어떤 수행자는 '이러다 잘못되거나 미치는 것은 아닐까?' 하고 두려워합니다. 하지만 전혀 두려워할 필요가 없습니다. 부처님께서는 『맛지마 니까야』 「삿짜까 긴 경」에서 말씀하셨습니다.

제2부. 이해하고 내려놓기

"벗어남의 행복은 두려워할 필요가 없다. 이는 오히려 추구하고 계발해야 할 것이다."

벗어남의 행복과 지혜의 빛이 나타나는 것은 수행이 향상되고 있다는 표시이므로 전혀 두려워할 필요가 없습니다. 다만 벗어남의 행복이나 지혜의 빛에 집착하는 마음을 일으켜서는 안 됩니다. 이들에 집착하면 감각적 욕망의 장애가 일어난 것이므로 수행이 퇴보하여 벗어남의 행복이나 지혜의 빛이 사라질 수 있기 때문입니다. 지혜의 빛은 그 색깔이나 모양, 형태가 다양하게 나타날수 있는데 이것은 사람들이 사물을 인식하는 방식이 다양하기 때문입니다. 그래서 연꽃 모양이거나 새벽별 같거나 해나 달의 모습 등의 다양한 형태로 나타날 수 있습니다. 색깔도 마찬가지로 푸른색, 노란색, 빨간색, 흰색 등 다양하게 나타날 수 있습니다. 모양과 색은 다를지라도 대체로 빛의 형태로 나타납니다.

그런데 호흡 수행에서 지혜의 빛의 모양과 색은 별로 중요하지 않으므로 그것에 현혹되어서는 안 됩니다. 오히려 지혜의 빛이 얼마나 밝고 오랫동안 안정되게 유지되느냐가 훨씬 중요합니다.

이와 같은 지혜의 빛이 나타나기 시작할 때, 바로 알아차림의 대상을 지혜의 빛으로 바꾸면 안 됩니다. 아직은 지혜의 빛이 안정되지 않아 모양이나 색깔 등의 변화가 심해서 곧장 대상을 빛으로 바꾸면 마음이 분산되고 맙니다. 그러므로 지혜의 빛이 나타난 초기에는 그것에 주의를 돌리지 말고 계속 고요한 숨을 알아차려야 합니다. 이렇게 지혜의 빛이 나타나더라도 관심을 두지 말고 여전히 고요한 숨을 알아차리면서 장애를 내려놓는 방식으로 수행을 하다 보면 장애가 있는 생각은 거의 사라지게 되고, 다섯 감각 대상에 반응하는 마음 정도의 장애만 남게 됩니다. 예를 들면 생각이 일어나도 그것이 그냥 스쳐 지나가거나, 몸의 감각이나 소리 등의 감각 대상에 생각 없이 단지 반응하는 마음 정도만 일어납니다.

이렇게 장애가 있는 생각은 거의 내려놓아져서 지혜의 빛이 꽤 오랫동안 밝고 안정되게 지속될 때 '숨'과 '지혜의 빛'이 일치하는 상태를 경험하게 됩니다. 이런 상태가 되었을 때의 지혜의 빛을 특히 '니밋따[nimitta]' 또는 '숨의 표상'이라고 합니다.

그러면 숨과 지혜의 빛이 일치한 것은 어떻게 알 수 있을까요? 이것은 호흡 수행이 무르익어 장애가 거의 내려놓아지면 수행자 스스로 경험하여 알 수 있습니다. 그런데 이를 스스로 경험하기 전에 미리 많은 정보를 가지고 있으면 오히려 숨의 표상을 관념적으로 상상하거나 숨의 표상을 조작하여 만들 위험이 있으므로 그것에 대하여 더 자세히 설명하지 않겠습니다.

숨의 표상을 보호하는 법

숨의 표상은 생기기도 쉽지 않을뿐더러 그것을 지키는 일도 쉽지 않습니다. 이러한 이유로 『청정도론』에서는 숨의 표상이 나타나면 '전륜성왕이 마치 하나밖에 없는 외아들을 보호하듯이 이 숨의 표상을 보호하라.'라고 한 것입니다. 숨의 표상을 잘 지키고 보호하기 위해서는 세 가지 주의할 점이 있습니다.

첫째, 숨의 표상을 바라지 마십시오. 숨의 표상은 세상에서 경험할 수 없는 아주 매혹적인 대상이어서 숨의 표상에 대한 법문을 들을 때 그것을 자신도 경험하고 싶은 욕망이 일어나기가 쉽습니다. 하지만 숨의 표상은 욕망으로 생기는 것이 아니라 욕망을 내려놓음으로써 생기는 결과입니다. 그러므로 숨의 표상을 경험하고 싶으면 숨의 표상에 집착하지 말고 숨을 알아차리면서 장애를 내려놓는 방향으로 노력을 기울여야 합니다. 이렇게 올바른 방향으로 노력하여 장애가 내려놓아지면 숨의 표상은 결과로써 저절로 나타납니다. 이처럼 숨의 표상을 바라지 말고 장애를 버리려고 노력해야 합니다.

둘째, 숨의 표상이 생겼을 때 그것에 집착하지 마십시오. 숨의 표상은 수행의 좋은 결과로서 선정을 얻는 데 꼭 필요한 것이지만, 그것에 집착하는 마음은 감각적 욕망의 장애일 뿐입니다. 그러므로 숨의 표상이 생겼을 때 그것에 집착하게 되면 마음이 욕망의 장애에 오염되어 숨의 표상이 흐려지거나 심지어는 사라져 버릴 수 있습니다. 숨의 표상은 장애가 내려놓아짐으로써 생긴 것인데 마음이 욕망의 장애에 오염되면 숨의 표상이 흐려지거나 사라질 수밖에 없습니다. 그래서 숨의 표상에 대한 집착이 일어나면 그것이 욕망의 장애임을 즉시 알아차리고 내려놓아야 합니다. 이렇게 숨의 표상을 집착하지 않고 단지 그것만을 알아차리면서 장애를 더 철저하게 내려놓을수록 숨의 표상은 더 밝아지고 오랜 시간 안정되면서 그것을 통해 선정에 들 수 있게 됩니다.

끝으로 숨의 표상에서 중요한 점은 앞서 이야기했듯 그것의 모양이나 색깔이 아니라 그것이 얼마나 밝고 안정적으로 오래 유지되는가임을 명심하십시오. 보통 숨의 표상이 처음 생겼을 때는 아직 장애가 완전히 버려지지 않았으므로 미세한 장애로 인해 색깔이나 모양이 다양할 수 있습니다. 예를 들어 어떤 사람은 새벽별처럼 나타나고, 어떤 사람은 보름달 모양으로 나타납니다. 어떤 사람은 푸른색으로 나타나고, 어떤 사람은 빨간색으로 나타날 수 있습니다. 이와 같은 다양성은 사람마다 사물을 인식하는 방식이 다르기 때문이지 수행의 깊이나 수준을 드러내는 지표는 아닙니다.

이렇게 초기에는 숨의 표상이 다양하게 나타날 수 있지만, 수행이 무르익을수록 숨의 표상은 대부분 아주 밝고, 깨끗하며, 안정된 빛의 형태가 됩니다. 그래서 색깔이나 모양의 변화에 현혹되어 그것에 마음을 기울일 필요가 없습니다. 그렇게 하면 오히려 마음이 산만해져서 삼매가 약해지고 빛도 흐려지면서 수행이 퇴보하게 됩니다. 그러므로 모양이나 색깔에 현혹되지 말고 단지 숨의 표상만을 알아차리면서 장애를 더 철저히 내려놓은 방향으로 노력하는 일이 중요합니다. 이상의 세 가지를 잘 기억하면 숨의 표상을 잘 지키고 보호할 수 있습니다.

사실 붓다의 호흡 수행에서 숨의 표상이 나타나면 알아차림의 대상이 숨에서 숨의 표상으로 전환되므로 수행상의 아주 중요한 전환점이 됩니다. 앞서 말했지만 숨의 표상은 숨과 지혜의 빛이 일치하게 되었을 때의 '지혜의 빛'을 말하므로 숨의 표상이 생기면 '고요한 숨'을 알아차리는 수행이나 '숨의 표상'을 알아차리는 수행에 아무런 차별이 없어집니다. 다만 숨은 아주 미세한 대상인 반면에 숨의 표상은 아주 밝고 뚜렷하게 나타나므로 숨의 표상을 알아차리는 일이 훨씬 더 쉽고 자연스러워집니다. 사실 숨의 표상은 통상적으로 얼굴의 전면에 아주 밝고 깨끗한 빛의 형태로 나타나므로 숨의 표상은 저절로 알아차려지게 됩니다. 그래서 숨의 표상이 생긴 후에는 숨의 표상을 알아차리려고 노력할 필요가 거의 없습니다. 단지 장애로 인해 마음이 움직일 때 그것을 알아차리고 내려놓은 노력만 기울이면 됩니다. 이렇게 자연스럽게 노력하다 보면 장애가 더 철저히 내려놓아지고 그로 인해 숨의 표상을 알아차리는 마음에는 벗어남의 희열과 행복이 점점 더 충만하게 됩니다. 숨의 표상을 알아차리는 마음에 희열과 행복이 충만해질수록 숨의 표상을 알아차리는 것 외 다른 일에는 관심이 전혀 없어지게 됩니다. 그러다가 호흡 수행이 무르익으면 장애를 철저히 내려놓고 오직 숨의 표상과 마음이 하나가 되어 오랜 시간 행복하게 머무는 선정에 들 수 있습니다.

5단계: 선정

숨의 표상이 생긴 후에 선정에 들기 위해서는 이전보다 숨의 표상을 알아차리면서 장애를 내려놓는 일에 더욱 섬세하고 철저한 노력을 기울여야 합니다. 선정은 숨의 표상을 알아차리는 마음 외의 어떤 마음도 일어나지 않는 상태이므로 아주 미세한 장애라 할지라도 선정에 드는 것은 방해할 수 있기 때문입니다.

선정은 매우 미묘한 마음 상태이므로 선정 자체를 설명하는 것은 불가능합니다. 실제로 『앙굿따라 니까야』 「생각할 수 없음 경」에서 부처님께서는 아무리 설명해도 보통 사람이 절대 알 수 없는 네 가지를 말씀하시는데, 그 가운데 하나가 선정에 든 사람의 마음입니다. 이렇게 선정은 경험해 보지 못한 사람에게는 설명조차 불가능한 상태입니다. 하지만 선정에 드는 과정은 어느 정도 설명할 수 있습니다.

태국의 유명한 스승이었던 아잔 차 스님이 자신의 경험에 빗대어 선정 상태를 설명하신 이야기를 소개해 보겠습니다. 태국은 아주 무더운 나라입니다. 한 번은 아잔 차 스님이 정글에서 수행하다가 너무 더워 물가를 찾아갔다고 합니다. 땀에 젖은 몸을 씻고 휴식을 취한 다음 그곳에 머물면서 수행을 하였습니다. 그때 재미있는 경험을 하시게 됩니다. 밤에 물가에 가만히 앉아 좌선하다 보면 야생동물들이 물을 마시러 하나둘 모여들기 시작했답니다. 야생동물은 사람이 없는 곳에 살기 때문에 매우 민감해서 인기척을 느끼면 바로 도망갑니다. 하지만 아잔 차 스님이 미동도 없이 앉아 있으니 아무도 없는 줄 알고 야생동물들이 나타났다는 것입니다. 재미있는 것은 미동 없이 앉아 있는 시간이 길어질수록 한 번도 본 적 없는 신기한 동물들이 나타난다고 합니다.

이 이야기를 선정에 드는 것에 비유하여 설명할 수 있습니다. 좌선 상태는 마음의 상태에, 야생동물이 나타나는 것은 수행의 좋은 결과에 비유할 수 있습니다. 좌선 자세에서 움직임이 없어지는 것은 마음이 장애가 없이 고요해지는 것에 비유할 수 있습니다. 좌선 자세에서 움직임이 없어질수록 전혀 본 적 없는 신기한 야생동물들이 나타나듯이 마음의 장애가 사라지고 마음의 움직임이 없이 고요할수록 이전에 전혀 경험하지 못한 수행의 좋은 결과가 나타납니다. 반면 처음 보는 야생동물이 나타났을 때 어떤 동물이 나타났는지 보고 싶어 고개를 돌리면 그 동물은 사라져 버릴 것입니다.

그 동물을 곁에 머물게 하는 가장 좋은 방법은 좌선 상태에서 움직이지 않고 가만히 있는 것입니다. 단지 가만히 있으면 신기한 야생동물들이 스스로 다가와 곁에 머무릅니다.

이와 마찬가지로 숨의 표상이 생긴 이후에는 숨의 표상이 저절로 알아차려지므로 그것을 자연스럽게 알아차리는 것 외에는 아무것도 하지 않으면 됩니다. 그러다가 미세한 장애로 인해 마음이 움직이면 그것을 즉시 내려놓고 다시 숨의 표상만 알아차리며 행복하게 머물면 됩니다. 마치 몸이 움직이려 하면 즉시 몸의 자세를 바로잡듯이. 이렇게 노력하다 보면 숨의 표상을 아는 마음에 희열과 행복이 충만해지면서 숨과 마음이 하나가 되어 오랜 시간 행복하게 머무는 선정에 들 수 있습니다.

선정을 얻으려면 갖추어야 할 것들

숨의 표상을 통해 선정에 들기 위해서는 좌선만으로 부족합니다. 걷기 수행이나 일상 수행에서도 장애가 일어나지 않도록 마음을 잘 단속해야 합니다. 좌선 외의 일상에서 장애가 많이 일어나는데 좌선할 때만 장애를 내려놓으려 한다고 해서 선정에 들기는 어렵습니다. 걷기 수행이나 일상 수행에서 일어난 장애의 여운이 좌선할 때도 영향을 미칠 수밖에 없기 때문입니다. 그러므로 숨의 표상이 생긴 후에는 걷기 수행이나 일상 수행에 좀 더 주의를 기울여 이때에도 장애가 일어나지 않도록 더욱 섬세하게 노력을 기울여야 합니다. 이를 위해 가능하면 일상에서 묵언하며 쓸데없는 말을 삼가는 일도 바람직합니다.

또 계를 잘 지키고, 감각 기능을 잘 단속하는 일도 중요합니다. 이를 통해 해로운 마음이 일어날 만한 대상과의 접촉을 절제하고 멀리함으로써 해로운 마음이 일어나는 것을 예방할 수 있습니다.

그리고 선정에 들기 위해서는 균형 있는 노력이 중요합니다. 부처님께서는 균형 있는 노력을 가야금 줄 맞추는 일에 비유하셨습니다. 가야금 줄이 너무 팽팽하면 끊어지고 너무 느슨하면 소리가 나지 않으므로, 적당하게 맞추어야 아름다운 소리가 납니다. 마찬가지로 노력을 너무 과하게 해서도 안 되고 너무 부족하게 해서도 안 됩니다.

숨의 표상이 생긴 후에 선정에 들기 위해서는 특히 이러한 균형 감각이 중요합니다. 지나치게 노력하면 마음이 들뜨거나 지치게 됩니다. 반면 느슨하게 노력하면 고요하고 행복한 마음에 안주하게 되어 게을러질 수 있습니다. 이렇게 노력의 균형이 무너지면 마음이 들뜨거나 게으름에 빠져서 선정에 들 수 없습니다. 보통 수행할 때 용맹정진을 강조하는 경우가 많지만, 이보다 더 중요한 것은 더하지도 덜하지도 않은 균형 감각입니다. 이와 같은 균형 감각을 지니고 적절한 노력을 기울여야 선정에 들 수 있습니다.

이처럼 계를 기반으로 감각 기능을 잘 단속하고, 노력의 균형을 잘 유지하며 호흡 수행, 걷기 수행, 일상 수행을 조화롭게 닦으면 장애가 더 철저히 내려놓아지므로 숨의 표상은 점점 밝아지고 오랜 시간 안정적으로 유지됩니다. 그리하여 숨의 표상이 밝아지고 안정될수록 그것을 알아차리는 마음에 희열과 행복이 충만하게 됩니다. 그러면 숨의 표상을 알아차리는 일이 너무 기쁘고 행복하므로 아무것도 하지 않는 채 장애를 완전히 떨쳐 버리고 숨의 표상을 알아차리면서 행복하게 오랜 시간 머물 수 있게 됩니다. 이런 상태를 몰입 삼매인 '선정'이라고 합니다. 특히 호흡 수행을 통해 최초에 든 선정을 '색계 초선'이라 하는데 색계라는 말이 붙은 이유는 들숨과 날숨이라는 물질에 의지해서 생긴 선정이기 때문입니다.

색계 초선의 특징

그럼 색계 초선의 중요한 특징을 알아보겠습니다.

첫째, 색계 초선에서는 형상, 소리, 냄새, 맛, 감촉의 다섯 감각 대상에 대한 인식이 일어날 수 없습니다. 오직 숨의 표상을 아는 마음만이 지속될 뿐입니다. 그래서 다른 생각이 일어나거나 다른 대상으로 마음이 움직이면 선정이라 할 수 없습니다. '내가 지금 선정에 들었구나.' 하는 생각도 일어날 수 없습니다. 그런 생각이 들었다면 이미 선정이 깨진 상태입니다.

둘째, 선정 상태에서는 시간과 공간을 인식할 수 없습니다. 시간이나 공간에 대한 인식은 생각이 움직일 때만 일어납니다. 반면 색계 초선의 상태에서는 숨의 표상만을 알아차릴 뿐 생각이 전혀 움직이지 않으므로 시간이나 공간을 인식할 수 없습니다. 자신이 선정 상태에 얼마나 머물렀는지는 선정에서 출정한 후에나 알 수 있습니다. 다만 선정에 숙달된 사람은 선정에 드는 시간을 결정할 수 있습니다. 다시 말해서 선정에 들기 전의 '세 시간을 머물다가 출정하리라.'라고 결심한 후에 선정에 들면 세 시간 후에 선정에서 깨어날 수 있습니다.

셋째, 선정의 마음은 온몸과 마음이 희열과 행복으로 충만하여 지금 여기서 지극한 행복을 경험하게 됩니다. 이때 경험하는 행복은 장애를 내려놓음으로써 생긴 벗어남의 행복입니다. 이는 감각적 쾌락을 통해 얻는 행복과는 달리 고요하고 평온한 행복입니다.

끝으로 바른 삼매인 선정은 지혜가 바탕이 되어야 합니다. 『맛지마 니까야』의 「위대한 마흔 가지 경」을 비롯한 여러 경전에서 선정은 일곱 가지의 필수적인 요소가 있어야 한다고 설하셨습니다. 바로 팔정도 가운데 바른 삼매[정정]를 제외한 나머지 일곱 가지가 그것입니다. 이 중 특히 바른 견해가 중요합니다. 바른 견해를 갖추고 얻어진 선정은 단순한 집중과는 다릅니다. 부처님의 성도 전 스승이었던 알라라 깔라마는 무소유처라는 삼매에 들었을 때 옆으로 수레 오백 대가 지나가도 몰랐다고 할 정도로 깊은 집중을 얻었지만, 그 집중이 그를 깨달음으로 인도하지는 못했습니다. 하지만 팔정도에서 설하신 바른 삼매, 즉 선정은 바른 지혜가 생기게 하고 바른 해탈이 가능하게 합니다. 이것이 불교의 삼매와 외도의 삼매가 결정적으로 다른 점입니다. 불교에서 말하는 바른 삼매는 반드시 바른 견해를 바탕으로 얻어지고, 괴로움의 소멸로 인도하는 삼매를 말합니다.

위의 조건을 모두 만족하는 삼매를 색계 초선이라고 합니다. 반대로 위의 조건을 충족하지 않은 마음 상태는 색계 초선이 아님을 의미합니다. 선정을 얻고자 하는 욕망이 앞서면 진짜 선정이 아닌 마음 상태, 즉 지혜의 빛이 오래 유지되는 상태, 집중력이 상당히 좋아진 상태 정도를 선정이라 합리화하고 집착하면서 자신을 기만할 수 있습니다. 자신을 내세우고자 하는 '자만'이나, 결과만 얻고자 하는 '탐욕', 그렇게 해도 수행에 문제가 없다는 '그릇된 견해' 때문입니다. 이처럼 자신의 마음 상태를 기만하는 일은 장애를

오히려 자라게 할 뿐 진짜 선정을 얻는 일에 아무런 도움이 되지
않음을 명심해야 합니다.

선의 구성 요소와 네 가지 선정

색계 초선에 들기 위해서는 선의 다섯 구성 요소의 역할이 필수적
입니다.

첫째는 '마음의 하나 됨' 또는 '집중[ekaggatā, 定]'입니다. 집중
은 숨의 표상에만 집중하는 심리 작용입니다. 둘째는 '일으킨 생각
[vitakka, 尋]', 셋째는 '지속적 고찰[vicāra, 伺]'입니다. 일으킨 생각은
숨의 표상을 마음에 처음 떠올려 주는 심리 작용이고, 지속적 고찰
은 떠올린 숨의 표상을 지속하여 유지하는 심리 작용입니다. 넷째
는 '희열[pīti, 喜]', 다섯째는 '행복[sukha, 樂]'입니다. 선정은 장애를
완전히 내려놓고 숨의 표상과 하나가 된 마음이므로 선정에 들면
장애를 떨쳐 버림으로 인해 생긴 벗어남의 희열과 행복이 마음에
충만하게 됩니다.

이와 같은 일으킨 생각, 지속적 고찰, 희열, 행복, 집중의 다섯
구성 요소가 완전하게 계발된 상태가 색계 초선입니다. 이런 이유
로 이들을 '선의 다섯 구성 요소'라고 합니다. 선의 다섯 구성 요소
가 강력하게 계발될수록 색계 초선에 오랜 시간 머물 수 있습니다.
이런 색계 초선을 『맛지마 니까야』 「교리 문답의 긴 경」 등에서는
다음과 같이 설하고 있습니다.

"감각적 욕망을 완전히 떨쳐 버리고 해로운 법들을 떨쳐 버린 뒤, 일으킨 생각과 지속적인 고찰이 있고, 떨쳐 버렸음에서 생긴 희열과 행복이 있는 초선에 들어서 머문다."

색계 선정은 선의 구성 요소의 변화에 따라 네 가지, 즉 색계 초선, 색계 이선, 색계 삼선, 색계 사선으로 나누어 설명할 수 있습니다. 그럼 색계 초선을 얻은 수행자는 어떻게 색계 이선·삼선·사선으로 나아가게 되는지 간단히 살펴보겠습니다.

색계 초선을 얻은 수행자가 초선에 빨리 입정하고, 오래 머물고, 빨리 출정하고, 초선의 구성 요소에 대한 반조에 충분히 숙달된 후에는 색계 이선으로 나아갈 수 있습니다. 먼저 색계 초선에 충분히 숙달된 수행자는 초선에 입정한 후에 출정합니다. 그런 다음 '초선은 다섯 구성 요소가 있는데 그중에 일으킨 생각과 지속적 고찰로 인해 다시 생각이 움직여서 다섯 장애에 오염될 수도 있다. 또 일으킨 생각과 지속적 고찰은 나머지 세 가지 요소인 희열, 행복, 집중보다 고요하지 않다.'라고 초선의 단점을 조사합니다. 다시 말해서 다섯 구성 요소가 있는 초선보다 희열, 행복, 집중의 세 가지 구성 요소만이 있는 선정이 더 고요함을 숙고하고 조사합니다.

이렇게 '일으킨 생각과 지속적 고찰'이 있는 초선의 단점과 그것을 버리고 '희열, 행복, 집중'만 있는 선정의 장점을 조사한 후에

일으킨 생각과 지속적 고찰은 없고 희열, 행복, 집중만 있는 선정
에 들어가리라 결심합니다. 그런 다음 다시 선정에 들어가면 희열,
행복, 집중의 세 가지 구성 요소만이 있는 선정에 들 수 있습니다.
이것이 바로 색계 이선입니다. 색계 이선에 관해 경전에서는 다음
과 같이 설하고 있습니다.

> "일으킨 생각과 지속적 고찰을 가라앉혔기 때문에 내면
> 이 고요하고 마음이 단일한 상태이고, 일으킨 생각과 지
> 속적 고찰이 없고, 삼매에서 생긴 희열과 행복이 있는 이
> 선에 들어서 머문다."

또 색계 이선에 빨리 입정하고, 오래 머물고, 빨리 출정하고,
이선의 구성 요소에 대한 반조에 충분히 숙달되면 색계 삼선으로
나아갈 수 있습니다. 먼저 색계 이선에 충분히 숙달된 수행자는 이
선에 입정한 후에 출정합니다. 그런 다음 '이선은 세 가지 구성 요
소가 있는데 그중 희열로 인해 다시 일으킨 생각과 지속적 고찰이
일어날 수도 있다. 또 희열은 나머지 두 가지인 행복과 집중보다
고요하지 않다.'라고 이선의 단점을 조사합니다. 다시 말해서 세
가지 구성 요소가 있는 이선보다 행복과 집중의 두 가지 구성 요소
만이 있는 선정이 더 고요함을 숙고하고 조사합니다.

이렇게 '희열'이 있는 이선의 단점과 그것을 버리고 '행복과
집중'만 있는 선정의 장점을 조사한 후에 희열은 버리고 행복과 집

중만이 있는 선정에 들어가리라 결심합니다. 그런 다음 다시 선정에 들어가면 행복과 집중의 두 가지 구성 요소만이 있는 선정에 들수 있습니다. 이것이 바로 색계 삼선입니다. 색계 삼선에 관해 경전에서는 다음과 같이 설하고 있습니다.

> "희열이 빛바랬기 때문에 평온하게 머물고, 바르게 기억하고 바르게 알며 몸으로 행복을 경험한다. 성자들이 '평온하게 기억하며 행복하게 머문다.'라고 말하는 그러한 삼선에 들어서 머문다."

색계 삼선에 빨리 입정하고, 오래 머물고, 빨리 출정하고, 삼선의 구성 요소에 대한 반조에 충분히 숙달되면 색계 사선으로 나아갈 수 있습니다. 먼저 색계 삼선에 충분히 숙달된 수행자는 삼선에 입정한 후에 출정합니다. 그런 다음 '삼선은 두 가지 구성 요소로 이루어져 있는데 그중 행복으로 인해 다시 희열이 일어날 수도 있다. 또 행복한 느낌은 평온한 느낌보다 고요하지 않다.'라고 그 단점을 조사합니다. 다시 말해서 행복한 느낌과 집중의 두 가지 구성 요소가 있는 삼선보다 평온한 느낌과 집중의 두 가지 구성 요소가 있는 선정이 더 고요함을 숙고하고 조사합니다.

이렇게 '행복한 느낌과 집중'이 있는 삼선의 단점과 그것을 버리고 '평온한 느낌과 집중'만 있는 선정의 장점을 조사한 후에, 행복한 느낌을 버리고 평온한 느낌과 집중만이 있는 선정에 들어가리라 결심합니다. 그런 다음 다시 선정에 들어가면 평온한 느낌과 집중의 두 가지 구성 요소만이 있는 선정에 들 수 있습니다. 이것이 바로 색계 사선입니다. 색계 사선은 경전에서 다음과 같이 설하고 있습니다.

"행복도 버리고 괴로움도 버리고 이전에 기쁨과 슬픔을 없앴기 때문에, 괴롭지도 행복하지도 않고 평온하게 기억하며 마음이 청정한 사선에 들어서 머문다."

색계 네 가지 선정 가운데 사선은 선정에 들어 있는 동안 들숨과 날숨이 멈출 정도로 마음이 매우 청정하고, 고요하며, 평온하고, 집중되어 있습니다. 따라서 색계 사선에서 출정했을 때의 마음 상태가 깨달음의 지혜가 일어날 수 있는 최적의 조건이 됩니다. 실제 부처님도 색계 사선을 얻으신 후 선정 상태에 대한 반조를 통해 깨달음의 지혜가 일어나 정각을 이루셨습니다.

이처럼 색계 사선을 활용하여 지혜를 계발하면 깨달음을 실현할 수 있습니다. 물론 경전에서는 색계 사선뿐만 아니라 색계 초선·이선·삼선을 기반으로도 깨달음에 이를 수 있음을 설하고 있습니다. 단지 색계 사선이 최적으로 조건임을 강조하는 것뿐입니다.

참고로 지금까지 설명한 색계 네 가지 선정을 기반으로 무색계 네 가지 선정, 즉 공무변처, 식무변처, 무소유처, 비상비비상처도 계발할 수 있습니다. 하지만 무색계 선정은 이 책의 범위를 넘어서므로 여기서는 생략하겠습니다.

선정의 이익

호흡 수행을 통해 색계 선정을 얻으면 어떤 이익이 있는지 살펴보겠습니다.

첫째, 선정 후의 반조를 통해 깨달음을 얻어 괴로움을 소멸할 수 있습니다. 선정에 들면 선정에 있는 시간 동안 다섯 장애가 완전히 사라지므로 청정하고, 고요하며, 집중된 마음으로 머물게 됩니다. 그래서 선정에서 출정하더라도 선정의 관성으로 인해 오랜 시간 동안 집중되고, 오염원이 없으며, 깨끗하고, 순수하고, 밝고, 부드럽고, 적합한 마음 상태가 그대로 유지되어 현상의 실상을 있는 그대로 꿰뚫어 볼 수 있는 최적의 상태가 됩니다.

이를 기반으로 선정에 들었을 때 '나라는 존재'의 실상을 조사해 보면 '나라는 존재'의 유일한 후보는 숨의 표상을 아는 마음과 마음이 의지하고 있는 몸임을 알 수 있습니다. 다시 말해서 '나라는 존재'의 실상은 선정을 이루는 물질과 정신 또는 다섯 무더기, 즉 물질·느낌·인식·형성·의식 무더기임을 알 수 있습니다. 더 나아가 선정을 이루는 다섯 무더기는 조건에 의해 형성되었으므로 무상하고, 괴로움이며, 나, 나의 것, 나의 자아가 아닌 무아임을 꿰뚫어 아는 지혜가 생깁니다. 이때의 지혜는 아주 청정하고 고도로 집중된 마음을 기반으로 생겼으므로 아주 예리하고 강력합니다. 그래서 이와 같은 선정 후의 반조를 통해 '나라는 존재'에 대한 탐욕을 모두 내려놓고 깨달음의 지혜가 일어나서 괴로움을 소멸할 수 있습니다. 부처님께서는 『쌍윳따 니까야』의 「동쪽으로 흐름 경」 등에서 다음과 같이 설하셨습니다.

> "강가 강이 동쪽으로 향하고 동쪽으로 흘러가듯이, 비구 가 네 가지 선정을 닦으면 그는 열반으로 흐르고 열반으 로 향하고 열반으로 들어간다."

이것이 선정을 계발하여 얻을 수 있는 가장 중요한 이익입니다. 이에 관하여 『앙굿따라 니까야』의 「선禪경」에서는 다음과 같이 설하고 있습니다.

> "아난다여, 여기 비구는 감각적 욕망을 완전히 떨쳐 버리고 해로운 법들을 떨쳐 버린 뒤, 일으킨 생각과 지속적 고찰이 있고, 떨쳐 버렸음에서 생긴 희열과 행복이 있는 초선을 갖추어 머문다. 그는 거기서 일어나는 물질이건 느낌이건 인식이건 형성들이건 의식이건 그 모든 법을 무상이라고 괴로움이라고 병이라고 종기라고 화살이라고 재난이라고 질병이라고 남이라고 부서지기 마련인 것이라고 공한 것이라고 무아라고 바르게 관찰한다. 그는 이런 법들에서 마음을 돌려버린다. 이런 법들에서 마

음을 돌린 뒤 불사不死의 경지로 마음을 향하게 한다. '이 것은 고요하고 뛰어나다, 이것은 모든 형성된 것들의 가라앉음이요, 모든 재생의 근거를 놓아버림이요, 갈애의 소진이요, 탐욕의 빛바램이요, 소멸이요, 열반이다.'라고 그는 여기서 확고하게 머물러 번뇌의 소멸을 얻는다."

둘째, 지금 여기서 최상의 행복을 경험할 수 있습니다. 수행자는 선정에 들면 감각적 욕망 등의 장애가 완전히 버려짐으로써 생긴 지극한 행복을 경험하게 됩니다. 이런 행복을 수행에 활용하면 힘든 수행의 과정에서도 행복한 마음으로 수행할 수 있습니다. 마치 무더운 날 물속에 있으면 시원하듯이. 그래서 부처님이 올바른 수행은 처음도 좋고, 중간도 좋고, 끝도 좋다고 말씀하신 것입니다.

셋째, 신통을 계발할 수 있습니다. 부처님께서는 색계 사선을 바탕으로 신통을 얻을 수 있다고 설하셨습니다. 다시 말해서 색계 사선을 기반으로 신통을 계발한다면 원하는 대로 신통 변화를 할 수 있는 신족통神足通, 다른 존재의 마음을 아는 타심통他心通, 원하는 소리는 모두 들을 수 있는 천이통天耳通, 전생을 기억하는 숙명통宿命通, 중생들이 업에 따라 태어나는 곳을 아는 천안통天眼通의 다섯 세속적인 신통과 모든 번뇌를 소멸하는 누진통漏盡通과 같은 출세간의 신통을 얻을 수 있습니다. 특히 누진통은 모든 번뇌를 소멸하는 최상의 신통으로 깨달음을 의미합니다. 그래서 여섯 가지 신통 중에 누진통이 가장 중요합니다.

넷째, 현생에 깨달음을 얻지 못하더라도 선정을 얻은 사람은 매우 강한 선한 업을 쌓게 되므로 선처에 태어날 수 있습니다. 특히 죽음을 맞이할 때 색계 선정에 들어서 죽으면 색계 존재로 태어날 수 있고, 죽음을 맞이할 때 무색계 선정에 들어서 죽으면 무색계 존재로 태어날 수 있습니다.

이처럼 선정을 얻는 것은 아주 많은 이익이 있습니다. 이와 같은 이유로 부처님께서 선정을 계발하라고 설하신 것입니다.

7장.
지혜의 성숙

지금까지 중도 수행에 대하여 설명했습니다. 다시 말해서 호흡 수행, 걷기 수행, 일상 수행의 조화를 통해서 바른 삼매를 계발하고, 바른 삼매를 기반으로 바른 지혜를 계발하는 방법에 대하여 살펴보았습니다. 이와 같은 방법으로 중도 수행을 닦다 보면 삼매도 강해지지만, 더불어 지혜도 점차 성숙해 갑니다. 앞서 삼매가 점차 성장하여 몰입 삼매인 선정에 드는 과정에 대하여는 살펴보았으므로 이 장에서는 중도 수행을 통해 지혜가 성숙해 가는 큰 흐름과 지혜가 완전히 성숙했을 때 생기는 깨달음의 지혜에 대해 알아보겠습니다.

지혜가 성숙해 가는 과정은 크게 물질과 정신에 대한 지혜, 조건에 대한 지혜, 무상·고·무아에 대한 지혜, 염오의 지혜, 이욕의 지혜, 해탈의 지혜로 나눌 수 있습니다. 이들에 대하여 좀 더 자세히 살펴보겠습니다.

물질과 정신에 대한 지혜

중도 수행에서 '생각 없이 알아차리기', 즉 '지켜보기'를 통해 '다섯 감각 대상'과 '나머지 물질' 그리고 '느낌', '마음', '법(장애와 깨달음의 구성 요소)'을 알아차리면 몸, 느낌, 마음, 법을 있는 그대로 꿰뚫어 아는 직관지가 계발됩니다. 더 나아가 지켜보기 후의 '법 따라 조사하기', 즉 '반조'를 통해 몸, 느낌, 마음, 법의 실상을 파악하는 지혜인 반조지도 계발됩니다. 다시 말해서 몸, 느낌, 마음, 법에 대한 조사를 통해 그것들의 실상은 다섯 무더기 또는 물질과 정신이라는 반조의 지혜가 계발됩니다.

예를 들면 걷기 수행을 닦을 때 발걸음의 움직임, 발의 촉감, 움직이는 마음, 장애 등의 현상을 있는 그대로 알아차릴 수 있습니다. 이렇게 수행한 후에 자신이 경험한 현상들의 실상을 조사해 보면 발걸음의 움직임의 실상은 바람의 요소이고, 발의 촉감의 실상은 땅의 요소이거나 불의 요소이거나 물의 요소이고, 움직이는 마음의 실상은 욕망이 있는 마음, 성냄이 있는 마음 등이라고 꿰뚫어 아는 반조지가 생깁니다. 이렇게 지켜보기와 반조를 통해 중도 수행 중에 경험하는 모든 현상의 실상은 물질과 정신일 뿐이라는 지혜가 계발됩니다.

이와 같은 지혜를 통해 '나라는 존재'의 실상도 역시 다섯 무더기 또는 물질과 정신임을 꿰뚫어 알 수 있습니다. 그러면 사람들이 '나'라거나 '영혼'이나 '중생'이라고 인식하고 집착하던 것이 실제로는 다섯 무더기의 결합일 뿐임을 이해하게 됩니다. 이에 대하여 『쌍윳따 니까야』의 「와지라 경」에서 다음과 같이 설하고 있습니다.

> "왜 그대는 '중생'이라고 상상하는가? 마라여, 그대는 견해에 빠졌는가? 단지 형성된 것의 무더기일 뿐 중생이라 할만한 것들을 찾을 수 없도다. 마치 부품들이 조립된 것이 있을 때 '마차'라는 이름이 있는 것처럼, 무더기들이 있을 때 '중생'이라는 인습적 표현이 있을 뿐이로다."

이처럼 중도 수행을 통해 세상의 모든 것은 물질과 정신일 뿐이라는 지혜가 계발됩니다.

조건에 대한 지혜

물질과 정신에 대한 지혜가 생긴 후에 한 걸음 더 나아가 물질과 정신이 일어나는 원인을 반조하고 조사함으로써 물질과 정신의 조건에 대한 지혜를 계발할 수 있습니다. 다시 말해서 "이것이 있으므로 저것이 있고, 이것이 없으면 저것도 없다."라는 연기의 지혜를 계발할 수 있습니다. 이를 위해서는 먼저 물질과 정신의 일어남[udaya, 生]을 조사해야 합니다. 다시 말해서 '물질과 정신이 일어나게 한 원인은 무엇인가?' 또는 '현재의 물질과 정신을 조건으로 어떤 결과가 일어나는가?' 등에 관하여 숙고하고 조사할 수 있습니다. 이에 대하여 『디가 니까야』 「마할리 경」 등에서는 다음과 같이 간단히 설하고 있습니다.

"나의 이 몸은 물질로 된 것이고 네 가지 근본 물질로 이루어진 것이며, 부모에서 생겨났고 밥과 죽으로 집적되었으며, 무상하고 파괴되고 분쇄되고 해체되고 분해되기 마련이다. 그런데 나의 이 의식은 여기에 의지하고 여기에 묶여 있다."

이와 같은 경전의 가르침을 토대로 물질과 정신이 일어나는 원인을 좀 더 자세히 살펴봅시다. 먼저 물질은 업業, 마음, 열[온도], 음식 등을 조건으로 일어납니다. 열로 인한 온도에 의해 물질의 변화가 일어나는 무정물과 달리 생명체의 경우 이생에 처음 태어날 때의 몸은 업을 조건으로 생겨납니다. 하지만 태어난 후에는 자신이 지은 업, 음식과 기후, 자신의 마음 상태, 외부의 물질 등을 조건으로 몸의 변화가 일어납니다. 또 정신은 접촉, 이전에 일어난 마음 상태 등을 조건으로 일어납니다. 특히 눈과 형색, 귀와 소리, 코와 냄새, 혀와 맛, 몸과 촉감, 마음과 법의 접촉을 조건으로 눈 의식, 귀 의식, 코 의식, 혀 의식, 몸 의식, 마음 의식이 일어납니다.
　이렇게 물질과 정신이 일어나는 원인을 반조하고 조사함으로써 물질과 정신이 여러 조건을 의지해서 일어난다는 '조건에 대한 지혜' 또는 '연기에 대한 지혜'를 계발할 수 있습니다.

물질과 정신의 일어남을 조사했다면 그것들의 소멸[vaya, 滅]에 대하여도 조사할 수 있습니다. 물질과 정신의 사라짐을 관찰하는 것은 곧 조건의 소멸 또는 연기의 소멸을 관찰하는 것입니다. 다시 말해서 물질과 정신은 여러 가지 조건들을 의지해서 일어났으므로 조건들이 사라지면 물질과 정신도 사라질 수밖에 없음을 꿰뚫어 알 수 있습니다. 그러면 물질과 정신이 무상하고, 괴로움이며, 무아임을 통찰할 수 있습니다(이에 대하여는 잠시 후에 설명하겠습니다). 이처럼 조건에 대한 지혜 또는 연기에 대한 지혜가 생기면 바른 견해를 확립하여 그릇된 견해를 버릴 수 있습니다.

일반적으로 사람들은 두 가지 극단적인 견해를 가지고 있습니다. 하나는 자아라는 실체가 있어서 영원히 존재한다는 견해인 상견常見이고, 다른 하나는 죽으면 모든 것이 소멸하고 끝이라고 생각하는 견해인 단견斷見입니다. 이 두 가지가 사람들이 가지는 대표적인 그릇된 견해입니다. 그렇지만 부처님께서는 '세상의 모든 것은 조건을 의지해서 일어나고 조건이 없어지면 사라진다.'라고 양극단에 빠지지 않은 중간[中]의 가르침인 연기를 설하셨습니다.

이 연기의 가르침에서 '조건이 없으면 사라진다'라는 말은 상견을 부정합니다. 왜냐하면 영원한 자아가 있다면 조건과 무관하게 항상 존재해야 하는데 '조건이 바뀌면 사라진다'라는 말은 영원성을 부정하기 때문입니다.

다음으로 '조건을 의지해서 일어난다'라는 말은 단견을 부정합니다. 왜냐하면 아무리 죽으면 끝이라고 주장하더라도 무명과 갈애라는 조건이 남아 있으면 업을 짓게 되고, 업이 있으면 다시 태어나기 때문에 죽으면 끝이라는 말은 성립하지 않기 때문입니다.

이처럼 세상의 모든 현상, 즉 물질과 정신 또는 다섯 무더기가 조건을 의지해서 일어난다는 연기를 이해하면 바른 견해가 계발되고, 바른 견해가 생기면 대표적인 그릇된 견해인 상견과 단견을 버릴 수 있습니다.

무상, 고, 무아의 지혜

조건에 대한 지혜가 생겨서 모든 현상이 '조건을 의지해서 일어나고 조건이 없어지면 사라진다'는 것을 꿰뚫어 알게 되면 이 세상의 모든 현상, 즉 물질과 정신, 곧 다섯 무더기는 조건에 의해 형성되었으므로 조건이 없어지면 사라진다는 무상의 지혜가 생기게 됩니다. 무상인 것은 영원하지 않으므로 불확실하고 불만족스러움을 의미합니다. 현재 마음이 아무리 행복해도 언젠가 행복이 사라지고 괴로움이 일어날 수밖에 없으며, 현재 몸이 아무리 건강해도 결국 늙고 병들고 죽는 일은 피할 수 없습니다. 이렇게 무상한 현상들은 불확실하고 불만족스러운 속성이 있으므로 그 실상은 '괴로움'이라 하는 것입니다.

　또 무상하고 괴로움인 현상들을 전적으로 내 마음대로 통제할 수 없습니다. 무상인 것을 '사라지지 말라.'라고 제어할 수 없으며 괴로움인 것을 '괴로움이여! 일어나지 말라.'라고 제어할 수 없습니다. 이처럼 무상하고 괴로움인 현상들을 통제하고 주재할 수 있는 '자아', '영혼', '진아'는 없으므로 무상하고 괴로움인 현상들은 무아입니다. 이같이 조건에 대한 지혜가 생기면 물질과 정신이 무상하고, 괴로움이며, 무아라는 '삼법인의 지혜'가 생깁니다. 이러한 삼법인의 지혜는 불교에서 매우 중요합니다.

　삼법인의 지혜, 즉 세상의 모든 현상(물질과 정신)은 무상하고, 괴로움이며, 무아라는 지혜는 괴로움의 성스러운 진리[고성제]에 대한 지혜를 의미합니다. 또 괴로움의 일어남의 성스러운 진리[집성제]인 갈애는 고성제를 모르는 어리석음을 조건으로 일어납니다. 다시 말해서 물질과 정신은 무상한데 영원하다고, 괴로움인데 행복이라고, 무아인데 자아가 있다고 잘못 아는 어리석음을 조건으로 물질과 정신에 대한 갈애가 일어나고, 그로 인해 괴로움이 일어납니다. 그래서 고성제의 지혜, 즉 삼법인의 지혜가 생기면 어리석음이 사라지고, 어리석음이 사라지면 갈애가 버려져서 괴로움의 소멸의 성스러운 진리[멸성제]를 실현할 수 있습니다. 이처럼 삼법인의 지혜를 통해 갈애를 버리고 괴로움의 소멸을 실현할 수 있는 것입니다. 이러한 이유로 삼법인의 지혜가 생기는 일은 불교의 수행에서 아주 중요합니다.

이와 같은 삼법인의 지혜가 성숙하는 것과 해로운 마음이 버려지는 것은 비례한다고 할 수 있습니다. 삼법인의 지혜가 더 강해지면 물질과 정신에 대한 탐욕을 포기하고 멀어지기 시작하는 염오의 지혜가 생기고, 염오의 지혜가 더 강해지면 탐욕을 완전히 버리는 이욕의 지혜가 생기면서 해로운 마음을 완전히 소멸하고 괴로움의 소멸을 실현할 수 있습니다.

그러면 이와 같은 지혜가 생기고 성숙하는 데 가장 강력한 조건은 무엇일까요? 그것은 바른 삼매, 즉 선정입니다. 중도 수행, 즉 일상 수행 그리고 걷기 수행과 호흡 수행을 통해 지켜보기와 반조를 조화롭게 실천하면 바른 삼매, 즉 선정을 계발할 수 있습니다.

선정은 감각적 욕망과 성냄 등의 장애를 철저히 내려놓아야 얻을 수 있으므로 선정의 마음은 청정하고, 또렷하며, 고요하고, 집중되어 있습니다. 그러므로 선정에서 출정하더라도 선정의 관성으로 인해 선정에 든 시간에 비례하여 청정하고, 또렷하며, 고요하고, 집중된 마음이 지속됩니다. 이러한 마음을 기반으로 '선정에 든 마음과 마음이 의지하고 있는 몸', 즉 선정을 이루고 있는 다섯 무더기가 조건에 의해 형성되었으므로 무상하고, 괴로움이며, 무아임을 통찰하면 염오의 지혜, 이욕의 지혜가 계발되어 해로운 마음을 소멸하고 괴로움의 소멸을 실현할 수 있습니다.

이처럼 선정을 기반으로 반조하고 조사함으로써 삼법인의 지혜, 염오의 지혜와 이욕의 지혜를 계발하여 해로운 마음을 제거하고 괴로움의 소멸을 실현할 수 있습니다.

경계에 속지 말라

물질과 정신 또는 다섯 무더기가 조건에 의해 형성되었으므로 무상하고, 괴로움이며, 무아임을 통찰하는 삼법인의 지혜가 생길 때는 지혜가 상당히 성숙한 때입니다. 이때 깨달음으로 착각할 수 있는 여러 가지 경계들이 많이 나타납니다. 소위 '도고마성道高魔盛'이라 하여, 수행의 경지가 높아지면 높아질수록 수행을 방해하는 마군魔軍, 곧 경계들도 많아집니다. 대표적인 예로 지혜의 빛을 들 수 있습니다. 지혜의 빛은 장애가 사라지면서 마음이 환하게 밝아지는 현상을 말합니다. 수행의 정도에 따라 방 전체가 밝아지거나 자신이 수행하는 절 전체가 밝아지거나 동네 전체가 밝아질 수도 있습니다. 이때 어리석은 사람이나 스승 없이 혼자 수행하는 사람은 이런 빛을 깨달음이라고 생각하기 쉽습니다. 자신이 깨달음을 얻은 성자라고 생각하는 사람은 더 수행하지 않습니다.

과거 마하나가라는 장로 스님이 있었습니다. 이분의 제자 중에 담마딘나라는 스님이 있었는데 지혜가 아주 뛰어난 아라한이었습니다. 그런데 은사 스님을 관찰해 보니 아라한이 아닌데 스스로 아라한이라고 생각하는 것이었습니다. 앞서 말한 지혜의 빛을 깨달음이라고 생각하고 계신 것이었습니다. 그래서 제자는 은사 스님에게 가서 진리의 법에 관한 여러 가지 질문을 했습니다. 하지만 천 가지 질문을 해도 모두 능숙하게 대답하니 이론으로는 도저히 결론이 나지 않았습니다. 그래서 제자는 은사스님에게 "아주 사나운 코끼리가 은사스님을 향해 달려오는 모습을 신통으로 만들 수 있습니까?"라고 물었습니다. 은사 스님은 신통이 능숙하신 분이었으므로 어렵지 않게 제자가 말한 대로 했습니다.

그런데 코끼리가 자신을 향해 무서운 기세로 달려오는 모습을 본 순간 그의 마음에는 엄청난 두려움이 일었습니다. 코끼리에게 죽임을 당할까 봐 두려워 도망을 치려는 찰라, 제자가 스승의 손을 잡고 물었습니다.

"번뇌가 다 사라진 아라한에게도 두려움이 있습니까?"

스승은 자신에게 두려움이 일어나는 것을 보고 그제야 자신이 깨달음을 얻지 못했음을 알게 되었다고 합니다.

수행도 완성되고 번뇌도 없다고 생각했지만, 죽음이라는 극한 상황 앞에서 그만 잠재된 두려움이 드러난 것입니다. 두려움은 성냄의 일종이므로 두려움이 일어난다는 것은 번뇌를 소멸하지 못했음을 의미합니다. 자신의 상태를 분명하게 알게 된 그 스님은 아라한이었던 제자의 도움으로 열심히 수행하여 결국 아라한이 되었습니다.

이렇게 마음에 광명이 나타나는 것 외에도 다양한 경계가 나타날 수 있습니다. 바른 기억이 강력해져서 저절로 알아차림이 이어지거나, 이전에 이해되지 않던 것들을 모두 알 것 같다거나, 마음이 너무 편안해지거나, 신심이 강력해지거나, 마음에 희열과 행복이 충만해지거나, 불퇴전不退轉의 강한 정진이 생기거나, 어느 한쪽에 치우치지 않는 중립적인 평온한 마음이 생기는 등의 여러 가지 순경계들이 나타날 수 있습니다. 이때 수행자는 이러한 상태에 대해 집착이 생길 수 있습니다. 그러나 이런 경계들이 나타났을 때 이것들이 수행의 최종 목적인 괴로움의 소멸을 실현한 상태인지 냉철하게 살펴보아야 합니다.

만약 탐욕, 성냄, 어리석음이 여전히 남아 있다면 이런 경계들은 수행 과정에서 나타나는 하나의 현상일 뿐 깨달음이 아님을 분명히 이해하고 그것에 집착을 일으켜서는 안 됩니다. 이런 경계들을 깨달음이라고 착각하면 지혜가 더 성숙하지 못하고 오히려 퇴보합니다. 이런 경계들이 나타나더라도 이것은 조건 따라 일어났다가 사라지는 현상들일 뿐이므로 변하는 것이고, 괴로운 것이며, 나, 나의 것, 나의 자아라고 할 만한 대상이 없음을 알아야 합니다. 이를 이해하면 수행 중에 나타나는 경계에 대한 미세한 집착을 버릴 수 있습니다. 이와 같은 경계들이 나타나더라도 이런 경계들조차도 무상하고, 괴로움이며, 무아임을 통찰하여 집착하지 않으면, 삼법인의 지혜는 더욱 성숙해집니다. 그러므로 이런 경계들이 나타나더라도 속지 말아야 합니다.

요즘에는 며칠 만에 깨달음을 얻게 해 준다고 유혹하는 수행 프로그램들도 있는데 이것은 현실적으로 불가능한 일입니다. 깨달음은 그 조건이 성숙했을 때 일어납니다. 그리고 지혜가 성숙하기 위해서는 충분한 시간이 필요합니다. 아직 지혜가 충분히 성숙하지 않아 해로운 마음이 완전히 버려지지 않은 상황에서 깨달음이 일어날 수는 없습니다. 경전에서도 부처님께서는 탐욕, 성냄,

어리석음의 완전한 소멸이 열반이라고 누누이 말씀하셨습니다.

만약 어떤 경계를 체험하고 자신이 깨달았다고 생각한다면 스스로 반조하고 조사하여 해로운 마음이 자신에게 정말 소멸하였는지를 확인해 보아야 합니다. 여전히 해로운 마음이 일어나는데 깨달음을 실현하는 것은 불가능합니다. 그러니 해로운 마음을 완전히 소멸하기 전까지는 수행의 과정에서 나타나는 경계에 현혹되지 말고 그것이 지나가는 하나의 현상임을 꿰뚫어 보아 집착하지 말아야 합니다. 그래야 수행이 퇴보하지 않고 점점 향상되어 결국 열반을 실현할 수 있습니다.

염오의 지혜

염오는 'nibbidā'의 번역으로 이는 문자적으로 '역겨움', '싫어함'을 의미해 중국에서 '염오厭惡'로 번역한 것입니다. 염오의 지혜는 삼법인의 지혜가 성숙할 때 생깁니다. 다시 말해서 세상의 모든 현상, 즉 물질과 정신이 조건 따라 일어났다가 조건 따라 사라진다는 연기에 대한 이해가 깊어지면 무상, 고, 무아에 대한 지혜가 성숙해지고 깊어집니다. 이렇게 물질과 정신 현상들이 무상하고, 괴로움이며, 무아라는 지혜가 깊어지면 조건에 의해 형성된 모든 현상은 변하기 마련이므로 안전하지 않고 위험하다고 관찰하는 '위험의 지혜' 그리고 물질과 정신 현상들이 위험하므로 그것들이 역겨움의 속성이 있음을 통찰하고 넌더리를 치면서 그것들을 멀리하고자 하는 '염오의 지혜'가 생깁니다. 염오의 지혜는 위험의 지혜가 성숙한 것을 말하므로 사실 두 가지는 이름만 다를 뿐 같은 지혜라고 보아도 무방합니다.

이렇게 염오의 지혜는 물질과 정신의 현상들이 집착할만한 가치가 없음을 분명히 통찰하여 그것들에 집착했던 마음을 포기하고, 그것들에 대한 집착에서 멀어지게 합니다. 마치 새의 깃털이 불에 가까이 가면 즉시 움츠러드는 것처럼. 이와 같은 염오의 지혜는 불교의 수행에서 아주 중요한 지혜입니다. 왜냐하면 염오의 지혜를 통해 물질과 정신 현상들에 대한 집착을 완전히 소멸하는 '이욕의 지혜'가 생기기 때문입니다.

예를 들어 붓다의 호흡 수행 등을 통해 선정을 얻은 수행자는 선정에서 나온 뒤 선정 상태를 이루고 있었던 몸과 마음의 현상들이 무상하고, 괴로움이며, 나의 것, 나, 나의 자아가 아님을 반조하고 조사합니다. 그러면 물질과 정신 현상들에 대한 염오의 지혜가 생기고, 더 나아가 현상에 대한 집착을 버리는 이욕의 지혜가 생길 수 있습니다. 이같이 선정에서 출정한 후의 반조를 통해 염오의 지혜와 같이 강한 지혜가 계발되고, 더 나아가 이욕의 지혜가 생기게 하여 깨달음을 실현할 수 있습니다.

끝으로 염오의 지혜에 관해 주의할 점이 있습니다. 많은 사람이 염오의 지혜와 성냄을 혼동합니다. 이것은 '염오'라는 용어가 '역겨움', '싫어함'이라는 부정적인 의미를 담고 있기 때문이라고 생각됩니다. 하지만 염오의 지혜는 물질과 정신 현상은 '역겹고 불만족스러운' 속성이 있다는 사실을 있는 그대로 꿰뚫어 보는 지혜를 말하는 것이지 현상들을 '역겨워하고 싫어하는' 성냄을 뜻하는 용어가 아니라는 점을 잊지 말아야 합니다.

이욕의 지혜

염오의 지혜가 성숙할수록 물질과 정신 현상들에 대한 탐욕이 빛바래게 되고, 탐욕이 빛바래면 성냄도 빛바래지므로 나중에는 어떠한 물질과 정신 현상과 접촉하더라도 집착하거나 싫어하지 않고 모자라거나 치우침이 없이 평온하게 받아들이는 '평온[upekkhā]의 지혜'가 생깁니다. 평온의 지혜는 무상, 고, 무아의 삼법인에 대한 지혜가 절정에 이른 상태라고 할 수 있습니다. 이와 같은 평온의 지혜가 성숙할수록 모든 물질과 정신 현상에 대해 치우침이 없는 균형 있는 마음이 되어 세상의 모든 현상, 즉 물질과 정신이 영원하다거나 행복이라거나 나의 것, 나, 나의 자아라고 생각하지 않습니다. 더 나아가 물질과 정신 또는 다섯 무더기는 위험하고 역겨운 속성이 있음을 분명히 이해하고, 물질과 정신에 대한 집착과 성냄을 내려놓아 물질과 정신을 평온하게 볼 수 있게 됩니다.

이와 같은 평온의 지혜가 완전히 성숙했을 때 물질과 정신 또는 다섯 무더기에 대한 집착을 완전히 소멸하는 지혜가 생기는데 이를 깨달음의 지혜인 '이욕의 지혜'라고 합니다. 이렇게 세상의 모든 현상, 즉 물질과 정신에 대한 평온의 지혜가 완전히 성숙했을 때, 마치 다 익은 감이 저절로 땅에 떨어지듯이 자연스럽게 모든 욕망은 빛바래게 되고, 내려놓고, 소멸하는 이욕의 지혜가 일어납니다. 그런데 평온의 지혜가 절정에 달한 사람에게 스승이 의도적으로 법문을 통해 자극을 주면 더 빨리 깨달음이 일어날 수도 있습니다. 마치 병아리가 알에서 깨어나려 할 때 어미 닭이 밖에서 쪼아 주면 쉽게 알을 깨고 나오는 것처럼. 말 그대로 언하돈오言下頓悟가 가능한 것입니다. 이처럼 평온의 지혜는 깨달음이 일어나기 직전의 지혜, 보통 사람과 성인의 분기점에 있는 지혜라고 할 수 있습니다.

하지만 번뇌가 죽 끓듯 하는 사람에게는 이런 일이 일어날 수 없습니다. 부처님께서는 연기의 가르침을 통해 조건이 성숙해야 결과가 일어난다고 설하셨습니다. 지혜가 성숙하지 않은 중생은 부처님이 아니라 부처님보다 더 위대한 사람이 와도 깨닫게 할 수는 없습니다. 이 점을 잊지 말고 명심해야 합니다. 그래서 깨달음의 지혜인 이욕의 지혜가 생기기 위해서는 반드시 선행되어야 할 조건이 있습니다. 물질과 정신을 파악하는 지혜, 조건에 대한 지혜, 무상·고·무아의 지혜, 즉 제행무상諸行無常, 일체개고一切皆苦, 제법무아諸法無我의 지혜가 반드시 선행되어야 합니다. 이러한 삼법인은 깨달음의 지혜를 실현하는 열쇠입니다. 삼법인의 지혜가 성숙하면 염오의 지혜와 평온의 지혜가 일어나고, 평온의 지혜가 절정에 이르면 깨달음의 지혜인 이욕의 지혜가 생깁니다. 이욕의 지혜가 생기면 탐욕, 성냄, 어리석음을 완전히 제거하고 괴로움을 소멸하여 해탈을 실현할 수 있습니다.

해탈의 지혜

지금까지 살펴본 것들이 중도 수행을 통해 지혜가 성숙하는 과정입니다. 요약하면 다음과 같습니다.

우선 좋은 스승을 친견하고 바른 법에 대한 법문을 들어야 합니다. 이를 통해 바른 견해가 갖추어집니다. 다음은 악행을 짓지 않도록 계율을 청정하게 잘 지켜야 합니다.

이후 중도 수행, 즉 호흡 수행, 걷기 수행, 일상 수행을 조화롭게 실천하다 보면 지혜가 생기면서 장애가 내려놓아지게 됩니다. 그러면 찰나 삼매, 근접 삼매, 몰입 삼매 등의 바른 삼매가 생기고, 그 삼매를 바탕으로 다섯 무더기를 반조하고 조사함으로써 물질과 정신 또는 다섯 무더기에 대한 지혜, 물질과 정신의 조건에 대한 지혜가 생깁니다. 조건에 대한 지혜가 생기면, 모든 물질과 정신 현상이 조건이 있으면 일어나고, 조건이 없으면 사라진다는 사실을 명확히 통찰함으로써 물질과 정신이 무상하고, 괴로움이며, 무아라는 삼법인에 대한 지혜가 생깁니다.

이와 같은 삼법인의 지혜가 성숙하면 물질과 정신 현상이 역겹고 불만스러운 속성이 있음을 통찰하여 그것에 대한 집착을 멀리하는 염오의 지혜가 생기고, 염오의 지혜가 성숙하면 모든 현상을 집착하지도 싫어하지도 않고 치우침이 없이 평온하게 보는 평온의 지혜가 생깁니다. 이는 세속적 지혜의 절정이고 깨달음의 실현으로 인도하는 지혜입니다. 평온의 지혜가 깊어질 때 깨달음의 지혜인 이욕의 지혜가 일어나 모든 해로운 마음을 버리고 괴로움에서 완전히 벗어나게 됩니다. 이와 같은 사실을 반조하고 조사하면서 자신이 해로운 마음과 괴로움에서 완전히 해탈했음을 통찰하는 지혜가 해탈의 지혜입니다. 이런 해탈의 지혜가 생기는 것이 중도 수행의 목적지이고 종착점입니다.

8장.
깨달음의 지혜

중도 수행은 괴로움의 소멸로 인도하는 유익한 마음을 계발함으로써 괴로움이 일어나게 하는 해로운 마음을 버리고 괴로움의 소멸을 실현하는 수행입니다. 그런데 모든 해로운 마음은 어리석음을 조건으로 일어나고, 지혜의 힘으로 어리석음을 버릴 수 있으므로 중도 수행을 통해 지혜가 성숙할수록 해로운 마음을 많이 내려놓을 수 있습니다. 그러다가 지혜가 완전하게 무르익으면 해로운 마음을 완전히 내려놓고 괴로움을 소멸하여 완전한 행복을 실현하게 됩니다. 이렇게 중도 수행에서 수행의 향상은 지혜의 향상과 비례하므로 불교의 수행에서 지혜는 가장 중요합니다.

세간의 지혜

불교의 수행에서 지혜는 크게 두 가지로 나눌 수 있습니다. 하나는 깨달음의 토대가 되는 세간의 지혜이고, 다른 하나는 해로운 마음을 소멸하여 깨달음이 일어나게 하는 출세간의 지혜입니다. 이 중에 세간의 지혜는 단지 일시적으로만 해로운 마음을 버릴 수 있습니다. 예를 들어 조용한 절이나 수행 센터에서 수행할 때는 마음이 고요하고 청정해지는 듯한데, 집에 돌아가면 원래대로 되돌아가는 경우를 많이 경험해 보셨을 것입니다. 이때 생긴 지혜는 일종의 세간의 지혜인데 이것은 해로운 마음을 일시적으로만 버릴 수 있기 때문입니다. 수행처에서 스승의 지도를 받으며 도반들과 함께 수행할 때도 마찬가지입니다. 그때 세간의 지혜가 생겨 마음이 맑고 깨끗해지지만 삶의 현장으로 돌아가 번거로운 일상의 자극을 자주 받으면 다시 해로운 마음들이 일어나고 세간의 지혜는 사라집니다.

이에 반해 출세간의 지혜는 그런 일이 전혀 없습니다. 출세간의 지혜가 일어나면 해로운 마음을 영원히 소멸해 다시는 일어나지 않게 합니다. 이것이 출세간의 지혜와 세간의 지혜의 결정적인 차이점입니다. 이런 이유로 세간의 지혜로 해로운 마음을 버린 것은 '다시 일어나는 소멸'이라고 합니다. 세간의 지혜는 해로운 마음을 일시적으로 버릴 뿐, 방심하여 지혜를 망각하면 해로운 마음이 다시 일어나기 때문입니다. 하지만 출세간의 지혜로 해로운 마음을 버린 것은 '다시는 일어나지 않는 소멸'이라고 합니다. 출세간의 지혜는 해로운 마음을 완전히 소멸하여 해로운 마음이 또다시 일어나지 않기 때문입니다.

그러면 세간의 지혜는 어떻게 생기게 될까요? 그것은 팔정도를 실천함으로써 계발될 수 있습니다. 중도 수행, 즉 '생각 없이 현재 알아차리기'와 '법 따라 조사하기'를 통해 세상의 모든 현상, 즉 물질과 정신을 욕망과 성냄이 없이 있는 그대로 알아차리고, 이를 통해 생긴 직관지를 법에 따라 조사하고 검증하다 보면 반조지도 계발됩니다. 이렇게 '생각 없이 현재 알아차리기'와 '법 따라 조사하기'를 통해 물질과 정신에 대한 지혜가 계발됩니다. 이때 생긴 지혜가 성숙하는 큰 흐름은 앞서 설명한 물질과 정신을 파악하는 지혜, 조건을 파악하는 지혜, 삼법인의 지혜, 염오의 지혜, 평온의 지혜의 순서입니다. 그러다가 평온의 지혜가 절정에 이르면 출세간의 지혜인 이욕의 지혜와 해탈의 지혜가 일어나 모든 괴로움에서 벗어나게 됩니다. 그래서 평온의 지혜까지는 세간의 지혜라고 할 수 있고, 이욕의 지혜부터는 출세간의 지혜라고 할 수 있습니다.

우리나라에서 가장 유명한 경전인 『금강경』에도 이런 이야기가 나옵니다.

일체유위법一切有爲法 여몽환포영如夢幻泡影
여로역여전如露亦如電 응작여시관應作如是觀

여기서 유위법[saṅkhāra]은 조건에 의해 형성된 법이라는 의미인데, 곧 물질과 정신을 말합니다. 그래서 위의 구절은 '물질과 정신은 꿈이나 허깨비나 물거품이나 그림자 같고 이슬 같고 번개 같다. 마땅히 이같이 관찰해야 한다.'라는 뜻입니다. 이같이 불교에서 지혜를 계발하는 수행의 핵심은 모든 유위법, 즉 물질과 정신은 변하기 마련이고, 괴로움이며, 실체가 없는 무아임을 통찰하는 것입니다. 이런 지혜 수행을 기반으로 세간의 지혜가 성숙하여 절정에 이르면 출세간의 지혜가 일어나 모든 번뇌를 소멸하고 열반을 실현하는 것입니다.

출세간의 지혜

세간의 지혜가 충분히 성숙하면 출세간의 지혜가 생깁니다. 그럼 세간의 지혜가 성숙하여 출세간의 지혜가 생기는 과정을 앞서 설명한 내용을 토대로 간단히 살펴봅시다.

먼저 물질과 정신 또는 다섯 무더기를 파악하는 지혜가 생기면 '모든 현상이 조건을 의지해서 일어난다.'라는 연기의 지혜 또는 조건에 대한 지혜가 생깁니다. 더 나아가 세상의 모든 현상이 조건이 있을 때 일어났다가 조건이 없을 때 사라지는 것을 관찰하면 무상의 지혜가 생기고 무상의 지혜를 통해 괴로움의 지혜와 무아의 지혜도 일어납니다.

이와 같은 삼법인의 지혜가 생기면 세상의 모든 현상이 무상하고, 괴로움이며, 나의 것, 나, 나의 자아가 아니므로 세상의 모든 현상은 집착할 만한 것이 아님을 통찰해 집착을 내려놓기 시작하는 염오의 지혜가 생깁니다. 이러한 염오의 지혜가 깊어지면 세상의 모든 현상을 집착하거나 싫어하지 않고 중립적으로 볼 수 있는 평온의 지혜가 생기는데, 이는 세간의 지혜가 절정에 이른 상태입니다. 이와 같은 평온의 지혜가 완전히 성숙하면 세상에 대한 집착을 영원히 놓아 버리는 이욕의 지혜가 생기는데 이것이 바로 깨달음의 지혜이고 출세간의 지혜입니다.

이러한 출세간의 지혜를 얻은 존재를 불교에서는 '성인'이라고 하는데, 해로운 마음들이 소멸한 정도에 따라 네 가지로 분류합니다.

첫째, 수다원입니다. 성인의 흐름에 들어갔다고 해서 '입류과入流果' 또는 '예류과預流果'라고 합니다. 둘째, 사다함입니다. 욕계에 한 번만 돌아온다고 하여 '일래과一來果'라고 합니다. 셋째, 아나함입니다. 욕계에 다시는 돌아오지 않는다고 해서 '불환과不還果'라고 합니다. 넷째, 아라한입니다. 해야 할 일을 마쳤으므로 더 이상 수행할 것이 없다는 의미에서 '무학無學'이라고 합니다. 앞의 세 분의 성자들, 즉 수다원, 사다함, 아나함은 아직 배울 것이 있다고 해서 '유학有學'이라고 합니다.

그러면 출세간의 지혜가 생긴 성자들은 보통 사람들과 무엇이 다른지 살펴봅시다. 『쌍윳따 니까야』에 보면 불교에서 말하는 깨달음의 최초 단계인 수다원의 기준에 대하여 설하신 경이 있습니다. 벽돌로 된 집에서 설한 경이라고 해서 「벽돌집 경」이라고 합니다.

부처님의 제자였던 아난다는 누군가 죽을 때마다 바로 부처님께 달려와서 "이 사람은 죽어서 어디에 태어났습니까?" 하고 묻고, 또 누군가 죽으면 쫓아와서 "이 사람은 죽어서 어디에 태어났습니까?" 하고 물었습니다. 부처님께서는 그때마다 대답을 해 주셨지만, 어느 날 아난다에게 이렇게 말했습니다.

"누가 죽을 때마다 여래에게 와서 '이 사람은 죽어서 어디에 태어났습니까?'라고 묻는 것은 성가신 일이다. 아난다여, 여기 법의 거울이라는 법문을 설하리니 이것을 모두 갖춘 자는 수다원이라고 할 수 있다."

그리하여 「벽돌집 경」은 "법의 거울 경"이라는 별칭이 붙어 있습니다. 거울에 얼굴을 비춘 것처럼 어떤 수행자가 수다원인지 아닌지를 비추어 알려 준다는 의미가 담겨 있습니다.

법의 거울

수행을 하다 보면 어떤 경계가 나타나 깨달음을 얻었다고 생각하는 순간을 만날 수 있습니다. 앞서 잠시 이야기한 대로 환한 빛이 보이거나, 이전과 다른 지혜가 나타나거나, 이루 말할 수 없는 희열과 행복이 생기는 등의 경험을 깨달음이라고 생각할 수 있습니다. 하지만 불교에서 말하는 깨달음은 이것과는 다릅니다.

「벽돌집 경」에서 부처님께서는 다음의 네 가지 조건을 갖추면 확실하게 수다원이라고 설하셨습니다. 첫째, 부처님에 대한 흔들림 없는 청정한 믿음을 가집니다. 둘째, 법에 대한 흔들림 없는 청정한 믿음을 가집니다. 셋째, 승가에 대한 흔들림 없는 청정한 믿음을 가집니다. 넷째, 성자들이 좋아하며 훼손되지 않았고, 오점이 없으며, 지혜로운 이들이 찬탄하고 삼매에 도움이 되는 청정한 계를 지닙니다. 이상이 수다원인지 아닌지 검증할 수 있는 네 가지 조건입니다.

먼저 수다원은 불·법·승 삼보에 대한 흔들림 없는 믿음이 생깁니다. 삼보에 대한 신심이 절대 흔들리는 법이 없습니다. 『법구경』에 이와 관련된 이야기가 있습니다. 부처님 시대에 숩빠붓따라는 나병에 걸린 재가자가 있었습니다. 이 사람은 부처님 가르침을 듣고 깨달음을 얻어 수다원이 되었습니다. 그는 사람이 많을 때 자신이 수다원이 된 것을 말할 수 없어 사람들이 떠나고 나면 부처님께 말씀드리려고 기다리고 있었습니다. 이때 제석천왕이 숩빠붓따의 마음을 알고 그에게 다가와 그가 진짜 수다원인지 아닌지를 시험하려고 다음과 같이 유혹했습니다.

"너는 가난한 데다가 몹쓸 병도 걸리고, 많은 고생을 했구나. 나 제석천왕은 못 할 일이 없다. 지금 이 자리에서 네가 불·법·승 삼보를 비방하고 거부한다면 최고의 부자로 만들어 주고 몸도 낫게 해 주겠다."

그러나 숩빠붓따는 "내가 진리의 법을 얻었는데 어찌 가난하다고 할 수 있겠느냐? 나는 아무것도 필요 없다." 하고 일언지하에 거절합니다. 그리고 부처님도 제석천왕에게 "네가 아무리 유혹하여도, 이 사람 마음은 흔들 수가 없을 것이다." 하고 말씀하셨다고

8장. 깨달음의 지혜

합니다. 수다원이 된 존재는 목에 칼이 들어와도 절대 삼보를 비방하거나 거부하지 않습니다. 수다원에게는 절대 흔들리지 않는 확고한 신심이 생기기 때문입니다.

다음으로 수다원이 된 존재는 의도적으로 계를 파하는 법이 없습니다. 고의로 살아 있는 생명체를 죽인다거나 도둑질을 한다거나 삿된 음행을 하는 등의 일이 있을 수 없다는 뜻입니다. 이 역시 『법구경』에 관련한 이야기가 있습니다. 부처님 당시에 쿠줏따라는 재가 여신도가 있었습니다. 그녀는 왕의 심부름으로 왕비에게 매일 꽃을 사다 주는 일을 맡고 있었습니다. 그런데 왕이 꽃을 사라고 여덟 푼을 주면 네 푼어치만 꽃을 사다 바치고 네 푼은 자기가 챙기곤 했습니다. 그러던 어느 날 쿠줏따라는 부처님 법문을 듣고 깨달음을 얻어 수다원이 됩니다. 수다원이 되면 의도적으로 계를 어길 수 없게 되므로 거짓말을 하지 않습니다. 그래서 왕비에게 지금까지 자신이 왕의 돈을 횡령했던 사실을 모두 고백합니다. 당시 왕의 돈을 횡령하는 행위는 죽음으로 이어질 수 있었습니다. 하지만 그녀는 수다원이 되었기 때문에 사형을 당할 위험을 무릅쓰고 진실을 말한 것입니다.

그녀의 고백을 들은 왕비는 현명한 사람이었던지라 벌을 주는 대신 "네가 얻은 법이 무엇이기에 죽음을 각오하고 잘못을 고백하느냐?"라고 물었습니다. 왕비는 그녀가 얻은 법을 자신에게도 가르쳐달라고 부탁했고, 쿠줏따라는 궁궐 밖을 나가기 힘든 왕비 대신 부처님의 법문을 듣고 와서 왕비에게 전해 주는 왕비의 스승이 되었습니다. 이 일화에서 알 수 있듯이 수다원이 된 존재는 목숨을 위협받더라도 절대 계를 어기지 않습니다.

이처럼 불·법·승 삼보에 대한 믿음과 청정한 계가 확고부동하면 부처님께 물어볼 필요도 없이 이 사람은 수다원이라는 것입니다.

수다원

앞서 출세간의 지혜가 생김으로써 해로운 마음들이 영원히 소멸한 정도에 따라 네 부류의 성인으로 나뉜다고 말했습니다. 그러면 깨달음의 첫 번째 단계인 수다원이 되었을 때 영원히 사라지는 해로운 마음들에 대하여 알아봅시다.

수다원이 되면, 첫째, 그릇된 견해가 사라지고 바른 견해가 확립됩니다. 특히 수다원이 되면 다섯 무더기 중 하나를 '나'라고 생각하는 유신견有身見이 영원히 사라집니다.

둘째, 불·법·승 삼보에 대한 믿음이 확고해지므로 의심이 영원히 사라집니다. 앞서 설명했듯이 수다원은 삼보에 대한 흔들림 없는 믿음이 생기므로 의심이 일어날 수가 없습니다.

셋째, 최고의 보물인 열반을 체험했으므로 아무도 질투하지 않습니다. 부처님께서는 우주를 다스리는 통치자보다 수다원이 낫다고 설하셨습니다. 그런데 수다원이 누구를 질투하겠습니까?

수다원이 질투하는 것은 불가능합니다.

넷째, 자신이 가진 것을 남과 나누기 싫어하는 인색함이 사라집니다. 수다원은 자신이 목숨 걸고 정진하여 성취한 법이지만, 다른 사람에게 법을 전해 주는 데 전혀 인색하지 않고 아낌없이 나눕니다.

이렇게 사견과 의심, 질투, 인색함이 수다원에게 절대 일어나지 않는 네 가지 해로운 마음입니다.

역으로 위의 네 가지 해로운 마음이 남아 있는 사람은 수다원이 아니라고 할 수 있습니다. 수다원이 되어도 탐욕과 성냄이 완전히 사라지는 것은 아닙니다. 하지만 악처에 태어나는 원인이 될 만큼 심한 탐욕이나 성냄은 사라집니다. 예를 들어 살생, 도둑질, 삿된 음행, 거짓말, 음주 등과 같은 해로운 업을 저지르는 일은 없다는 말입니다. 그러므로 수다원이 되면 지옥, 아귀, 축생, 수라 등의 악처에는 절대 태어나지 않습니다. 항상 인간계나 천상계와 같은 선처에만 태어납니다.

수다원이 되면 보통 사람들이 겪는 괴로움도 거의 사라집니다. 부처님께서는 『쌍윳따 니까야』「손톱 경」에서 "보통 사람에게 남은 괴로움을 지구에 있는 흙이라고 한다면 수다원에게 남은 괴로움은 손톱 위의 흙 정도밖에 되지 않는다."라고 설하셨습니다. 「바다 경」에서도 "보통 사람에게 남은 괴로움이 바다에 있는 물이라고 한다면 수다원에게 남은 괴로움은 두세 방울 정도밖에 되지 않는다."라고 하셨습니다. 이처럼 수다원이 되면 보통 사람들이

제2부. 이해하고 내려놓기

겪는 괴로움이 거의 사라졌다고 할 수 있습니다.

또한 부처님께서는 수다원을 '열반이 확정된 사람'이라고 설하셨습니다. 수다원은 다시 중생으로 되돌아갈 수 없는 존재라는 뜻입니다. 다시 말해 수다원은 '아라한이 되는 길로 갈 수밖에 없는 존재'이며, 이번 생에 완전한 깨달음을 얻지 못하여 윤회한다고 하더라도 최대 일곱 생 안에 아라한이 된다는 것입니다. 수다원은 이렇게 현재보다 퇴보하는 것이 불가능하므로 '불퇴전의 경지'라고 합니다.

이처럼 불교에서 말하는 네 가지 깨달음 중 최초의 단계인 수다원은 대단한 경지라는 것을 알 수 있습니다. 수다원은 사견, 의심, 질투, 인색함이 영원히 사라지고, 삼보에 대한 흔들림 없는 믿음을 가지며, 청정한 계를 지니고, 괴로움이 거의 사라졌고, 다시는 악처에 태어나지 않으며, 아라한이 되어 열반을 실현하는 일이 확정된 존재입니다. 그럼에도 불구하고 수행 중에 나타나는 일과성의 경계를 깨달음이라고 착각하는 경우가 많습니다. 이런 사람들은 냉정하게 자신을 검증해야 합니다. 앞서 설명한 조건들이 하나라도 갖추어지지 않으면 깨달음을 얻은 수다원이 아니라 보통 사람이라는 것을 분명히 기억해야 합니다.

사다함과 아나함

사다함은 수다원보다 감각적 욕망이나 성냄이 훨씬 더 약해집니다. 수다원이 되어 악처에 태어날 원인이 되는 감각적 욕망과 성냄이 사라진다면, 사다함이 되면 거친 형태의 감각적 욕망과 성냄이 사라지고 미세한 형태의 감각적 욕망과 성냄만 남게 됩니다. 이렇게 사다함은 미세한 감각적 욕망만이 남으므로 욕계에는 최대 한 번만 태어납니다. 그래서 사다함을 일래자, 즉 한 번만 더 욕계에 돌아올 존재라 하는 것입니다. 이에 비해 아나함은 감각적 욕망과 성냄이 완전히 소멸한 존재이므로 욕계에 다시 태어나지 않습니다. 그래서 아나함을 욕계에 다시 태어나지 않는 존재, 즉 불환자라고 합니다. 즉 욕계 세상으로 다시 돌아오지 않고 색계나 무색계에 태어나 그곳에서 아라한이 되어 열반에 들게 됩니다.

수다원과 사다함은 감각적 욕망과 성냄이 아직 남아 있지만, 아나함은 감각적 욕망과 성냄이 완전히 소멸한 존재입니다. 그러므로 아나함은 보통 사람과는 확연히 구분됩니다. 아나함은 감각적 욕망이 영원히 사라졌으므로 아무리 아름다운 이성이 유혹한다고 해도 넘어갈 수가 없습니다. 돈, 권력, 명예에도 절대 유혹당하지 않습니다. 또한 성냄이 영원히 사라졌으므로 슬픔, 비탄, 탄식, 정신적 고통이 일어날 수 없습니다. 설사 목에 칼을 들이대도 두려움이 일어날 수 없습니다.

이상의 세 종류 성인, 즉 수다원, 사다함, 아나함을 유학이라

하였습니다. 앞서 이야기한 대로 아직은 해로운 마음이 남아 있으므로 배우고 수행해야 할 것이 여전히 남아 있다는 의미입니다.

아라한

아라한은 번뇌를 완전히 소멸하여 다시는 윤회하지 않는 존재를 말합니다. 유학은 소멸해야 할 해로운 마음이 아직 남아 있지만, 아라한이 되면 남아 있던 어리석음, 탐욕, 들뜸, 해태와 혼침, 자만 등의 모든 해로운 마음이 남김없이 영원히 소멸합니다. 『쌍윳따니까야』「수시마 경」등 여러 경전에 보면 아라한에 대하여 언급할 때 항상 다음과 같이 표현합니다.

> "태어남은 다했다. 청정범행은 성취되었다. 할 일을 다 해 마쳤다. '다시는 어떤 존재로도 돌아오지 않을 것이다'라고 꿰뚫어 안다."

여기서 '태어남이 다했다'는 말은 다시는 윤회하지 않는다는 뜻입니다. '청정범행淸淨梵行이 성취되었다'는 말은 모든 해로운 마음을 완전히 소멸하여 버렸다는 뜻입니다. '할 일을 다 했다'는 말은 자신을 위해 더 수행할 것이 없다는 뜻입니다. 그래서 아라한을 더 배우고 수행할 것이 없다는 의미에서 무학이라고 하는 것입니다. 아라한에게 남은 일은 수명이 남아 있는 동안 다른 존재가 아라한이 되도록 법을 설하면서 돕는 일밖에 없습니다.

아라한의 뜻을 풀이해 보면, '응공應供', 즉 공양받을 자격이 충분하다는 의미가 담겨 있습니다. 아라한에게 공양을 한 사람은 이루 셀 수 없는 큰 복을 받게 되므로 아라한은 공양받을 자격이 충분하다고 말하는 것입니다. 『맛지마 니까야』의 「보시의 분석경」에 보면 순수한 마음으로 짐승에게 보시하면 백 배의 좋은 결과가, 평범한 사람한테 보시하면 천 배의 좋은 결과가, 선정을 얻은 사람에게 보시하면 천억 배의 좋은 결과가 있다고 부처님께서는 설하셨습니다. 하지만 성자들에게 보시하는 공덕은 이루 헤아릴 수가 없다고 합니다. 그중에서도 아라한에게 하는 보시는 이루 말할 수 없이 무량한 공덕이 되기에 응공이라고 부르는 것입니다.

아라한이 되면 모든 해로운 마음이 소멸합니다. 그래서 아라한은 새로운 업을 짓지 않습니다. 아라한이 되면 해로운 마음이 소멸하므로 유익함과 해로움이라는 상대적인 개념이 의미가 없어집니다. 그래서 아라한이 되기 전까지는 유익한 업이나 해로운 업을 지었지만, 아라한이 되는 순간부터는 유익함[善]과 해로움[不善]이라는 개념이 사라지고 오직 '작용만 하는 마음'만 존재합니다. 아라한은 어떤 행위를 하더라도 업이 되지 않고 그저 상황에 맞게 작용할 뿐이라는 뜻입니다. 얼굴이 거울에 비치듯이 마음이 대상에 단지 작용만 할 뿐이라는 의미입니다.

아라한은 정신적 고통에서 완전히 벗어났지만, 몸을 통해 일어나는 육체적 고통마저 소멸한 것은 아니라는 점에 주의해야 합니다. 아라한이라 해도 병이 들면 몸이 아픈 것은 어쩔 수 없습니다. 부처님도 등의 통증 때문에 큰 고통을 겪으셨습니다. 하지만 아라한은 몸이 아플 때 몸의 통증은 느끼더라도 그에 대한 정신적 불만족인 성냄을 일으키지는 않습니다. 사실 육체적 고통보다 더 큰 괴로움을 일으키는 것은 이에 따른 정신적 불만족인데, 아라한에게는 육체적 고통만이 있을 뿐 정신적인 괴로움은 일어나지 않는다는 것입니다. 다시 말해 아라한은 첫 번째 화살(육체적 고통)은 맞더라도 두 번째(정신적 괴로움), 세 번째 화살(정신적 괴로움) 등은 맞지 않습니다.

한편 아라한이 된 후부터 죽음에 이르기 전까지를 '유여열반有餘涅槃'이라고 합니다. 아라한이 되어 해로운 마음이 소멸했지만, 수명이 다하지 않으면 여전히 몸과 마음, 즉 다섯 무더기는 남아 있으므로 유여열반이라고 말하는 것입니다. 하지만 아라한이 죽음을 맞이하면 윤회에서 벗어나 다시 태어나지 않으므로 아무것도 남은 것이 없는 완전한 열반을 실현했다는 의미에서 '무여열반無餘涅槃'이라고 말합니다. 무여열반은 다섯 무더기가 다시 형성되지 않는 '완전한 열반般涅槃]'의 상태를 말합니다.

정리하면 모든 해로운 마음을 소멸하여 아라한이 되면 유여열반을 실현하게 되고, 아라한이 죽음을 맞이하면 다시 태어나지 않고 윤회로부터 완전히 벗어나므로 무여열반을 실현하게 되는 것입니다.

아라한이 절대 할 수 없는 아홉 가지

『디가 니까야』의 「정신경淨信經」 등에 보면, 아라한이 절대로 할 수 없는 아홉 가지에 관한 이야기가 나옵니다. 다음의 아홉 가지 중 한 가지라도 행한다면 아라한이 아니라는 것입니다.

"도반들이여, 아라한이어서 번뇌가 소멸하고 삶을 완성했으며 할 바를 다했고 짐을 내려놓았으며 참된 이상을 실현했고 삶의 족쇄가 멸진滅盡되었으며 바른 구경의 지혜로 해탈한 비구는 아홉 가지 경우들을 범할 수가 없습니다. ① 도반들이여, 번뇌가 소멸한 비구는 의식적으로 산 생명의 목숨을 빼앗을 수가 없습니다. ② 번뇌가 소멸한 비구는 주지 않은 것을 가지는 도둑질을 할 수가 없습니다. ③ 번뇌가 소멸한 비구는 성행위를 할 수가 없습니다. ④ 번뇌가 소멸한 비구는 고의적인 거짓말을 할 수가 없습니다. ⑤ 번뇌가 소멸한 비구는 전에 재가자였을 때처럼 축적해두고 감각적 욕망을 즐길 수가 없습니다. ⑥ 번뇌가 소멸한 비구는 탐욕 때문에 하지 않아야 하는 것을 할 수가 없습니다. ⑦ 번뇌가 소멸한 비구는 성냄 때문에 하지 않아야 하는 것을 할 수가 없습니다. ⑧ 번뇌가 소멸한 비구는 어리석음 때문에 하지 않아야 하는 것을 할 수가 없습니다. ⑨ 번뇌가 소멸한 비구는 두려움 때문에 하지 않아야 하는 것을 할 수가 없습니다. 도반들이여, 아라한이어서 번뇌가 소멸하고 삶을 완성했으며, 할 바를 다했고 짐을 내려놓았으며, 참된 이상을 실현했고 삶의 족쇄가 멸진되었으며, 바른 구경의 지혜로 해탈한 비구는 이런 아홉 가지 경우들을 범할 수가 없습니다."

지금까지 중도 수행의 방법과 지혜가 성숙하여 깨달음을 얻는 과정에 대해 구체적으로 살펴보았습니다. 사람들이 수행하는 이유는 여러 가지가 있을 것입니다. 하지만 괴로움이 일어나게 하는 원인인 탐욕, 성냄, 어리석음을 완전히 소멸하지 않고서는 괴로움에서 완전히 벗어날 수가 없습니다. 부처님께서는 괴로움을 영원히 소멸하기 위해서는 아라한이 되어야 한다고 설하셨습니다. 부처님도 아라한의 한 분입니다. 그래서 아라한이 되거나 부처가 되어야 괴로움을 소멸하고 열반을 실현할 수 있습니다.

부처님께서는 사람 몸으로 태어나는 일이 참으로 힘들다고 하셨습니다. 사람이 죽어서 다시 사람으로 태어날 가능성은 지구의 흙 중에서 손톱의 흙 정도밖에 안 된다고 하셨습니다. 더구나 사람 몸을 받아 부처님의 바른 법을 만나고 사성제와 팔정도의 가르침을 배우게 되는 일은 정말로 쉽지 않은 인연입니다. 그러니 사람으로 태어나 사성제와 팔정도의 가르침을 만난 지금, 방일하지 말고 열심히 수행하셔서 괴로움을 소멸하시기 바랍니다.

맺음말

현대는 초기불교, 남방불교, 대승불교, 선불교, 티베트불교 등 다양한 불교의 전통이 공존하는 시대입니다. 그래서 어떤 전통의 가르침이 옳은 것인지, 어떤 전통의 수행이 올바른 것인지 이해하기 어렵고 혼란스러우며 의심이 생기기도 쉽습니다. 이 부분에 대하여 부처님께서는 어떻게 말씀하셨는지 살펴봅시다.

『앙굿따라 니까야』의 「깔라마경」을 보면 다음과 같은 이야기가 나옵니다. 부처님께서 깔라마 지방에 가셨을 때 마을 사람들이 와서 부처님께 묻습니다.

"수많은 스승이 이곳에 찾아와서 모두 자기 가르침이 최고이고 다른 사람들의 가르침을 잘못된 것이라고 하는데, 우리는 어떤 걸 믿고 따라야 하겠습니까?"

그때 부처님께서 대답하십니다.

"그대가 지금 행하는 그것이 그대의 삶에 유익하고 남에게 비난받지 않으며 행복이 있는 것이면 행하라. 그리고 그대가 지금 행하는 그것이 그대의 삶에 해롭고 지혜로운 사람들에게 비난받는 것이면 행하지 말라."

또 이렇게 말씀하십니다.

"대대로 전승되었거나, 소문에 전해 들었거나, 논리적으로 이해할 만하거나, 믿을 만한 스승이 전해 주었거나, 유명한 사람이 말했거나 하는 등등의 이유로 어떤 진리를 따르지 말라."

누구의 가르침인가에 초점을 맞추어 대답하신 것이 아니라 그 가르침을 통해 해로운 마음이 사라지고, 유익한 마음이 성장하는지에 초점을 맞추어 설하신 것입니다. 불교라는 이름을 내세우더라도 탐욕과 성냄과 어리석음을 생기게 하고 자라게 한다면 그런 가르침은 받아들여서는 안 되며, 설사 불교라는 이름을 달고 있지 않더라도 탐욕과 성냄과 어리석음을 내려놓을 수 있는 가르침이 있다면 불교와 다를 것이 없다는 것입니다.

결론적으로 부처님께서는 "탐욕, 성냄, 어리석음을 자라게 하는 가르침이라면 버려라. 탐욕, 성냄, 어리석음을 버리게 하는 가르침이라면 따르라."라고 말씀하신 것입니다. 이처럼 부처님께서는 당신의 가르침만 옳고 다른 가르침이 틀렸다고 주장하기보다 탐욕, 성냄, 어리석음의 소멸에 초점을 맞추어 전혀 다른 각도에서 해답을 제시하셨습니다. 이 가르침을 들은 깔라마 지방의 사람들은 오히려 감동하여 모두 부처님의 가르침을 따르게 되었다고 합니다.

「깔라마경」이 전하는 바는 단순하지만 매우 중요한 의미를 담고 있습니다. 만약 어떤 사람이 세속에서 권력과 돈과 명예에 집착하다가 수행을 시작한 후로는 전통, 소문, 논리적인 추론, 유명한 스승의 말에 집착한다면 둘 사이에 무슨 차이가 있겠습니까? 세속의 대상에서 불교의 대상으로 집착의 대상만 바뀌었을 뿐, 대상에 집착하는 마음이 변한 것은 아닙니다. 팔정도의 본질은 괴로움의 원인인 탐욕, 성냄, 어리석음을 버리는 것입니다. 전통, 소문, 논리적인 추론, 유명한 스승의 말보다 더욱 중요한 점은 그 가르침을 통해 탐욕, 성냄, 어리석음이 자라느냐 버려지느냐 하는 점입니다. 이러한 탐욕, 성냄, 어리석음이 자라지 않고 버려지는 방법을 모색하다 보면 결국 팔정도로 귀결됩니다.

부처님이 성도 후에 최초로 하신 법문 내용을 담은 경전이 「초전법륜경」인데 그 중심 내용은 바로 중도, 즉 팔정도입니다. 다시 말해 부처님이 제자에게 하신 최초의 법문이 팔정도입니다. 또한 부처님께서 열반에 드시기 전에 설하신 마지막 말씀은 「대반열반경」에 담겨 있습니다. 여기에는 부처님의 마지막 제자가 되는 수밧다에 대한 일화가 나옵니다. "여러 스승 중 누가 최상의 지혜가 있습니까?"라고 수밧다가 묻자 부처님께서는 "어떤 가르침이라도 팔정도가 있으면 사문이 있고, 어떤 가르침이라도 팔정도가 없다면 사문이 없다."라고 대답하십니다. 여기서 사문이라는 것은 깨달음의 지혜를 얻은 수다원, 사다함, 아나함, 아라한을 의미합니다.

위의 두 경전에서 알 수 있듯이 부처님께서는 불교 수행을 처음부터 끝까지 팔정도라고 말씀하셨습니다. 그래서 어떤 수행 방법이든지 팔정도와 부합한다면 불교 수행이고, 팔정도와 부합하지 않으면 불교 수행이 아니라고 할 수 있습니다. 사실 불교가 전승되는 과정에서 구체적인 수행 방법은 지역과 전통에 따라 조금씩 달라졌습니다. 하지만 어떤 방법이든 그 속에 팔정도가 담겨 있다면 문제가 없습니다. 반면에 그 방법 속에 팔정도가 담겨 있지 않다면 불교의 수행이 아닙니다.

앞서 설명한 「깔라마경」과 「대반열반경」에서 부처님이 말씀하신 것을 종합하면 전통, 소문, 논리적 추론, 유명한 스승의 말이 중요한 것이 아니라 그 가르침에 팔정도가 담겨 있는지 없는지가 중요합니다. 따라서 수행 방법이 다르다고 해서 서로 자신의 방법이 옳다고 주장하며 다툴 필요는 없습니다. 자신이 선택한 방법에 팔정도가 담겨 있고, 그 수행을 하여 탐욕, 성냄, 어리석음이 줄어들고 마음이 행복해진다면 그것으로 충분합니다. 열반의 실현이라는 목적은 같기 때문입니다.

한 가지 수행법만 존재하기보다는 오히려 다양한 수행법이 존재하는 것이 많은 사람에게 이익이 될 수 있습니다. 어떤 수행 방법이든지 바른 견해를 갖춘 팔정도가 내포되어 있고, 탐욕, 성냄, 어리석음을 줄어들게 하고 진정한 행복의 길로 가게 할 수 있다면 서로 존중하고 인정하는 것이 옳을 것입니다. 자신이 옳다고 생각하는 수행 방법에만 집착하여 남을 인정하지 않고 서로 다투는 성냄은 모두 내려놓아야 할 마음입니다. 다만 자신이 따르는 수행 방법과 가르침이 바른 견해를 갖춘 팔정도에 부합하는지, 그 방법으로 수행했을 때 탐욕, 성냄, 어리석음이 줄어드는지 그렇지 않은지는 반드시 깊이 숙고하고 철저히 조사하고 검증해 보아야 할 것입니다. 여러분 모두 부처님의 가르침의 핵심인 팔정도, 즉 중도를 바르게 이해하고 열심히 실천하여 깨달음의 지혜를 얻으시길 바랍니다. 그리하여 괴로움이 원인인 탐욕, 성냄, 어리석음을 제거하고 괴로움의 소멸을 실현하기를 진심으로 기원합니다.

이해하고
내려놓기

괴로움의 소멸에 이르는 길, 팔정도

© 일묵, 2022

2022년 12월 17일 초판 1쇄 발행
2024년 6월 21일 초판 2쇄 발행

지은이 일묵
발행인 박상근(至弘) • 편집인 류지호 • 편집이사 양동민
책임편집 김재호 • 편집 양민호, 김소영, 최호승, 하다해, 정유리 • 디자인 쿠담디자인
제작 김명환 • 마케팅 김대현, 김선주, 이선호 • 관리 윤정안
콘텐츠국 유권준, 정승채, 김희준
펴낸 곳 불광출판사 (03169) 서울시 종로구 사직로10길 17 인왕빌딩 301호
　　　 대표전화 02) 420-3200 편집부 02) 420-3300 팩시밀리 02) 420-3400
　　　 출판등록 제300-2009-130호(1979. 10. 10.)

ISBN 979-11-92476-71-1 (03220)

값 22,000원